楚族、楚国与楚文化的起源及早期发展

尹弘兵　著

国家出版基金项目
NATIONAL PUBLICATION FOUNDATION
湖北省学术著作出版专项资金
Hubei Special Funds for Academic Publications

“十三五”国家重点图书

楚地出土文献：文本、地方社会与思想文化研究

丛书主编　晏昌贵

WUHAN UNIVERSITY PRESS
武汉大学出版社

图书在版编目(CIP)数据

楚族、楚国与楚文化的起源及早期发展/尹弘兵著.—武汉：武汉大学出版社,2021.11

楚地出土文献:文本、地方社会与思想文化研究/晏昌贵主编

“十三五”国家重点图书　国家出版基金项目　湖北省学术著作出版专项资金资助项目

ISBN 978-7-307-22445-2

Ⅰ.楚…　Ⅱ.尹…　Ⅲ.①中国历史—研究—楚国(？-前223)②楚文化—研究　Ⅳ.①K231.07　②K871.34

中国版本图书馆CIP数据核字(2021)第139585号

责任编辑:李　程　　责任校对:李孟潇　　版式设计:马　佳

出版发行：**武汉大学出版社**　(430072　武昌　珞珈山)

(电子邮箱：cbs22@whu.edu.cn　网址：www.wdp.com.cn)

印刷:武汉精一佳印刷有限公司

开本:720×1000　1/16　印张:19.5　字数:288千字　插页:4

版次:2021年11月第1版　2021年11月第1次印刷

ISBN 978-7-307-22445-2　定价:96.00元

总　序

公元前221年的某一天，破灭六国、一统天下的秦王嬴政，志得意满，在秦都咸阳召开御前会议，其中一项主要议题便是“议帝号”。当时的丞相王绾、御史大夫冯劫、廷尉李斯等高官皆以为秦王政“兴义兵，诛残贼，平定天下，海内为郡县，法令由一统，自上古以来未尝有，五帝所不及”，古有“天皇”“地皇”“泰皇”，泰皇最贵，建议秦王尊号曰“泰皇”，并议王命曰“制”、令曰“诏”、天子自称曰“朕”。秦王嬴政欣然采纳，但去“泰”著“皇”，采上古“帝”号，号曰“皇帝”。又废除谥法，自号“始皇帝”，后世以计数，二世三世至于万世，传之无穷。① 由此开启了中国历史上长达两千多年的帝制时代，对中国历史产生了重大影响，具有十分重要的历史意义。

1975年11月初，湖北省云梦县城关公社肖李大队某社员发现古墓，立即上报。1975年12月1日正式发掘，1976年1月9日止，共历时40余天。其中一座编号M11的古墓出土大批竹简，考古工作者整理后得知，竹简主要是法律文书和反映民间信仰的《日书》，有一篇被整理者命名为“编年记”（后或改称“叶书”）的竹书，分栏记叙自秦昭王元年（前306年）至秦始皇三十年（前217年）的军国大事，兼及墓主人喜的个人履历及家族成员，但在秦始皇廿六年（前221年）一栏，有关秦统一的重大事件，却缺而不载，留下空白。②

---

① 参看《史记·秦始皇本纪》，中华书局1959年版，第235~239页。

② 《云梦睡虎地秦墓》编写组：《云梦睡虎地秦墓》，文物出版社1981年版，第1页；参看陈伟主编，晏昌贵撰著：《秦简牍合集：释文注释修订本（壹）·叶书》，武汉大学出版社2016年版，第7、12页。

从里耶秦简《更名方》看，秦统一伊始，即将相关的政策和制度下行到地方基层社会，① 作为秦南郡安陆县的小吏喜应该明晓其事，但我们不知道他为什么没有在《编年记》中将秦灭六国统一天下这样的重大事件记上一笔。我们或许应该理解，历史事件的意义往往是由后人往前追溯而凸显出来的，当时人未必能洞悉其中的历史含义；而历史发展的阶段性划分，也是后来的研究者人为设定的结果。历史的发展犹如长江大河，不容从中一分为二，截为两节。

如今考古发现和科研机构收藏的简牍已逾30万枚，不仅有像《编年记》这样对“重大”历史事件缺而不载的例子，还有更多像《日书》一类不见传世文献的简牍帛书。1925年，王国维针对以顾颉刚为首的“古史辨学派”疑古过甚的倾向，提出著名的“二重证据法”，不仅可以据出土的新材料“以补正纸上之材料，亦得证明古书之某部分全为实录，即百家不雅驯之言亦不无表示一面之事实”②。王国维所称的“地下之新材料”，主要是指古文字资料，论述的重点还是以传世文献为主，以地下出土文献主要是甲骨文印证古书记载，以证明古书记载的历史真实可靠。“二重证据”之不足，更发展为三重或多重证据法，举凡一切地下出土物包括古代遗址、墓葬，以及现当代的民族学调查资料和民间传说，皆可入史，从而极大地丰富了史料的来源和古史研究的范围。

出土简牍文献方面，也已从王国维时代的“二重证据法”转向简牍自身的研究，尤其是对那些不见于传世文献的简牍文书，日本学者从古文书学的角度，以文书集成的方式，复原简册的原始形态，构拟政令实施的过程，并进而发展到据简牍文书的抄写形式，从抄本文化的角度，探寻文本的内在逻辑，重建历史文本及其形成过程。以陈梦家为代表的中国学者，突破“二重证据”的限度，在文字资料之外，更注意结合考古学，以历史学的视野，从

① 湖南省文物考古研究所编：《里耶秦简(壹)》，文物出版社2012年版，图版第68页，释文第32~33页。

② 王国维：《古史新证——王国维最后的讲义》，清华大学出版社1994年版，第2~3页。

最基本问题入手，循序渐进，重构历史现场，取得丰硕成果。①

呈现在读者面前的这套小丛书共五册，就是我们利用出土文献和文物资料，并结合传世文献重构历史事实的初步尝试。其中既有利用文献学方法从抄本的形成与流传的角度，对楚地出土简帛日书文本的分类整理和日书所见古代社会生活的研究，又有利用民族人类学以及古代神话研究的方法对清华简《楚居》所涉及楚族源、楚先公先王以及早期楚国、楚文化的探讨；既有利用考古学方法对楚墓资料的整理以分析楚系家族形态，也有利用出土古文字资料从社会政治学的角度比较东周诸侯国的基层组织与社会。我们关注的对象往往是区域性的，关注的时段集中在先秦秦汉时期，时空范围多在早期中国的楚国故地，目光也不在庙堂之上，但目的只有一个，即探求历史的真相。

这套丛书的作者，多为朝气蓬勃的青年才俊，博士毕业之后多在大学或社科院工作。丛书的构想和实施，多有赖于武汉大学出版社的李程女史的多方组织协调。我作为主编还是第一次，在能力和经验方面都存在诸多不足，我所供职的武汉大学历史学院和兼职的中国传统文化研究中心给予诸多支持和便利，在此一并深致谢忱，也请读者对本丛书多加批评指正。

晏昌贵

2020 年 12 月 25 日于珞珈山

① 参看侯旭东：《序》，郭伟涛：《肩水金关汉简研究》，上海古籍出版社 2019 年版，“序”1～3 页。又见侯旭东：《二重证据法再思考——在出土文书类简牍中发现历史》，“清华大学公开课”讲座，https://www.bilibili.com/video/BV1Rs411h7yG?from=search&seid=16894219982693746730。

目　录

引　言

一、选题缘由

楚文化是中华文明的重要组成部分，是中国区域文化中历史悠久、底蕴深厚的一支。东周时期，楚国在江汉地区崛起，很快一统江汉，北上中原、东进淮域、南下江南。楚国强大起来后，春秋为五霸，战国为七雄，极盛之时，楚国几乎一统长江中下游地区和淮河流域。强大起来的楚国大力吸收中原文化，整合南方文化，熔南北文化于一炉，发展出了高度发达的楚文化。强大的楚国和高度发达的楚文化还将南方地区为数众多、来源不一、文化面貌各异的族群整合成为统一的楚民族。

中华人民共和国成立后，随着文物考古工作的进展，一系列重大考古发现震惊世界，曾长期深埋于地下的楚文物为世人所知，吸引大批学者投身楚文化研究。发展至今，楚文化研究已有大半个世纪的历史，取得了多方面的重要成果，在国内的区域文化研究中独树一帜，并具有国际性的声誉和影响。但是，由于资料极其匮乏，楚国的早期历史笼罩在迷雾之中，楚国大部分时期的都城地望也未能确定，制约着楚文化研究的进一步深入。

解决楚文化研究中的这一老大难问题，需要将楚族起源、楚文化起源与早期楚国历史综合起来进行整体性的研究。楚国起源于芈姓季连部族，因此芈姓先祖的起源问题，就成为楚国与楚文化历史发展的开篇序幕。楚先祖的年代、性质、世系、居地及其早期迁徙过程，与早期楚国的历史、地理和楚文化的起源有直接关系，三者环环相扣。具体而言，楚族起源研究是探讨楚先祖的起源、早期活动及其迁徙历程，而楚族起源又是探讨早期楚国居地的基础，由其他途径得出的早期楚国居地之所在，则必须与楚先祖的起源与迁徙历程相吻合。不仅如此，楚族起源还与楚文化的起源有直接关系，考古学上的楚文化起源研究，其结论虽然是从考古学研究中独立得出的，但楚文化的起源与发展、演进，又是楚族和楚国早期发展的文化与地理背景，考察楚族的起源与早期迁徙、早期楚国的居地与发展，需要将之置于早期楚文化的背景之下来进行研究。进一步说，由于考古学是基于不会说话的遗存进行研究并得出成果的，还需要对之进行历史、人文的解读，才能使之生动、鲜活起来。而这一解读，在手段上主要是通过文化人类学和楚国历史来建立考古遗存与楚族、楚国之间的关联。这样楚族起源、楚文化起源与早期楚国历史地理这三者之间，就构成一个三连环的整体，三者互相支撑、互相配合，形成三位一体的完整体系。这就需要同时从三方面入手进行总体考察，三方面的成果要能互相支持，才能从整体上把握楚族、楚国与楚文化的起源及其早期发展，并考察其相互之间的互动关系，从而将楚文化研究向前推进一步。

考察楚族、楚国与楚文化的起源问题及其早期发展，还需要将其置于夏商周时期的政治、地理、族群、文化的大环境之下进行更进一步的深入分析。楚族、楚国与楚文化都不是孤立发展的，而是在夏商周三代王朝的整体架构之下发展的。三代王朝时期形成了强大的中原王朝与优势的中原文化，从而形成了中原中心，中原中心在政治上体现为中原王朝，在族群上是华夏集团，在地理上是中原地区。与之相对的则是四夷，在政治上附属于中原王朝，但又叛服无常，常受中原王朝的征伐；在文化上受中原文化影响，是在中原文化的架构之下发展，作为中原文化的边缘组成部分；在地理上则处于中原之外的边缘地区，是作为中原王朝和中原文化的附属而存在；在族群身份上则是有别于华夏的蛮夷。

由于夏商周三代王朝的更替，中原地区的政治、文化与族群环境也随之发生极大的变化。在王朝更替的过程中，各部族的地位也发生了根本性的改变：原来的边缘族群如商、周变成了中原王朝，成为中原王朝的核心族群，而原来的中原王朝核心族群则有可能因政治剧变丧失原有的地位而沦为边缘，甚至因不能在中原立足而进入蛮夷地区，最终被中原王朝核心族群视为蛮夷。如著名的杞国，本为大禹后裔，原是最正宗的华夏，春秋时期因迁居东夷地区，习俗同于东夷而被姬姓正宗的鲁国视为东夷。楚族、楚国与楚文化，也是在这样的政治、文化与族群环境下起源并发展的。楚先祖起源于上古华夏集团中的祝融，后入于南蛮，因此楚族就有一个从华夏到楚蛮、从中原到江汉的发展、变化与演进过程。到熊绎受周封为诸侯，建立芈姓楚国时，则是在西周的政治体系之下，作为西周诸侯之一开始发展的。

西周崛起于关中，位于关中以南的江汉地区早在商末就为周人所关注，周灭商后更是大力经营，形成了西周的南土。楚国，正是在周初经营四土的大背景下，被周人封于楚蛮之地的，因此周代南土的政治环境、族群环境、文化环境，与楚国、楚人和楚文化的早期发展密切相关，是楚族、楚国与楚文化的生成环境。从西周开始，楚族、楚国和楚文化是在江汉地区孕育、发展并壮大起来的，最终，在这里发展起了强大的楚国、辉煌的楚文化和统一的楚民族，结束了南方地区国族林立、文化面貌各异的局面，并以战国七雄的身份跻身于华夏主流之一，不仅完全摆脱了夏商更替以后的边缘地位，也终结了进入南蛮地区以后的蛮夷身份，更进一步将原来被中原王朝视为蛮夷、边缘地区的长江中下游地区和淮河流域整体转化为华夏，从而为秦汉大一统和统一的中华文化作出了重要贡献。因此，要探讨楚族、楚国与楚文化的起源、形成与早期发展，将楚文化研究推向深入，还需要在西周王朝的政治、地理与文化背景下，全面分析西周时期江汉地区的人文环境和自然环境，探讨江汉地区的原始文化、土著族群、地理环境等与早期楚国和早期楚文化之间的相互关系，并进一步从动态的角度，来把握江汉地区的人文与自然环境和早期楚文化之间的互动过程、全面探讨江汉地区的文化变迁与经济开发过程，以及楚人、楚族、楚国、楚文化在此过程中所起的作用。

要深入研究楚族、楚国与楚文化的起源及早期发展，拂去笼罩在楚国早期历史上的迷雾，需要依靠出土文献和考古方面的新材料，这两大领域目前都有重要进展。

在考古方面，楚文化考古和早期楚文化研究均有较大的进展。经过多年努力，现在学界对考古学楚文化的认识已远非20世纪可比。通过江陵雨台山、江陵九店、当阳赵家湖及纪南城等地的大规模考古发掘及资料整理，考古学界已建立了完整的楚墓年代学标尺。为配合三峡工程和南水北调中线工程的进行，文物考古部门在三峡地区和丹江库区开展了大规模的考古调查与发掘工作，尤其是在楚文化起源方面有较大进展，发现了诸多有关楚文化起源的重要线索，激发了学术界探讨早期楚文化的新思考。这不仅推动了早期楚文化研究，也为楚国、楚族早期历史的探讨提供了坚实的考古学基础。

出土文献方面则有更为重要的进展。2010年正式发表的清华大学所藏战国竹简《楚居》,① 系统记载了历代楚君的居地和迁徙，为楚史与楚文化研究补充了极其珍贵的资料，是一次重大发现，因而受到学术界的极大关注。清华简《楚居》为明确楚都地望、探讨楚国和楚族的早期历史、突破楚文化研究的困局带来了希望。《楚居》详细记载了楚族起源、世系，历代楚君的居地和迁徙，对于研究迷雾中的楚先祖和早期楚国、探讨早期楚文化具有极其重要的意义，学者已依据《楚居》对楚先祖、楚国早期历史和早期楚都进行了大量探讨，也为本书的研究提供了重要基础。

《楚居》的发表及其研究和楚文化考古的最新进展正可互相配合、互相促进，将《楚居》的研究和早期楚文化探索结合起来，就能综合考察楚族、楚国与楚文化的起源及其早期发展，从而突破楚文化研究的困局，将楚文化研究推进一步。

---

① 李学勤主编：《清华大学藏战国竹简(壹)》，中西书局2010年版。

二、研究现状

楚文化研究发展到今天，在楚族起源、早期楚都、早期楚文化三方面均取得了很大的进展。

在楚族起源方面，自从20世纪30年代出现楚族起源的专门研究开始，就形成了“东来说”“西来说”“土著说”“北来说”四种主要观点。① 经过多年探讨，东来说和西来说明显缺乏文献依据，亦与考古学上的楚文化研究不合，受到大多数学者的冷遇，土著说目前仍有一定的支持者，但北来说或中原说，因有传世文献依据，又有出土文献方面的支持，且与考古学上的楚文化起源研究较为吻合，成为主流观点。更为重要的是，传世文献中楚先祖起源于中原华夏集团的记载，得到了包山楚简、望山楚简、新蔡葛陵楚简和清华简《楚居》的确认。包山简、望山简、葛陵简等明确记载“三楚先”为老童、祝融、鬻熊，证实了楚公族源自祝融的文献记载。经李家浩等学者研究后，更论证简文中的“穴酓”“毓酓”、文献中的“穴熊”“鬻熊”均为同一人。② 而清华简《楚居》也记载楚先祖曾与商王室联姻。虽然学者对楚族起源地理问题还有一些争论，有部分学者并不认同楚族源北来说，但楚族源自华夏，为华夏集团中著名的祝融后裔，这已得到传世文献和出土文献两方面的确证，已是不刊之论。而确认了这一点，楚族源出中原也就是必然的结论。因此，从目前的证据来看，无论是传世文献的记载，还是包山楚简、望山楚简、新蔡葛陵楚简、清华简《楚居》等出土简牍材料，结合古文字和新近考古材料的佐证，楚族起源“北来说”相比其他各说较为合理。③

在早期楚文化方面，中原文化对楚文化的影响，在考古学上有着许多的证据。楚国青铜文化出现于春秋中期，无法向上追溯，但与楚式青铜器并存

① 舒之梅：《五十年来楚族源研究综述》，《江汉论坛》1983年第3期。
② 李家浩：《楚简所记楚人祖先“鬻熊”“穴熊”为一人说》，《文史》2010年第3辑。
③ 黄莹：《出土文献与楚族起源研究》，《中原文物》2015年第4期。

的陶器遗存却可以在江汉地区找到更早的渊源。于是，通过陶器遗存探讨楚国与楚文化的起源，就成为楚文化研究的重要内容，形成了早期楚文化研究这一专门领域。自苏秉琦提出"楚式鬲"的概念后，① 考古学者试图通过"楚式鬲"来追溯楚文化与楚国、楚族的起源。俞伟超在这方面做了许多工作。② 王光镐也对楚式鬲和楚文化起源作了专题研究。③ 其他研究主要有杨权喜④、高崇文⑤、杨宝成⑥等。由于文献匮乏，通过早期楚文化来探究早期楚国受到较多关注。张昌平⑦、笪浩波⑧、王力之⑨、牛世山⑩等，均将早期楚文化与早期楚国结合起来进行探讨。胡刚则就早期楚文化探索进行了学术史的回顾与思考。⑪ 早在20世纪，文物考古部门就在丹江上游地区发现大量的西周遗址，⑫ 进入21世纪，楚文化考古和早期楚文化研究有了较大的进展，为配合南水北调中线工程，文物考古部门在以丹江库区为核心的鄂豫陕交界

---

① 苏秉琦：《从楚文化探索中提出的问题》，《江汉考古》1982年第1期。

② 参俞伟超：《先秦两汉考古学论集》，文物出版社1985年版；俞伟超：《古史的考古学探索》，文物出版社2002年版。

③ 王光镐：《楚文化源流新证》，武汉大学出版社1988年版。

④ 杨权喜：《江汉地区楚式鬲的初步分析》，《楚文化研究论集》第一集，荆楚书社1981年版；杨权喜、陈振裕：《秭归鲢鱼山与楚都丹阳》，《江汉考古》1987年第3期；杨权喜：《关于鄂西六处新石器时代晚期遗存的探讨》，《考古》2001年第5期。

⑤ 高崇文：《从夏商时期江汉两大文化因素的源流谈楚文化起源》，《楚文化研究论集》第三集，湖北人民出版社1994年版；高崇文：《楚文化渊源新思考》，《楚文化研究论集》第六集，湖北教育出版社2005年版。

⑥ 杨宝成：《试论西周时期汉东地区的柱足鬲》，《楚文化研究论集》第四集，河南人民出版社1994年版。

⑦ 张昌平：《试论真武山一类遗存》，《江汉考古》1997年第1期；张昌平：《早期楚文化中心区域的考古学观察》，《楚文化研究论集》第六集，湖北教育出版社2005年版。

⑧ 笪浩波：《由楚文化遗存的分布特点看早期楚文化的中心区域》，《华夏考古》2010年第1期。

⑨ 王力之：《早期楚文化探索》，《江汉考古》2003年第3期。

⑩ 牛世山：《西周时期的楚与荆》，《古代文明》第5卷，文物出版社2006年版。

⑪ 胡刚：《早期楚文化探索中的几个问题》，《江汉考古》2011年第3期。

⑫ 商洛地区考古调查组：《丹江上游考古调查简报》，《考古与文物》1981年第3期。

地区开展了大范围的工作，发现了诸多有关楚文化起源的重要线索，激发了学术界探讨早期楚文化的新思考。丹江中上游地区紫荆、东龙山、巩家湾、陈塬等遗址是较为著名的西周中晚期遗存，因与关中周文化面貌迥异又有密切联系，早已有学者指出，其与楚文化起源有重要关系。① 商南县过风楼遗址，所出土的陶器特征与关中的周文化特征差别较大，而与江汉地区的楚文化有着较为明显的亲缘关系，进一步被学者认为很可能就是西周时期的楚文化。② 鄂西北地区的郧县辽瓦店子遗址，地处汉江中上游沿岸，也是楚文化起源的核心地带，"西周中期开始，辽瓦店子遗址出土一组兼具周、楚风格的器物群"，遗址中清晰的商、周时期文化的演变关系为探讨楚文化的起源和发展提供了重要的线索。③ 河南淅川下王岗遗址，在 20 世纪的发掘中就发现了一批与楚文化有关的西周遗存④，2008—2010 年的发掘又发现了更多的西周遗存，初步认定其西周早期遗存应是最早的楚文化遗存，西周中、晚期遗存已具有明显的楚文化特点，为探讨早期楚文化的来源、特征、分布等提供了丰富的实物资料⑤。这些考古新发现及其研究成果表明，鄂豫陕交界地区的西周时期遗存，兼具关中姬周文化与江汉土著文化因素，并与江汉地区的楚文化有直接的渊源、发展、演变关系，楚文化起源于以丹江水库为中心的今鄂豫陕交界地区，之后进一步向南发展为东周时期的典型楚文化。

在早期楚都研究方面，早年曾有当涂说、秭归说、枝江说、丹淅说四种主要的说法，丹淅说除其本身外，还相继派生了商县—丹淅说和丹淅—南漳

① 杨亚长、王昌富、曹玮：《近年来陕西境内新发现的楚文化遗存》，《楚文化研究论集》第五集，黄山书社 2003 年版；张天恩：《丹江上游西周遗存与早期楚文化关系试析》，氏著《周秦文化研究论集》，科学出版社 2009 年版。

② 高崇文、何晓琳：《试论"过风楼类型"考古学文化》，《江汉考古》2011 年第 1 期。

③ 王然、傅玥：《湖北郧县辽瓦店子遗址东周遗存的发掘》，《考古》2008 年第 4 期。

④ 河南省文物研究所、长江流域规划办公室考古队河南分队：《淅川下王岗》，文物出版社 1989 年版。

⑤ 中国社会科学院考古研究所编著：《淅川下王岗：2008—2010 年考古发掘报告》，科学出版社 2020 年版，第 422 页。

说两个支系。目前，在丹阳诸说中，当涂说因论据薄弱，去史实太远，已被学界放弃。至于秭归说，虽一度兴盛，但与三峡地区的考古发掘与研究成果不合。为配合三峡工程，文物考古部门曾在峡江地区进行了全面的调查与发掘，三峡考古发掘与研究表明，夏商时期有一支独具特色的地方文化分布在鄂西三峡至江汉平原西部边缘，文化影响的最东端在江陵荆南寺遗址，这支文化很早就被识别出来，被认为是成都平原的三星堆文化向东扩张的结果,① 现一般称为朝天嘴类型文化或路家河文化，或朝天嘴—路家河文化。西周末期时西陵峡区才出现具有早期楚文化特征的鬲，但西周晚期偏晚至两周之际，西陵峡区只是受到了早期楚文化的微弱影响，主体仍是峡区本地文化的延续发展，春秋早期时，早期楚文化与峡区传统文化基本是平分秋色，春秋中期以后，随着强势楚文化的出现和楚灭夔，楚文化因素才在西陵峡区急剧发展，被吸纳入早期楚文化的本地陶器逐步演化成为标准的楚式陶器，未被吸纳的本地陶器则消失了，楚文化在西陵峡区的统治地位至此才得以确立。② 可见秭归一带的楚文化遗存皆不早于西周晚期，且直到春秋中期才占据主导地位，而秭归说所认定的“楚子熊绎始封丹阳之所都”的鲢鱼山、屈沱“楚王城”等几处遗址，亦先后为考古资料所否定，20 世纪 80 年代中期以后，就很少有学者申论此说了，先秭归后枝江和先丹淅后秭归的说法亦随之淡出学术舞台，经过大浪淘沙和历史的筛选，近三十年来，关于楚都丹阳的探索，从早先“四系八说”的纷纭状况逐渐收缩为枝江、丹淅二说并立的局面。③

在出土文献方面，自清华简《楚居》发表以来，学界已进行了大量的研

① 林春：《宜昌地区长江沿岸夏商时期的一支新文化类型》，《江汉考古》1984 年第 2 期；林春：《长江西陵峡远古文化初探》，《葛洲坝工程文物考古成果汇编》，武汉大学出版社 1990 年版。

② 参尹弘兵：《西陵峡区周代考古学文化与早期楚文化》，《考古》2013 年第 4 期。

③ 徐少华：《楚都丹阳地望探索的回顾与思考》，徐少华主编，晏昌贵副主编：《荆楚历史地理与长江中游开发——2008 年中国历史地理国际学术研讨会论文集》，湖北人民出版社 2009 年版。

究。《中国史研究》2011 年第 1 期推出清华简研究专题，其中三篇与《楚居》有关：李学勤讨论了《楚居》中的古史传说，李守奎订正了楚世系，赵平安讨论了《楚居》中的一组地名。① 此外，李学勤讨论了楚徙鄩郢的问题②，赵平安讨论了《楚居》的性质、作者与写作年代③，并探讨了"三楚先"中无季连的问题④。徐少华探讨了季连的早期居地⑤，并由此讨论了早期楚都"丹阳"的地望⑥。黄灵庚⑦、周宏伟⑧也对《楚居》进行了研究，提出了自己的独特见解。在 2012 年的中国先秦史年会和湘、鄂、豫、皖四省楚文化研究会年会上，均出现了大量探讨《楚居》的文章，在相关学术网站上也有大量的讨论。同时，《楚居》的发表也引起了考古学者的高度关注，高崇文⑨、王红星⑩、笪浩波⑪等均将《楚居》与考古资料结合，探讨楚国早期居地与中心地域。

《楚居》的发现、研究和楚文化考古的成果及最新进展互相配合、支撑及促进，由此《楚居》、早期楚国和早期楚文化研究可结合起来进行综合探讨。

---

① 李学勤：《论清华简〈楚居〉中的古史传说》、李守奎：《根据〈楚居〉解读史书中熊渠至熊延世序之混乱》、赵平安：《试释〈楚居〉中的一组地名》，均载《中国史研究》2011 年第 1 期。

② 李学勤：《清华简〈楚居〉与楚徙鄩郢》，《江汉考古》2011 年第 2 期。

③ 赵平安：《〈楚居〉的性质、作者及写作年代》，《清华大学学报》（哲学社会科学版）2011 年第 4 期。

④ 赵平安：《"三楚先"何以不包括季连》，《邯郸学院学报》2011 年第 4 期。

⑤ 徐少华：《季连早期居地及相关问题考析》，《清华简研究》第一辑，中西书局 2012 年版。

⑥ 徐少华：《从〈楚居〉说"丹阳"——兼论芈姓族人南迁的时间和路线》，《走向世界的中国历史地理学——2012 年中国历史地理国际学术研讨会论文集》，中国社会科学出版社 2014 年版。

⑦ 黄灵庚：《清华战国竹简〈楚居〉笺疏》，《中华文史论丛》2012 年第 2 期。

⑧ 周宏伟：《楚人源于关中平原新征——以清华简〈楚居〉相关地名的考释为中心》，《中国历史地理论丛》2012 年第 2 期。

⑨ 高崇文：《清华简〈楚居〉所载楚早期居地辨析》，《江汉考古》2011 年第 4 期；高崇文：《试论西周时期的周楚关系——兼论楚族居地变迁》，《文物》2014 年第 3 期。

⑩ 王红星：《楚郢都探索的新线索》，《江汉考古》2011 年第 3 期。

⑪ 笪浩波：《从近年出土文献看早期楚国的中心区域》，《江汉考古》2011 年第 2 期；笪浩波：《从近年出土新材料看早期楚国中心区域》，《文物》2012 年第 2 期。

三、研究思路

《楚居》的发表为楚国历史与文化研究带来了前所未见的新资料，学界围绕《楚居》进行的研究也取得了丰富成果，为楚文化研究带来了新机遇。但《楚居》的文本有其特殊性，其所载地名与史事多不见于文献，这给《楚居》的研究带来较大困难。传统的出土文献研究路径是将传世文献与出土文献互证，但《楚居》除极少部分外，绝大部分内容无法依此路径进行研究，于是只好用音韵通假之法来与文献建立联系，但当整个的论证体系是建立在通、转、假的基础上时，这在方法论上有其危险性，学者已对《楚居》研究中主要依赖声音通假来解释《楚居》表示了疑虑。① 在早期楚文化的研究上，则是只关注陶器遗存的渊源与演变，解释上出现了较大的随意性，② 对早期楚文化的内涵、背景、族群构成与楚国及楚地民族的关系等，还有待澄清。更为重要的是，《楚居》的研究属于历史学、文献学，早期楚文化研究属于考古学，二者在沟通上还存在较大的隔阂。而《楚居》的研究和早期楚文化的研究是紧密联系的：对早期楚文化的认识和解释，是要与芈姓部族和早期楚国的迁徙、发展相结合的，而从《楚居》中得出的结论也需要与考古研究成果相协调、印证，这就需要将《楚居》的研究与考古学研究紧密结合，目前这尚是薄弱环节。

在研究路径上，本书主要是从《楚居》文本入手进行深入分析，综合运用考古学、人类学、历史学来对《楚居》文本进行多方面的考察，注重从夏商周三代的政治、文化与族群的大背景下来探讨芈姓部族和早期楚国的活动区域及其迁徙，进而梳理芈姓部族与中原、江汉地区主体族群、文化的关系及自身族群、文化属性的变迁。为此要将考古学上的早期楚文化研究与楚国历

① 高崇文：《清华简〈楚居〉所载楚早期居地辨析》，《江汉考古》2011 年第 4 期。

② 参张昌平：《早期楚文化中心区域的考古学观察》，《楚文化研究论集》第六集，湖北教育出版社 2005 年版。

史、地理研究进行深度整合，并与周代南土的地理、族群与文化演进结合，全面考察楚族、楚国与楚文化的发展进程、时空分布，对早期楚文化的历史性质与历史进程作一些初步的讨论。

在研究方法上，本书主要是依据《楚居》所提供的线索，通过自然地理与考古学文化地理的关联性，确定芈姓部族和早期楚国的活动区域。在早期族群研究上，将文化地理与族群地理联系起来考察。在早期楚文化研究上，基于陶器类型学研究，进一步探讨其背后的文化内涵与族群属性，并将早期楚文化的研究与早期楚国的历史发展进程和楚国早期历史地理研究结合起来，实现多角度、多学科的综合探讨。通过这样的综合考察，使楚族、楚国与楚文化三个方面的研究相互印证、相互协调，从而避免片面性和孤立性。

芈姓族群和楚国有一个由中原到丹淅、再到江汉的迁徙过程，其文化及族群属性有一个从夏、商到楚蛮，再到周，最后融商、周、蛮文化于一体的发展历程。早期楚国与早期楚文化是在强大的中原王朝和优势的中原文化下出现中原中心这一大的历史与文化背景下形成并发展的，不是具有自主性的文化主体、政治主体与区域主体，而是作为中原文化和政治体系的边缘、附属存在并发展的，与中原有着政治、文化上的统一性与关联性。如果可能，我们希望能对早期楚文化的历史性质与历史进程、对其历史、文化演进的动力机制作一些初步的考察，从而探讨一些规律性的东西。

四、关于《楚居》的文本问题

清华简《楚居》是本书研究得以进行的关键材料，但《楚居》为非考古发掘出土资料，因此其文本的真实性与可靠性问题是需要讨论的。自上博简发表以来，有大量的非考古发掘出土简牍资料出现，其内容极为丰富，为先秦历史与文化研究提供了极其宝贵的新资料，极大地促进了学术研究的发展。但作为非考古发掘出土资料，需要考虑其真实性和可靠性问题，虽然此类资料在整理及发表时整理单位已进行过仔细的全面检查，包括科技手段检测及文本内容的审查，因此大部分的此类资料的真实性和可靠性是为大多数学者所认可的，但毕竟也有不为学界所认可的，而且此问题极其复杂。即使是清华简，虽然学界基本认可其真实性和可靠性，但并非没有异议声音存在，因此本书仍需对此问题略作回应。由于作者的学识和本书的研究范围所限，仅就作为非考古发掘出土简牍资料中楚史类文献的《楚居》从文本内容的角度进行自我审查，同类其他文献，存而不论。

兹举以下数例以分析《楚居》记载与传世文献记载之间的关系。

(1)《楚居》所载季连与穴熊(或鬻熊)关系，打破了以往我们对季连与穴熊关系的一般认知。在《楚居》的记载中，季连与穴熊之间看不出有血缘关系，只有时间上的先后，而且季连后裔和穴熊后裔是并列关系，楚王室则是穴熊二子中的丽季后裔，这完全超出《史记·楚世家》和《大戴礼记·帝系》等传世文献中对季连、穴熊的记载，亦出乎我们对季连与穴熊关系的认知，因此有学者认为季连与穴熊是兄弟关系。① 季连与穴熊之间是何种关系现在还不好确定，这一点还可以进一步讨论，但季连与穴熊之间无血缘关系这一点却是可以确定的。以此为基础，回过头来重新审视传世文献，我们会惊讶地发现，虽然《史记·楚世家》和《大戴礼记·帝系》所记楚世系为季连—附祖(或什祖)—穴熊……鬻熊，但附祖的地位、身份并不明确，穴熊与鬻熊则实为同一人，② 而在先秦时期直接的原始文献中，楚人所祀祖先并没有季连而只有穴熊或鬻熊，出土文献中楚贵族所祀的“楚先”亦只有穴熊而无季连。因此谓穴熊为季连后裔，实为汉以后学者依据当时的常识自行脑补，反而《楚居》所记季连与穴熊的关系，以及楚王室为穴熊之子丽季后裔，与先秦时期的原始文献是暗合的。

(2)关于丹阳问题。传世文献皆谓早期楚都为丹阳，但《楚居》中并无丹阳，这对传世文献中的楚史体系几乎是颠覆性的。但我们回过头来重新审查传世文献，才发现丹阳之名出自《史记》，而汉以前的原始文献从未称早期楚

---

① 赵平安：《“三楚先”何以不包括季连》，《邯郸学院学报》2011 年第 4 期。

② 李家浩：《楚简所记楚人祖先“鬻熊”“穴熊”为一人说》，《文史》2010 年第 3 辑。

都为丹阳，迄今为止的出土简牍中也不称早期楚都为丹阳，因此《楚居》无丹阳只是表面与传世文献冲突，实际上，在丹阳问题上《楚居》反而是与汉以前的原始文献相合的。

(3)《左传》仅记灵王居乾溪，《楚居》则记载灵、平、昭三代均居秦溪之上，这补充了传世文献中对春秋晚期吴楚战争的重要资料，尤其是明记阖闾入郢之后昭王又徙居秦溪之上，这就与《左传》定公六年所载楚国迁郢于鄀相印证："四月己丑，吴大子终累败楚舟师，获潘子臣、小惟子及大夫七人。楚国大惕，惧亡。子期又以陵师败于繁扬。令尹子西喜曰：'乃今可为矣。'于是乎迁郢于都，而改纪其政，以定楚国。"虽然《楚居》中并无昭王时徙都的记载，这产生了矛盾。但《楚居》记灵王复国后徙居秦溪，则可理解何以定公六年时楚国在楚吴战争中连续两次大败后导致全国上下震恐，因此时昭王所居在秦溪，而不在后方的郢都。一般认为《楚居》的秦溪之上即《左传》所记之乾溪，虽然学界对秦溪之上的地望还有争议，但楚灵王居乾溪是为了应对吴国日益强大的威胁，这一点是无可置疑的，平王及昭王初即位和复国时皆在秦溪，亦当是为了应对吴国的威胁，则秦溪之上(乾溪)必在楚之东境，楚军战败处必距秦溪之上不远，才会导致"楚国大惕，惧亡"。

因此，从总体来说，《楚居》中虽然有大量的内容不见于传世文献，尤其是其地名系统基本不见于传世文献，有些内容与传世文献差异很大，甚至是前所未见，但细究下来，《楚居》的记载与已知的楚史架构并不构成完全不能共存的、绝对的矛盾关系。其所记载的楚先祖史事，虽然有许多闻所未闻的内容，亦有许多与传世文献相矛盾的史事，但究其根本，亦未超出目前文化人类学或民族学对各民族早期历史、文化与社会的认知体系或框架。

深入分析下来更可以发现《楚居》的记载虽与传世文献有一些矛盾之处，但这些矛盾只是表面现象，在矛盾的表象之下，却是更深的暗合关系，亦即《楚居》的记载只是在表面上与传世文献矛盾，细究下来二者却是相合的。进一步说，传世文献可分为原始文献和经后人整理后的综合文献，对先秦史而言，《左传》《国语》之类基本保留了资料原貌，属于原始文献，而《史记》为汉代所创作，即属于经后人处理后的综合文献，《楚居》与传世文献的矛盾，均为与综合文献的矛盾，但与先秦原始文献却是暗合的，只是原始文献中没有相关史事的直接记载，但却有与之相关联的侧面的、间接的记载。《楚居》的记载虽与综合文献的直接记载有所不合，但却与先秦原始文献和现代出土资料中的间接、侧面的相关记载相合，这是我们相信《楚居》文本内容的直接依据。

第一章　楚先祖研究

楚族起源，是楚国历史与文化的起点。自楚文化研究兴起之后，楚族源研究就成为楚史与楚文化研究的重要领域，受到学者的高度关注，王光镐先生将其列为"楚国历史与文化十谜"中的第一谜。① 对于楚族源的研究，早期曾众说纷纭，有西来说、北来说、东来说与土著说等。② 近几十年来，考古材料尤其是大量出土文献的面世，为楚族源研究提供了一系列新资料，学者结合传世文献与出土资料对楚人的族源与流变等作了大量的研究，李学勤、唐嘉弘、徐少华等学者对祝融八姓及其居地进行了认真的梳理③，李学勤、李零、李家浩等学者结合新出简牍和铭文材料对楚之先祖、世系进行了辨别、补充④。通过这些研究，学术界对楚族源问题有了大体一致的认识，即楚人源于祝融八姓之一的芈姓季连一支，早期活动于中原，后来逐步南迁，进入江汉之地。

楚族源研究不仅是探讨楚史与楚文化的起点，而且与早期楚国研究和早期楚都探索有极为密切的关系。文献所载的早期楚国居地与早期楚都丹阳，

---

① 王光镐：《楚文化源流新证・自序》，武汉大学出版社 1988 年版。

② 舒之梅：《五十年来楚族源研究综述》，《江汉论坛》1983 年第 3 期。

③ 李学勤：《谈祝融八姓》，《江汉论坛》1980 年第 2 期；唐嘉弘：《释"祝融八姓"》，《江汉论坛》1981 年第 3 期；徐少华：《论祝融八姓的流变与分布》，湖北省考古学会选编：《湖北省考古学会论文选集(三)》，《江汉考古》增刊，1998 年，第 122～139 页。

④ 李学勤：《论包山简中一楚先祖名》，《文物》1988 年第 8 期；李零：《楚国族源、世系的文字学证明》，《文物》1991 年第 2 期；李家浩：《包山竹简所记楚先祖名及相关问题》，《文史》第 42 辑，中华书局 1996 年版。

与楚人源起之地有直接关联，因此楚族起源地就成为判定早期楚国地望的重要基点，并且为早期楚文化探索提供了重要的参考依据。

文献中对楚先祖的记载非常稀少，以致我们对楚先祖的了解极为有限。但幸运的是，2010年，清华大学藏战国竹简开始正式发表①，清华简一经发布即引起了学术界的高度关注。其中的《楚居》一篇，备载历代楚君及其所居之地，从传说时代的楚始祖季连开始，下至战国中期的楚肃王，对楚国历史地理和楚文化研究具有极其重要的意义，清华大学出土文献研究与保护中心的学者对这批材料作了全面、细致的清理与注解，为我们依据《楚居》所提供的新资料来探讨楚国历史与文化提供了良好的基础。《楚居》对于楚先祖研究尤为重要，其记载颇为详细，大大弥补了传世文献中的缺失与不足，为我们探讨楚国的传说时代、研究楚先祖提供了宝贵的资料，对楚先祖的研究具有重大的推动作用。

《楚居》中的楚先祖部分全文如下：

> 季连初降于郻山，抵于穴穷。前出于乔山，宅处爰波。逆上汌水，见盘庚之子，处于方山，女曰比隹，秉兹率相，詈胄四方。季连闻其有聘，从，及之盘，爰生緸伯、远仲。毓徜徉，先处于京宗。穴熊迟徙于京宗，爰得妣瀐，逆流哉水，厥状聂耳，乃妻之，生侸叔、丽季。丽不从行，溃自胁出，妣瀐宾于天，巫咸赅其胁以楚，抵今曰楚人。至熊狂亦居京宗。②

《楚居》所记传说时代楚先祖资料前所未见，我们可以将《楚居》的记载与传世文献和此前的出土文献中相关资料综合起来进行考察。

---

① 李学勤主编：《清华大学藏战国竹简(壹)》，中西书局2010年版。

② 本书所引《楚居》释文除原释文外，主要参考复旦大学出土文献与古文字研究中心研究生读书会：《清华简〈楚居〉研读札记》，复旦大学出土文献与古文字研究中心网站(http://www.guwenzi.com/SrcShow.asp? Src_ID=1353)，2011年1月5日。

第一节　楚先祖的性质与世系

据《大戴礼记·帝系》和《史记·楚世家》等文献记载，楚为上古时期华夏集团中著名的祝融后裔，因此祝融为楚之远祖，出自帝颛顼高阳，颛顼之后裔重黎为帝喾高辛氏火正，因而拥有“祝融”的名号，祝融一系传至陆终后，演变为六支，即陆终六子，陆终第六子季连，始得芈姓，是为楚直系先祖。《史记·楚世家》所记楚先祖世系如下：

> 楚之先祖出自帝颛顼高阳。高阳者，黄帝之孙，昌意之子也。高阳生称，称生卷章，卷章生重黎。重黎为帝喾高辛居火正，甚有功，能光融天下，帝喾命曰祝融。共工氏作乱，帝喾使重黎诛之而不尽。帝乃以庚寅日诛重黎，而以其弟吴回为重黎后，复居火正，为祝融。吴回生陆终。陆终生子六人，坼剖而产焉。其长一曰昆吾；二曰参胡；三曰彭祖；四曰会人；五曰曹姓；六曰季连，芈姓，楚其后也。……季连生附沮，附沮生穴熊。其后中微，或在中国，或在蛮夷，弗能纪其世。周文王之时，季连之苗裔曰鬻熊。鬻熊子事文王，蚤卒。其子曰熊丽。熊丽生熊狂，熊狂生熊绎。①

以上楚先祖世系，又见于《大戴礼记》卷七《帝系》：

> 颛顼娶于滕氏，滕氏奔之子，谓之女禄氏，产老童。老童娶于竭水氏，竭水氏之子，谓之高緺氏，产重黎及吴回。吴回氏产陆终。陆终氏娶于鬼方氏，鬼方氏之妹谓之女隤氏，产六子，孕而不粥，三年，启其左胁，六人出焉。其一曰樊，是为昆吾；其二曰惠连，是为参胡；其三曰錢，是为彭祖；其四曰莱言，是为云郐人；其五曰安，是为曹姓；其

① 《史记》卷四十《楚世家》，中华书局1982年版，第1689~1691页。

六曰季连，是为芈姓。季连产什祖氏，什祖氏产内熊，九世至于渠。①

可知祝融之名，是因重黎为高辛氏火正而得的荣誉称号。火正是上古时期的天文官，其职掌是“主辰”，主要职责是观象授时。火正之火，指的是天际的“大火星”，为赤色一等星，虞夏时期大火出现于天际时正在春分附近，据此即可确定农时。② 重黎为火正，有此重大功绩，因而拥有“祝融”称号，重黎被杀后，其弟吴回、吴回子陆终继为祝融，因此“祝融”是重黎、吴回、陆终三者共有的名号。③

但《史记·楚世家》及《大戴礼记·帝系》所载楚先祖世系过于简略，尤其是季连至鬻熊一段，《史记·楚世家》谓“其后中微，或在中国，或在蛮夷，弗能纪其世”。而《楚居》所载季连至熊狂一段颇为详细，正可与之互证，可以将文献中语焉不详楚先祖世系作较深入的考察。

一、楚先祖的性质

讨论楚先祖，首先要对楚先祖的性质有正确的理解。

一般而言，各族的先祖属于传说时代，其性质是传说人物而非历史人物，但涉及传说时代与历史时代分界时，问题会比较复杂。就整个的中国历史而言，通常是以夏启建立夏朝作为中国传说时代的终结和历史时代的开端，夏商周三代都已是历史时期而非传说时代。但这仅是夏商周三代王朝的历史进程，其他各族则未必能有这样的发展进程与速度。按照《楚居》所载，楚先祖史事有很多明显已到了商代晚期，此时传说时代早已远去。《楚居》记

---

① 黄怀信、孔德立、周海生：《大戴礼记汇校集注》，三秦出版社 2005 年版，第 787~794 页。

② 何浩：《祝融、火正与火师》，《求索》1992 年第 3 期；张正明：《楚史》，湖北教育出版社 1995 年版，第 8~9 页。

③ 王光镐：《楚文化源流新证》，武汉大学出版社 1988 年版，第 17~18 页；何浩：《祝融、火正与火师》，《求索》1992 年第 3 期。

载季连遇“盘庚之子”，并娶其女比隹，关于比隹的身份，有盘庚女儿和盘庚孙女两种说法，学者更倾向于比隹是盘庚孙女。① 盘庚之孙女，按之商世系，盘庚之孙女与武丁同辈，依据夏商周断代工程年表，武丁在位于公元前1250—前1192年，而夏始于公元前2070年，② 也就是说，季连娶盘庚之孙女时，中国古史的传说时代已结束千年之久，这确实太晚了一些。因此楚先祖的性质颇为复杂，一方面，作为楚之先祖，其最初出现是在传说时代虽无疑问，但其结束时中国历史已进入历史时代很久了，虽说各族先祖因发展进程与速度不一会出现传说时代和历史时代相交叉的情形，但楚先祖在这方面显得尤为特殊。因此，我们需要对楚先祖的性质作一个基本的判定：楚先祖的身份是传说人物还是历史人物？楚先祖的时代是传说时代还是历史时代？

作为楚直系先祖的季连，出自上古时代的祝融部族，是陆终六子之一，则其出现当在传说时代无疑，因此季连作为楚先祖，无疑是传说人物。但从《楚居》所述来看，季连的时代下限已进入商代晚期，可见季连在中国历史架构中跨越了传说时代与早期历史时代。那季连到底是传说人物还是历史人物？就中国历史的总架构而言，夏商已进入了历史时期，但从楚史的角度来讲，此时的芈姓部族仍处于传说时代，不能说季连的年代已进入了商代就不是传说人物了，出现这种传说时代与历史时代交叉的现象当是不同族群发展进程、水平和速度不一致的缘故。夏商周三代王朝居于早期中国历史发展的顶端，因而较早进入了历史时期，它们的历史形成了中国早期历史的框架结构，但其他族群未能有三代王朝这样的发展进程与速度，或因其他原因，故在文献记载中仍处于传说时代。因此对于传说时代与历史时代交叉的现象不必过于纠结，更不必强求一律，将处于不同发展程度的族群统一按三代王朝的水准来强行整齐划一，而应按各族群的实际发展程度来处理。以楚史为例，既然芈姓部族进入历史时代很晚，就应按楚史的架构来处理，而不能按

① 赵平安：《清华简〈楚居〉妣隹、妣𡢁考》，《中国文化研究》2012年春之卷。

② 夏商周断代工程专家组：《夏商周断代工程1996—2000年阶段成果报告·简本》，世界图书出版公司2000年版。

夏商王朝的架构来处理。

季连之后的楚先祖是穴熊，传世文献中对穴熊的记载极为简单，但《楚居》的记载则较多，在《楚居》中，穴熊本身的事迹并无神异之处，但穴熊的配偶妣䣄及穴熊与妣䣄之子丽季(《史记・楚世家》称为熊丽)的出生，则带有颇为神异的色彩，与传世文献中陆终六子的出生极为类似。妣䣄和丽季的神异事迹表明，穴熊、丽季都应是传说人物而非历史人物。

丽季之后芈姓部族首领是熊狂，《楚居》和传世文献对熊狂的记载都很少，难以判定熊狂的身份属性。但据《楚居》记载，“至熊狂亦居京宗”，京宗是季连晚期的居地，穴熊亦曾居之，前已论证季连、穴熊、丽季均为传说人物，其时代在楚史的框架中属于传说时代，则“京宗”为楚史传说时代的地名，熊狂居于“京宗”之地，表明熊狂的时代也属传说时代，因此熊狂仍当属于传说人物而非历史人物。

熊狂之子即熊绎，始受周封为诸侯。熊绎受封建国，表明在楚史的框架中进入了历史时代。也就是说，对于楚史而言，其传说时代终结于熊狂，其历史时代始于熊绎。熊绎之前的季连、穴熊、丽季、熊狂均属于楚史的传说时代，属于楚先祖，其性质是传说人物而非历史人物。不能因为《楚居》所载楚先祖史事很多都发生在夏商时期甚至到了商末，就否认熊绎以前的楚史属于传说时代，熊绎以前的楚先祖属于传说人物。

既然楚先祖的时代属于传说时代，其身份属性为传说人物而非历史人物，而传说时代的普遍情形有别于我们通常所熟知的历史时代，因此对于楚先祖，要按传说时代的特殊要求来进行探讨。徐旭生先生在《中国古史的传说时代》的第一章就专门论述“我们怎样来治传说时代的历史”，针对传说时代的特殊性，系统提出了研究传说时代历史的三项基本原则和五项注意要点，并特别指出，传说时代的重要特点是地名、氏族名、个人名，常常不分。①

传说时代的社会与历史时代有很大的差异，因此传说人物并不可以视为

① 参徐旭生：《中国古史的传说时代》第一章“我们怎样来治传说时代的历史”，广西师范大学出版社 2003 年版，第 40 页。

某个具体的个人，这是传说人物与历史人物的根本区别。在一般情形下，传说时代的人名不是指某个特定的个人，而是部族和部族首领的名称。古人对此，其实很早就有认识，《左传》文公十八年载季氏大夫大史克曰："昔高阳氏有才子八人，苍舒、隤敳、梼戭、大临、龙降、庭坚、仲容、叔达，齐、圣、广、渊、明、允、笃、诚，天下之民谓之八恺。高辛氏有才子八人，伯奋、仲堪、叔献、季仲、伯虎、仲熊、叔豹、季貍，忠、肃、共、懿、宣、慈、惠、和，天下之民谓之八元。此十六族也，世济其美，不陨其名。"①大史克前言"才子八人"，后言"十六族"，可见大史克所言之"子"，与"族"同义，所言之"人名"，即"族名"，同时也是部族首领之名。唐司马贞释"少典之子"时说："少典者，诸侯国号，非人名也。"②可见古人早已认识到上古时代的人名与族名相混，不可作为个人来理解。近代以来，学者们对此有了更明确的认识，徐旭生对此特别强调，在治传说时代的历史时，"顶重要需要声明的一事，就是在当时社会的单位是氏族，而氏族的名字与个人的名字常相混淆，无法分辨"③。

由于传说人物通常是指族群而非个人，因此古史传说中的人物一般都很长寿，由此形成传说人物极端长寿的神话，如与季连同出祝融的彭祖，就在古史传说中以长寿闻名，有寿至八百之说，④ 但这并不是说有个叫彭祖的古人活了八百年，其真实的含义是上古时代有一个叫彭祖的部族存在了八百年。彭祖如此，季连亦然。

传说人物是族群而非个人，由此而带来的另一个问题是传说人物之间的血缘关系，并不能以后世的情形来理解。因此传说时代的父子、子孙等血缘关系其实是一种拟人化的叙述，非实指，不是具体的血缘关系而实为族群演

① 杨伯峻：《春秋左传注》(修订本)，中华书局 1990 年版，第 636~638 页。

② 《史记》卷一《五帝本纪》"少典之子"句下司马贞《索隐》，中华书局 1982 年版，第 2 页。

③ 徐旭生：《中国古史的传说时代》，广西师范大学出版社 2003 年版，第 45 页。

④ 关于彭祖长寿之说，见《庄子》之《逍遥游》《齐物论》《大宗师》，《列子》之《力命》，《楚辞》之《天问》及王逸注。

生关系。晋郭璞早就言及于此：“诸言生者，多谓其苗裔，未必是亲所产。”①近代历史学兴起后，徐旭生更明确地说：“古人所用地名、氏族名、个人名，常常不分。……《山海经》所记三代以前的某生某、《国语》所记有虞氏与夏后氏所禘的黄帝、殷人所禘的舜、周人所禘的喾，大约全是氏族分离的关系，与个人的血统关系无干。时代越近，所谓生的，所祖祭、郊祭、宗祭、报祭的才多由于真正血统的关系，是因为当时氏族制度渐渐衰歇、退处无力的缘故。所以治此时代的历史的人必须注意土地名、氏族名、个人名的常相合一，然后爬梳纠纷的史实才能比较容易。”②白寿彝总主编《中国通史》亦有明确论述：“神话传说中的所谓炎帝、黄帝、蚩尤、颛顼、共工之类的‘人物’，他们之间的相互关系比较复杂，或结盟、或通婚、或兵戎相见。如果把他们当作某些具体人物来看待，那就错了，因为他们并非具体的人，而是指某些氏族或部落。然而，把这些‘人物’名字完全理解成氏族部落的名称，也未必然。因为在原始社会时期，人名往往是和部落名相一致的。史书上经常说的某人生某人的现象，除了存有父子关系的意味外，其基本含义则是氏族分支或部落分支的关系。”③罗运环在研究楚先祖时亦明白指出，“陆终产六子，虽带有神话色彩，但也反映了一定的历史事实。‘产’和‘子’仍然不能理解为‘产子’、‘孩子’之义，是一种氏族性的裂变。是说在陆终时代，庞大的祝融集团分离出了六个支系。芈姓是其中之一，其首领为季连”④。

由上可知，《楚居》所载的楚先祖，在楚史的体系中属于传说时代，则由季连至熊狂的楚先祖，均非是真实的历史人物，而是传说人物，其具体含义是部族与部族首领之名，只有在特定情形下才能理解为具体的个人。而《楚居》所载季连生緹伯、远仲，穴熊生侸叔、丽季，按传说时代之通则，就不可视为父子关系，而是部族内部的分支关系，緹伯、远仲、侸叔、丽季，亦

---

① 《山海经·大荒东经》“帝俊生黑齿”条郭璞注（袁珂：《山海经校注》，上海古籍出版社1980年版，第348页）。

② 徐旭生：《中国古史的传说时代》，广西师范大学出版社2003年版，第40页。

③ 白寿彝总主编：《中国通史》第三卷，上海人民出版社1989年版，第168页。

④ 罗运环：《楚国八百年》，武汉大学出版社1992年版，第43页。

不是具体的历史人物而是部族内部的支系。

进而言之，一般情形下，传说人物大概有三层含义。以《楚居》中的季连来说，季连之名，首先是指季连部族，是部族的名称；其次是指季连部族的首领，是部族首领的名称；最后才是指在某个特定时期担任季连部族首领的具体个人，这时才是某个特定的具体人物。如《楚居》中追求比隹的季连，同时具有三层含义：首先是在第三层含义上存在，是此时担任季连部族首领的特定个人，其次是指一般意义上的季连部族首领，最后才是最一般意义的季连——季连部族。而大部分语焉不详的季连，所指仅是季连部族和季连部族的首领，不能用以指某个特定的个人。只有在某些特别情形下，传说时代的人名才能理解为特定个人。明确这一点，对理解《楚居》中所载的楚先祖史事非常重要。

二、楚先祖世系与“附沮”

楚先祖的世系，《楚居》所记与传世文献中的记载不太一致。《楚居》所记楚先祖世系为季连—穴熊—丽季—熊狂。而在《史记·楚世家》中，楚先祖世系为季连—附沮—穴熊……鬻熊—熊丽—熊狂，《大戴礼记·帝系》所载楚先祖世系则为季连—付祖氏—内熊，与《史记·楚世家》相合，仅文字略有异同。可见《楚居》所载楚先祖世系与《史记·楚世家》和《大戴礼记·帝系》颇不一致，二者无法统一起来。

在《史记·楚世家》中，楚先祖世系有穴熊和鬻熊二人，楚人先祖自穴熊之后“中微”，“弗能纪其事”，此后直至周文王时，才有“季连之苗裔曰鬻熊”出现在历史上，《史记·楚世家》很明显的是把穴熊和鬻熊当成二人，而且二人中间有很长时期的断档。但清人孔广森《大戴礼记补注》已指出“鬻熊即穴熊，声读之异，史误分之”①。孔广森的这一说法，由于无其他佐证，很长时间不为学者所采信，但近年来在望山楚简、包山楚简和新蔡葛陵楚简

① （清）孔广森：《大戴礼记补注》，中华书局 2013 年版，第 139 页。

中多次出现“三楚先”，三楚先有“老童、祝融、穴熊”和“老童、祝融、毓熊”两种，这一情形引起了学者的关注。贾连敏、黄德宽等学者认为楚简中的穴熊、毓熊为同一人①，此说得到李学勤先生赞同②，李家浩先生又对此进行充分的研究，令人信服地论证简文中的“穴酓”“毓酓”，文献中的“穴熊”“鬻熊”均为同一人③。《楚居》中楚先祖世系只有穴熊而无鬻熊，这证明了穴熊确即鬻熊，因此《史记·楚世家》中的楚先祖世系中穴熊与鬻熊当合并，《楚居》中的丽季则可与《史记·楚世家》中的熊丽吻合。

但即使经过以上调整，《史记·楚世家》所载楚先祖世系与《楚居》所载楚先祖世系仍然无法统一起来，二者之间还是有重大的差异：在《史记·楚世家》和《大戴礼记·帝系》的体系中，季连和穴熊之间还有一代“附沮”。《史记·楚世家》说：“季连生附沮，附沮生穴熊”；《大戴礼记·帝系》则记为：“季连产付祖氏，付祖氏产内熊”，与《史记·楚世家》略异，然亦不过字形小误而已。在季连与穴熊之间有“附沮”一代这一点上，《史记·楚世家》和《大戴礼记·帝系》是一致的，这种一致性表明，战国秦汉时期的学者在季连和穴熊之间有“附沮”这一代是有共识的。然而问题在于，附沮或付祖氏之名，并不见于《楚居》，《楚居》所载楚世系中，季连之后，直接就是穴熊，并无附沮。

对此问题，我们要考虑《楚居》所载是否有遗漏，李学勤先生曾提醒，“由于是以居为主，所记楚国世系并非十分完全”④，这种可能性是存在的。

首先从体例上讲，《楚居》所载以居为主，因此存在这样一种可能性，就是有所徙则记，如某代楚君未曾迁徙，则不记。然通览整篇《楚居》，虽是以居为主，其体例却并非有所徙则记，而是详记每一代的居地，《楚居》简 5 至

① 贾连敏：《新蔡楚简中的楚先祖名》，《华学》第 7 辑，中山大学出版社 2004 年版；黄德宽：《新蔡葛陵村楚简中的“穴熊”及相关问题》，《古籍研究》2005 卷下(总第 48 期)，安徽大学出版社 2005 年版。

② 李学勤：《清华简九篇综述》，《文物》2010 年第 5 期。

③ 李家浩：《楚简所记楚人祖先“鬻熊”“穴熊”为一人说》，《文史》2010 年第 3 辑。

④ 李学勤：《清华简九篇综述》，《文物》2010 年第 5 期。

简 6，详记熊绎居夷屯之后历代楚君所居之地：

> 至熊只、熊䵣、熊樊及熊锡、熊渠，尽居夷屯。熊渠徙居发渐。至熊艾、熊挚居发渐。熊挚徙居旁岍。至熊延自旁岍徙居乔多。至熊勇及熊严、熊霜及熊雪及熊徇、熊咢及若敖熊仪，皆居乔多。

所记楚君居地，有夷屯、发渐、乔多等地，均为多代楚君所居，《楚居》皆备记之，可知《楚居》体例是详记每一代楚君的居地及相应的重大事件，当不存在因未曾迁徙而不记的情形。

其次，从时间上考察，季连、穴熊的时代尚处于楚世系的传说时代，传说时代的特点之一是每一代的时间都很长，这是由于部族首领与部族同名的缘故，据笔者所考，季连的年代下限在商代晚期，具体为武丁晚期至祖庚、祖甲，考古年代为殷墟二期，穴熊的年代上限可以进入廪辛、康丁时期，考古年代为殷墟三期，① 二者正好衔接，中间不可能再容下附沮一代。

由此初步判断，《楚居》中无附沮，非是漏记，季连之后接着就是穴熊，中间并没有附沮这一代。至于《史记·楚世家》和《大戴礼记·帝系》中的附沮或付祖氏，当属误记。

今按：附沮之“沮”字，《集解》引孙检曰“一作‘祖’”②，《大戴礼记·帝系》则记为“付祖氏”，则“附沮”即“附祖”。因此“附祖”有可能并非楚世系中的一代，而是指季连部族初形成时“附于祖”，意指季连部族与祝融部族的某种特殊关系。至于这种特殊关系，或与民族史中的“幼子继承制”有关。

根据民族史的资料，很多民族在其原始阶段均不同程度地存在“幼子继承制”，此俗以蒙古最为典型，古代蒙古族习俗，正妻所生幼子称为“斡惕赤斤”或“斡赤斤”，意为“守炉灶者”或“灶君”，可以继承大部分家产，俗称

---

① 参拙文：《〈楚居〉中楚先祖的年代问题》，罗运环主编：《楚简楚文化与先秦历史文化国际学术研讨会论文集》，湖北教育出版社 2013 年版。

② 《史记》卷四十《楚世家》“季连生附沮”句下裴骃《集解》，中华书局 1982 年版，第 1691 页。

“幼子守灶”，比如拖雷即继承了成吉思汗的大部分遗产。为什么会有幼子继承制？一般认为，这是因为年长的兄弟要先离开家庭、自立门户，最后只剩下最小的儿子来继承家业，这当是幼子继承权的来历。而早期部族之裂变，亦当有类似的情形，即部族或部落裂变时，先后分出多个支系，这些支系就形成了子部族，裂变到最后，父部族就不再继续分裂，而是以父部族剩下的部分直接转化成最后一个子部族。而季连部族之形成，其情形或有可能与民族史中的幼子继承类似，即季连部族与其父体祝融部族是二而一、一而二的关系，季连部族与其兄长部族不一样，不是从祝融部族中分离出来的，而是祝融部族经过多次枝分裂解后直接以祝融部族剩余部分转化而成。疑司马迁及战国秦汉间人所见之楚世系，在季连后标有“附祖”二字，意指季连继承了家业，将祝融部族直接转化成了季连部族，而汉人不明“附祖”之义，误以为此乃季连之子，故司马迁记为“附沮”，《大戴礼记》则记为“付祖氏”，均将之以为季连之后的一代。

三、季连与穴熊的关系

季连与穴熊的关系也同样值得探讨。在传世文献中，穴熊或鬻熊为季连之后裔，《史记·楚世家》云：“季连生附沮，附沮生穴熊……季连之苗裔曰鬻熊。”①《大戴礼记·帝系》则云：“季连产付祖氏，付祖氏产内熊”②，内熊即穴熊之讹。可见在传世文献中，季连与穴熊是有血缘关系的，穴熊或鬻熊为季连后裔。

但传世文献的这一记述无法与出土文献方面印证。楚简中有所谓“三楚先”，在望山楚简、包山楚简和新蔡葛陵楚简中屡见墓主祭祷“三楚先”，有“老童、祝融、穴熊”或“老童、祝融、毓熊”两种，穴熊即鬻熊，二者实一，

① 《史记》卷四十《楚世家》，中华书局1982年版，第1690、1691页。

② 《大戴礼记》卷七《帝系》，黄怀信、孔德立、周海生：《大戴礼记汇校集注》，三秦出版社2005年版，第794页。

其中并无季连。

类似情形其实在传世文献中亦有所透露。据《左传》僖公二十六年记载，“夔子不祀祝融与鬻熊。楚人让之，对曰：‘我先王熊挚有疾，鬼神弗赦而自窜于夔。吾是以失楚，又何祀焉？’秋，楚成得臣、斗宜申帅师灭夔，以夔子归”①。此处所载为春秋时期的情形，所祀之楚先为祝融与鬻熊。楚简所记则为战国时期的情形，与春秋时代相比只是增加了老童。由此可见，无论是春秋还是战国，无论是传世文献还是出土文献，楚人所祀祖先中均无季连而只有穴熊(鬻熊)，但无论传世文献还是《楚居》，均明记季连为芈姓始祖，楚国则由芈姓部族所建，身为无可置疑的芈姓始祖，季连却不在楚人所祀“楚先”之列，此情形实在令人疑惑。

在《楚居》中，季连与穴熊的关系也同样令人疑惑。按《楚居》所载，季连娶比隹之后，生緹伯、远仲，居于“京宗”之地，穴熊亦居“京宗”，娶妣䣄，生亘叔、丽季。由这个叙述来看，季连、穴熊只有时间先后，却无血缘关系，亦无世代先后，季连与緹伯、远仲，穴熊与亘叔、丽季才有血缘关系和世代先后，而緹伯、远仲与亘叔、丽季，很明显是兄弟关系。在先秦时期，同一世代的兄弟关系或泛化的拟兄弟关系往往用伯、仲、叔、季来区分，如西周时期的楚君熊严，其四子分别为伯霜、仲雪、叔堪、季徇。

緹伯、远仲与亘叔、丽季既属同一世代，则作为他们父辈的季连、穴熊，在世代上就是同辈，只有时间先后，无世代之先后，而且从这个叙述中也看不出季连与穴熊有血缘关系。

既然是同一世代，那季连与穴熊就有可能是兄弟关系，赵平安先生就认为，《楚居》中的季连、穴熊是兄弟，因为穴熊的后裔为王，所以季连不在后世楚人祭祀的“三楚先”中。② 此说对楚人所祀“三楚先”中何以无季连作出了独到的解释，但释季连与穴熊为兄弟，则仍有难解之处。季连的兄弟，那应当是祝融后裔、陆终之子，可是文献中对陆终六子的记载相当完整，且明确

① 杨伯峻：《春秋左传注》(修订本)，中华书局 1990 年版，第 440~441 页。
② 赵平安：《“三楚先”何以不包括季连》，《邯郸学院学报》2011 年第 4 期。

记载季连为陆终幼子，此点无可动摇，则季连不可能再有兄弟。

由上分析可见，《楚居》不言穴熊与季连的血缘关系，“三楚先”中也没有季连，后世楚人只祀穴熊不祀季连，诚有可能如赵平安先生所言，是因为后世楚君是穴熊后裔，并非是季连后裔，楚王室的直系先祖只能追溯至穴熊，只能祭祀自己的祖先穴熊，而季连虽然是楚族的祖先，但并不是楚王室的祖先，与楚王室并无血缘关系。但季连为芈姓始祖，此点无可怀疑，如果上述结论能够成立，则季连与穴熊之间就没有血缘关系。

《左传》僖公十年载晋大夫狐突之言：“神不歆非类，民不祀非族。”孔颖达疏：“类、族一也，皆谓非其子孙，妄祀他人父祖，则鬼神不歆享之耳。”①由狐突之言来看，不是血亲后代，祭祀也无用，祖宗神灵不得歆享。故祭祀又有“血食”之称，《左传》庄公六年：“若不从三臣，抑社稷实不血食，而君焉取馀？”②季连作为芈姓始祖，却不在楚人所祀“楚先”之中，是因为楚王室非季连之子孙，与季连之间无血缘关系，故不得祀季连，此亦可旁证季连与穴熊之间实无血缘关系。其实季连与穴熊之间无血缘关系，在传世文献及《楚居》之前的出土文献中已有所暗示，只是在《楚居》发表之前我们未能虑及于此。

另《楚居》在叙述季连与穴熊的活动时说，“(季连)先处于京宗。穴熊迟徙于京宗”，此二“京宗”必为一地，但《楚居》却说“穴熊迟徙于京宗”。“迟徙”二字，颇值得玩味，这表明，穴熊本非季连部族之人，他是从外地迁徙而来，如穴熊为季连之子或其后裔，或者是季连之兄弟，则穴熊亦必居于季连最后一个居地“京宗”，也就不存在所谓“迟徙”的问题，正因为穴熊是外人，是从外地迁入“京宗”的，所以《楚居》才会说“穴熊迟徙于京宗”，此亦穴熊非季连后裔、与季连无血缘关系的证据。

综合以上分析，我们可以确定以下几点：

---

① 《春秋左传正义》，李学勤主编：《十三经注疏》标点本，北京大学出版社 1999 年版，第 363 页。

② 杨伯峻：《春秋左传注》(修订本)，中华书局 1990 年版，第 170 页。

第一，季连为芈姓之祖。

第二，穴熊非季连之后，《史记·楚世家》《大戴礼记》等言穴熊为季连之后或季连之苗裔当有误。

第三，季连为陆终幼子，不可能有兄弟，则季连与穴熊不可能是兄弟关系。

第四，季连与穴熊只有时间先后，无世代先后。

第五，综合现有材料来看，季连与穴熊之间无血缘关系。

那么，季连与穴熊之间到底是什么关系？穴熊在与季连无血缘关系的情形下，可以代季连为芈姓部族首领，似乎是一个难解之谜。

在这方面，民族学、人类学或可以为我们提供一些借鉴。在早期民族中有收养的习俗，外人可以被收养入部落，摩尔根就曾被易洛魁联盟塞内卡部落的鹰氏族收养为成员。据摩尔根的观察，易洛魁人的氏族常收养外人为本氏族的成员，收养的外人不仅赐以氏族成员的权利，而且还赐以本部落的族籍，人口稀少的氏族也用收养的办法来补充成员，有一个时期，塞内卡部落中的鹰氏族人口大大减少，有灭绝之虞，为了拯救这个氏族，经过双方同意，将狼氏族的一部分人以收养的方式集体转移到鹰氏族。① 季连部族到了商代时已极为衰微，可以想见其人口必然很少，因此用收养的方法来扩大人口是很有可能的。而一旦被收养入族，就成为部族的正式成员，从理论上说，也具备成为部族首领的资格。罗马的克劳丢斯是这方面的一个类似的例证，克劳丢斯原为萨宾人，罗马王政时代最后一任王高傲者塔克文在被废黜后，煽动已与罗马人订有和约的萨宾人反对罗马，但萨宾人中的克劳丢斯反对破坏与罗马人订立的和约，于是他带着其亲族、朋友和奴隶共 5000 多人逃往罗马，罗马人给了他们住所、耕地和市民权，还把克劳丢斯选为元老，为他设立了一个新的氏族。另一个更确实的例证是金始祖函普，函普是完颜部第一个可考的祖先，但据《金史》及宋洪迈《松漠记闻》等记载，函普并非

① ［美］路易斯·亨利·摩尔根著，杨东莼、马雍、马巨译：《古代社会》，商务印书馆 1981 年版，第 78 页。

完颜部之人，而是来自高丽，其族属后人有不同说法，但函普本非完颜部人则可确证，函普入于完颜部时，年已六十余，因调解完颜部与邻族的纠纷而被推为完颜部首领，其后的完颜部首领及金王室，皆为函普之后，金人记其祖先，亦只记函普这个外人。

季连为芈姓之祖，这一点当无疑问。而穴熊既非季连之后，亦非季连之兄弟，与季连之间也没有血缘关系，则穴熊有可能是以收养的方式、以外来成员的身份进入季连部族并最终成为部族首领的，与函普成为完颜部首领类似。函普能成为完颜部首领，是因为当时生女真极为落后，而函普来自高丽，具有较高的文化素养，因而能为完颜部人所信服而成为首领。穴熊的情形或与函普有相似之处，本非季连部族之人，但因其有较高的文化素养而以外来成员的身份进入部族并成为部族首领，故《楚居》中未有其与季连关系之记述。

另外，我们已经知道，在楚文化中保留有较为深厚的商文化色彩，考古学者对此早有论述，① 历史地理学者也发现楚都是以东北或东南为重心的、其布局与殷商都城接近而与周代都城和中原列国都城以西为重心的格局迥异，② 古文字学者亦发现楚文字保留了比较多的商代文字的写法，③ 后世文献中鬻熊的智者形象则表明鬻熊有较高的文化素养。由此看来，穴熊（鬻熊）的身份或有可能原为商贵族，由于某种原因在商末动荡的社会中不能立足，于是因季连与盘庚孙女联姻的关系而得以进入季连部族，并因其较高的文化素养和身份地位成为季连部族的继承者，后世楚文化中深厚的商文化色彩或由此而来。徐旭生曾言此类情形是“从深化人民出去，跑到浅化人民中间去

① 高崇文：《从夏商时期江汉两大文化因素的源流谈楚文化的起源》，《楚文化研究论集》第三集，湖北人民出版社 1994 年版。

② 晏昌贵：《楚国都城制度初探》，《江汉考古》2001 年第 4 期；晏昌贵：《楚国都城制度再认识》，《社会科学》2008 年第 8 期。

③ 参见赵平安：《新出简帛与古文字古文献研究》“新出简帛与古文字考论”部分，商务印书馆 2009 年版。

作首领”①，与金始祖函普以外来人员身份而成为完颜部首领情形较为类似。也因为穴熊是以外来者的身份成为部族首领，其后裔取代了季连后裔成为芈姓正统，故后世楚人只祭穴熊，因此“三楚先”中没有季连，春秋时楚人曾指责夔子不祀祝融与穴熊，却不曾指责夔子不祀季连，其因由皆在于季连与穴熊之间并无血缘关系。

综合传世文献和出土文献，我们可以对楚先祖的性质有一个基本的判断。虽然在总的历史框架中，楚先祖已进入历史时期，但由于不同族群的历史进程、发展水平和速度不一致，芈姓部族的发展程度和进程是不能与夏商周三代王朝相比的。因此在楚史的框架中，楚先祖在绝对年代上虽已进入商代晚期，但仍处于传说时代，楚先祖在性质上就是传说人物而非历史人物，在一般情形下是指族群而非个人。楚先祖世系中并无“附沮”这一代，所谓“附沮”，当为“附祖”，即附于祖之意，指季连部族与祝融部族的某种特殊关系，季连作为陆终幼子，不是从祝融部族中分离出来的，而是直接以祝融部族转化而来。穴熊不是季连后裔，与季连无血缘关系，是以外来人员身份而继为部族首领的，其后裔取代了季连后裔成为芈姓正宗。后来的楚王室是穴熊后裔，与季连无血缘关系，故后世楚人所祀“楚先”中并无季连。

第二节　楚先祖年代考析

一般而言，各国、族的先祖均属于传说时代，其性质是传说人物而非历史人物，楚先祖亦是如此。由《楚居》所载来看，熊绎是楚国传说时代和历史时代的分界点，熊绎以前的季连、穴熊及丽季、熊狂，在楚史的体系中仍属传说时代，楚国的历史时代则是从熊绎开始的。由此，我们需以传说时代为基础，来探讨《楚居》中楚先祖季连、穴熊、丽季及熊狂的年代问题。

① 徐旭生：《中国古史的传说时代》，广西师范大学出版社2003年版，第75页。

一、季连的年代

一般来说，传说人物在本质上不是某个具体的个人而是部族或部族首领之名，非个人之私名，这是传说人物与历史人物的根本区别。因此季连的年代问题，就不能径直理解为一个叫季连的古人所生活的年代，而是上古时代季连部族存在的年代，这是探讨季连的年代时首先要明确的问题。

季连的年代上限，《楚居》未言，传世文献中也没有记载，但我们可以从几个方面来加以推测。

《史记·楚世家》："楚之先祖出自帝颛顼高阳。高阳者，黄帝之孙，昌意之子也。高阳生称，称生卷章，卷章生重黎。重黎为帝喾高辛居火正，甚有功，能光融天下，帝喾命曰祝融。共工氏作乱，帝喾使重黎诛之而不尽。帝乃以庚寅日诛重黎，而以其弟吴回为重黎后，复居火正，为祝融。吴回生陆终。陆终生子六人，坼剖而产焉。其长一曰昆吾；二曰参胡；三曰彭祖；四曰会人；五曰曹姓；六曰季连，芈姓，楚其后也。"①则季连为陆终之子，祝融之后，因此要推定季连的年代上限，需先确定祝融的年代。

陆终一族，自重黎起拥有祝融的称号，重黎被诛之后，其弟吴回继为祝融，则吴回亦称祝融，吴回之子陆终，据王国维、郭沫若、李学勤等从声类分析，陆终即祝融②，王光镐复据《邾公钟》铭文之"陆终"的"终"和长沙子弹库帛书中的"祝融"之"融"均从虫从庸，考证陆终本作陆融，是陆终亦即祝融，可见祝融为重黎、吴回、陆终共有的名号③。

祝融之名，是因为重黎作帝喾高辛氏火正而得。据何浩考证，火正为上古时代的天文官，其职掌为"主辰"，"火正"之火，指的是火星，非水火之

① 《史记》卷四十《楚世家》，中华书局 1982 年版，第 1689~1690 页。

② 参王国维：《邾公钟跋》，《观堂集林》卷十八《史林十》，河北教育出版社 2001 年版；郭沫若：《金文所无考》，《金文丛考》，人民出版社 1954 年版；李学勤：《谈祝融八姓》，《江汉论坛》1980 年第 2 期。

③ 王光镐：《楚文化源流新证》，武汉大学出版社 1988 年版，第 17、18 页。

火，其职责为“观象授时”。① 上古时代，天文官有极其重要的地位，重黎因此而获得帝喾赐予“祝融”的称号。周太史史伯曾谓：“夫黎为高辛氏火正，以淳耀敦大，天明地德，光照四海，故命之曰祝融，其功大矣。”②可见祝融出现的时间大体在帝喾时期。又古史传说均谓祝融出自颛顼，《左传》昭公二十九年记晋太史蔡墨之言：“颛顼氏有子曰犁，为祝融。”③大约与蔡墨同时的楚大夫观射父在回答楚昭王时曾说：“颛顼受之，乃命南正重司天以属神，命火正黎司地以属民，使复旧常，无相侵渎，是谓绝地天通。其后，三苗复九黎之德，尧复育重、黎之后，不忘旧者，使复典之。”④从观射父所说来看，黎在颛顼时已为火正，则祝融的年代上限或应在颛顼之时。

祝融属于传说时代，颛顼至帝喾则是传说时代中较早的阶段。重黎被诛后，其弟吴回继为祝融，吴回之子陆终亦曾任祝融，陆终的年代无明确记载，但至少应在帝喾之后。在古史传说体系中，帝喾之后为唐尧，据前引观射父之言，唐尧时曾“复育重、黎之后，不忘旧者，使复典之”，王光镐认为此重黎之后当指陆终。⑤ 由是知陆终大致在唐尧之时，其上限则可能至帝喾晚期。由此推算，季连为陆终之子，则其上限大约不会超出唐尧的时代。

其次，可以从陆终六子来推定季连的年代。陆终六子又别出二支，分而为八姓，即史称的祝融八姓，夏代时颇为兴盛，形成以昆吾为首的庞大族团。祝融集团与夏王朝关系密切，《国语·周语上》：“昔夏之兴也，融降于崇山。”⑥今本《竹书纪年》亦有类似说法：“夏道将兴，草木畅茂，青龙止于

① 何浩：《祝融、火正与火师》，《求索》1992年第3期。

② 《国语》卷十六《郑语》“史伯为桓公论兴衰”章，上海古籍出版社1978年版，第510页。

③ 《春秋经传集解》，上海古籍出版社1988年版，第1576页。

④ 《国语》卷十八《楚语下》“观射父论绝地天通”章，上海古籍出版社1978年版，第562、563页。

⑤ 王光镐：《楚文化源流新证》，武汉大学出版社1988年版，第18页。

⑥ 徐元诰：《国语集解》，中华书局2002年版，第29页。

郊，祝融之神降于崇山。”①均将祝融视为夏代得以兴起的关键因素。夏朝建立后，祝融集团成为夏王朝的重要支持力量，尤其是身为祝融族团之长的昆吾，夏初起即有重要地位，《墨子·耕柱》：“昔者夏后开使蜚廉折金于山川，而陶铸之于昆吾。”②夏代后期，昆吾更主持夏政，成为夏王朝最重要支柱，《国语·郑语》：“昆吾为夏伯”③，《风俗通义》更将昆吾与商之大彭、豕韦，周之齐桓、晋文并称为“五伯”④。由此可见陆终六子当形成于夏代之前，而季连的年代上限亦当在此范围内。

陆终第三子彭祖，是古史传说中著名的人物。彭祖的年代及事迹，古文献中多有记叙。

《史记》卷一《五帝本纪》：

> 而禹、皋陶、契、后稷、伯夷、夔、龙、倕、益、彭祖，自尧时而皆举用，未有分职。⑤

《楚辞》卷三《天问》：

> 彭铿斟雉，帝何飨？受寿永多，夫何久长？

东汉王逸注：

> 彭铿，彭祖也。好和滋味，善斟雉羹，能事帝尧，尧美而飨

---

① 王国维：《今本竹书纪年疏证》，方诗铭、王修龄：《古本竹书纪年辑证》（修订本），上海古籍出版社2005年版，第212页。

② （清）孙诒让：《墨子间诂》，中华书局2001年版，第422、423页。

③ 《国语》卷十六《郑语》“史伯为桓公论兴衰”章，上海古籍出版社1978年版，第511页。

④ 王利器：《风俗通义校注》，中华书局2010年版，第19页。

⑤ 《史记》卷一《五帝本纪》，中华书局1982年版，第38页。

食之。①

《庄子》卷二《大宗师》亦云：

彭祖得之，上及有虞，下及五伯。②

可见彭祖的年代上限当在唐尧之时。

陆终长子昆吾，己姓，名樊。己姓支系众多，是祝融八姓中势力最大的一支。己姓之嗣有飂叔安，是昆吾一系中的著名人物，其后裔别封董姓。飂叔安及董姓的时代，《左传》昭公二十九年载蔡墨曰：

昔有飂叔安，有裔子曰董父，实甚好龙，能求其耆欲以饮食之，龙多归之，乃扰畜龙，以服事帝舜。帝赐之姓曰董，氏曰豢龙，封诸鬷川，鬷夷氏其后也。③

《潜夫论·志氏姓》中对董姓亦有类似记载，当是由《左传》而来。是董父与虞舜同时，按董父为飂叔安之裔，飂叔安为己姓之嗣，由此推断，飂叔安早于董父，昆吾又早于飂叔安，则昆吾亦当早于虞舜，又昆吾为陆终长子，是最早从陆终部落中分离出来的，彭祖的年代上限已至唐尧，昆吾的年代当略早于彭祖，则昆吾的年代也应可上至唐尧。

彭祖、昆吾与唐尧同时，表明陆终部族分而为六，当发生在唐尧之世，则季连出现的时间，亦当在此时或稍晚，与前面推定的陆终的年代相合。罗运环《楚国八百年》定季连与尧同时，④ 徐少华则认为祝融八姓由六支而逐渐

① (宋)洪兴祖：《楚辞补注》，中华书局 1983 年版，第 116 页。

② (清)王先谦、刘武：《庄子集解　庄子集解内篇补正》，中华书局 1987 年版，第 60 页。

③ 《春秋经传集解》，上海古籍出版社 1988 年版，第 1575 页。

④ 罗运环：《楚国八百年》，武汉大学出版社 1992 年版，第 49 页。

衍分为八族，在氏族社会后期的虞舜之时已基本形成，① 大体是正确的。又季连为陆终幼子，所谓幼子者，当指出现时间最晚，因此季连出现的时间或较昆吾、彭祖略晚，但不会晚太多，因此季连出现时的下限，断不会晚至夏代，据此推断季连部落约形成于唐虞之世，当大致不差。

至于季连的年代下限，在《楚居》中有较为明确的记载。据《楚居》，季连晚期的主要活动，是在汌水、方山一带见到“盘庚之子”，并追求其女“比隹”。“盘庚”，整理者认为“疑即商王盘庚”。②《楚居》中的盘庚为商王盘庚应无疑问，整理者可能是因为季连作为传说人物而其年代下限却进入商代晚期而发生疑惑，故用一“疑”字。但我们认为，不同族群的发展进程与速度不一致是极为正常的事，反之倒是不可思议，夏商周三代王朝处于中国历史发展的顶端，他们的历史进程与发展速度当是其他部族所不能比拟的。尤其是季连部族虽然是上古时期著名的祝融后裔，但夏商鼎革之后，祝融族系各支因与夏的密切关系而受到商朝的打压，自此不复夏代时的盛况，季连部族在文献记载中被称为“中衰”，当与商人对祝融集团的打击有关。③ 随着夏商易代，季连部族失去了中原核心部族的地位，在历史运行中被甩离中国历史的主轴，从中原核心变成中原边缘，这种地位的变化导致季连部族的历史发展进程与水平远逊于商族。因此《楚居》所载的“盘庚”应即著名的商王盘庚，当无可疑。据此可推知季连的年代下限大致为商代晚期。

由此可知季连部族存在的年代，上起唐虞时期，下至商代晚期。这里需要特别说明的是，虽然此时已进入商代，从总的架构来说已进入了历史时期，但从楚史的角度来讲，此时的芈姓部族仍处于传说时代。

季连的年代下限还需进一步考证并与考古年代相对应。这里有一些问

---

① 徐少华：《论祝融八姓的流变及其分布》，湖北省考古学会选编：《湖北省考古学会论文选集(三)》，《江汉考古》增刊，1998年，第135页。

② 李学勤主编：《清华大学藏战国竹简(壹)》，中西书局2010年版，第183页。

③ 徐少华：《论祝融八姓的流变及其分布》，湖北省考古学会选编：《湖北省考古学会论文选集(三)》，《江汉考古》增刊，1998年；张万高：《简论芈姓祝融的南迁及相关问题》，《江汉考古》1988年第2期。

题，历史学上的分期与考古学上的最新研究成果有一些不太一致的地方，据古本《竹书纪年》：“自盘庚徙殷，至纣之灭，七(二)百七十三年更不徙都”(朱右曾《汲冢纪年存真》辑本改“七”为“二”)①，历史学上通常将盘庚迁殷作为商代晚期的开始，但殷墟一带很少有武丁以前的遗存，现在考古学界提出“中商文化”的概念，将武丁以前的考古遗存划入中商文化，商代晚期的殷墟文化则从武丁开始，分为四期：第一期为武丁早期，第二期为武丁后期至祖庚、祖甲时期，第三期为廪辛、康丁、武乙、文丁时期，第四期为帝乙、帝辛时期。②

按之商世系，盘庚之后为其弟小辛，小辛之后为其弟小乙，小乙之后为其子武丁，盘庚之子的班辈与武丁同。当然武丁的年代很长，作为盘庚的孙女，比隹至少应是武丁时人，由此可知季连追求比隹，至少应在武丁时期，考古学年代为殷墟一期到二期。至于季连的最下限，考虑到《楚居》记载季连追求比隹成功后，部族繁衍，较为兴盛，这也需要一段时间，因此季连的年代下限应在武丁后期至祖庚、祖甲时期，考古学年代大致为殷墟二期，其最下限或已进入殷墟三期。

二、穴熊的年代

穴熊(鬻熊)的年代在商末，其活动在文献中有较多记载。商末时，鬻熊曾与太颠、闳夭、散宜生、辛甲大夫等投奔周文王，为文王之师，《史记·楚世家》载楚武王之言曰：“吾先鬻熊，文王之师也。”③鬻熊事周，尚在周文王即位之初，据学者考证，“早在西伯被拘于羑里之前，鬻熊就已去世

① 方诗铭、王修龄：《古本竹书纪年辑证》(修订本)，上海古籍出版社2005年版，第30、31页。

② 中国社会科学院考古研究所编著：《中国考古学·夏商卷》，中国社会科学出版社2003年版，第294页。

③ 《史记》卷四十《楚世家》，中华书局1982年版，第1695页。

了”①。周文王在位50年，又4年武王灭商，合计灭商前文、武二王积年为54年。与之对应的商朝最后两代为帝乙、帝辛，其在位年代，据夏商周断代工程年表，帝乙在位26年，帝辛(商纣)在位30年，② 两代合计56年，与灭商之前的周文、武两代基本相当。另古本《竹书纪年》谓“文丁杀季历”③，季历为文王之父，文丁为帝乙之父，则周文王即位当在文丁晚年。由此推断鬻熊的年代下限应为帝乙时期。

当然，这里有一些小问题，夏商周断代工程年表中帝乙、帝辛积年与史籍所载灭商前周文、武积年相比，虽基本相当，但帝乙、帝辛积年略多于灭商前周文、武积年，这与《竹书纪年》所载“文丁杀季历”有所抵牾，按文丁杀季历之说，周文王即位当在文丁晚期，则商帝乙、帝辛积年当略少于周灭商前文、武积年。不过，这一问题并不大，无论如何，帝乙、帝辛积年与灭商前周文、武积年应基本相当。如不用夏商周断代工程年表，只用周文王纪年来讨论，鬻熊的年代下限应为周文王在位前期。

由此前推鬻熊(穴熊)的始年，需要讨论鬻熊的年寿。关于鬻熊的年寿，有早卒与长寿二说。

长寿说谓鬻熊寿至九十余。刘向《别录》谓鬻熊长寿至成王，清宋翔凤《过庭录》：“(刘向)知(鬻熊)至成王时尚存，定熊自封丹阳。”④唐逄行珪《〈鬻子〉序》谓：“鬻子名熊，楚人，周文王之师也。年九十，见文王。王曰：‘老矣！’鬻子曰：‘使臣捕兽逐麋，已老矣；使臣坐策国事，尚少也。’文王师之。”⑤类似语言亦见于宋高似孙《子略》，但言其出于魏相奏记载霍光曰：“文王见鬻子，年九十余，文王曰：‘噫！老矣。’鬻子曰：‘君若使臣捕

① 徐俊：《“鬻熊始受周封”刍议》，《江汉论坛》1982年第4期。

② 夏商周断代工程专家组：《夏商周断代工程1996—2000年成果报告(简本)》，世界图书出版公司2000年版，第88页。

③ 方诗铭、王修龄：《古本竹书纪年辑证》(修订本)，上海古籍出版社2005年版，第37、38页。

④ (清)宋翔凤：《楚鬻熊居丹阳·武王徙郢考》，《过庭录》卷九，中华书局1986年版，第156页。

⑤ 《景印文渊阁四库全书》第848册，台湾“商务印书馆”1983年版，第3页。

虎逐麋，臣已老矣，若使坐策国事，臣年尚少。'文王善之，遂以为师。"①《四库提要》："《汉书》载魏相奏记霍光称文王见鬻子年九十余，虽所说小异，然大约文武时人。"②

可见鬻熊年九十见文王之说流传颇广，《史记·周本纪》记周文王"遵后稷、公刘之业，则古公、公季之法，笃仁，敬老，慈少。礼下贤者，日中不暇食以待士，士以此多归之。伯夷、叔齐在孤竹，闻西伯善养老，盍往归之。太颠、闳夭、散宜生、鬻子、辛甲大夫之徒皆往归之"③。谓鬻熊等投周，是因周文王"敬老""善养老"，又贾谊《新书》中亦有鬻子答三王问的内容，此皆可与鬻熊年九十见文王相印证。

但司马迁则谓鬻熊早卒："鬻熊子事文王，蚤卒"，又载楚武王曰"吾先鬻熊，文王之师也，蚤终"④，论者或以此为据，谓鬻熊年寿不高。因鬻熊长寿说与《史记》"早卒"说矛盾，于是言鬻熊早卒者以《鬻子》为伪书而斥鬻熊长寿之说，清梁玉绳《史记志疑》："《路史·后纪八》注据《鬻子》书'九十见文王'之语，以《史》言'早卒'为谬，非也！"⑤

但《史记·楚世家》"鬻熊子事文王"一语，日本泷川资言《史记会注考证》谓："《艺文类聚》引《史》无'子'字。"⑥查《艺文类聚·封爵部·功臣封》引文为："鬻熊事周文王，早卒。"⑦孙重恩据此认为，"子"字当为衍文，唐以前的《史记》本无"子"字。⑧ 李世佳则认为古代人物多有于名后加"子"字

① (元)马端临：《文献通考》卷二百十一《经籍考三十八》，中华书局 1986 年版，第 1729 页。

② (清)纪昀等著，四库全书研究所整理：《钦定四库全书总目(整理本)》，中华书局 1997 年版，第 1564 页。

③ 《史记》卷四《周本纪》，中华书局 1982 年版，第 116 页。

④ 《史记》卷四十《楚世家》，中华书局 1982 年版，第 1691、1695 页。

⑤ (清)梁玉绳：《史记志疑》，中华书局 1981 年版，第 1006 页。

⑥ [日]泷川资言考证，水泽利忠校补：《史记会注考证附校补》，上海古籍出版社 1986 年版，第 1003 页。

⑦ (唐)欧阳询撰，汪绍楹校：《艺文类聚》，上海古籍出版社 1982 年版，第 922 页。

⑧ 孙重恩：《楚始受封者——鬻熊》，《江汉论坛》1981 年第 4 期。

者，如熊渠亦有称熊渠子者，因此“鬻熊子事文王”一句，当连读为“鬻熊子”，其意为鬻熊子臣事周文王。① 可见“鬻熊子事文王”未可作为鬻熊年寿不高的证据。

关于文献中鬻熊早卒与长寿的矛盾说法，这里首先要指出，文献中的这种矛盾，未必是二说必有一误或二说唯有一说为正，而是站在不同角度对同一事物的不同观察结果，可能都有其合理性，不能对之作简单化的处理。清人严可均已明确指出：“蚤卒蚤终，谓不及受封先卒耳，非不寿之谓也。”② 今人徐俊综合考察早卒与长寿二说，也认为鬻熊非短命早逝，而是因为年事已高，见文王之后不久即去世了。③ 可见鬻熊早卒与长寿说都有其合理性，长寿是谓鬻熊本人长寿，寿至九十余，早卒是因为鬻熊事周时年事已高，故见周文王后不久即去世，因此文献中谓鬻熊寿至九十又早卒，其实并不矛盾。

可见鬻熊(穴熊)当为高龄老人。而鬻熊长寿一说，可能非由其本人而来。虽然鬻熊的时代，中国早已进入历史时期，但对楚史而言，鬻熊还是传说时代，《楚居》中穴熊之后的丽季，其事迹颇具神异色彩，这完全是传说时代的特征，足证鬻熊不能作为个人、作为历史人物来看待，而只能和季连一样，作为传说时代的部族与部族首领来对待。这种部族与部族首领名称，后人一般是作为人名、作为个体生命来理解的，而部族存在的年代是远远跨越了个体生命的，一旦将其作为个体生命来理解，则不可避免地出现长寿的传说，比如著名的“彭祖寿八百”，其实就是将彭祖部族作为个体生命来理解，神话或传说即由此而来，鬻熊长寿至九十始见文王，或当与彭祖长寿至八百之说同例。

分析可见，鬻熊(穴熊)部族或至周文王初年时，已存在了九十余年，我们即可以此为基础，向前倒推鬻熊的年代上限。

---

① 李世佳：《也说〈史记·楚世家〉“鬻熊子事文王”》，《中国史研究》2015 年第 1 期。

② (清)严可均：《全上古三代秦汉三国文》第一册，中华书局 1958 年版，第 66 页。

③ 徐俊：《“鬻熊始受周封”刍议》，《江汉论坛》1982 年第 4 期。

鬻熊(穴熊)见文王在周文王即位初，按之商王世系，应为帝乙时期偏早，其时鬻熊部族已存在了约90年，则鬻熊的年代上限必然超出帝乙时期，以周文王即位十年左右鬻熊始见文王计，则鬻熊生活在文丁杀季历之前的时间大约为80年，据夏商周断代工程年表，文丁在位11年、武乙在位35年，祖庚、祖甲、廪辛、康丁四代共在位44年，合计90年，则鬻熊的年代上限可能已接近祖庚、祖甲，具体为廪辛、康丁时期，考古年代为殷墟三期或殷墟二、三期之交，与季连的年代下限密合。

三、丽季、熊狂的年代

在《楚居》中，穴熊之后为丽季，一般认为，丽季即《史记·楚世家》中的熊丽。《楚居》中有关穴熊、丽季的记载如下：

> 穴熊迟徙于京宗，爰得妣𡟰，逆流哉水，厥状聂耳，乃妻之，生侸叔、丽季。丽不从行，溃自胁出，妣𡟰宾于天，巫咸赅其胁以楚，抵今曰楚人。至熊狂亦居京宗。

丽季的年代有一些较为特殊之处，丽季出现时，距周初已然不远，与楚人的历史时代已极为接近，但从《楚居》所载来看，丽季的事迹仍充满传说色彩，完全是传说人物才有的特征，可见丽季在楚史的架构中仍属于传说时代。

首先讨论丽季的性质。《楚居》描述丽季的出生说“丽不从行，溃自胁出，妣𡟰宾于天”，这种近于神话的传说首先明确界定了丽季的身份：丽季是传说人物而非历史人物，因此丽季也只能视为部族或部族首领，但丽季出现时，尚未独立，未脱离穴熊部族独立发展，应视为部族内部的支系。“丽不从行”一句，整理者释“从”为“顺”。“宾于天”，整理者认为是“死的婉称”。“溃自胁出”，整理者注：“文献中有楚先祖自胁出的记载，《楚世家》云：‘陆终生子六人，坼剖而产焉。’《世本》也说：‘陆终娶于鬼方氏之妹，谓之女嬇，是生六子，孕而不育，三年同，启其左胁，三人出焉；启其右胁，三人出焉。'简文'渭'可读为'溃'，义与坼、剖等义近。"①复旦大学出土文献与古文字研究中心研究生读书会则认为："《大戴礼记》《风俗通》《汉书》等均有陆终娶于鬼方的记载，并认为嬇、隤、溃等是鬼方氏之女的名字。根据简文，我们认为嬇、隤、溃应该都是读为'溃'，为剖、坼之意，文献流传过程中有人不明其意，误解为鬼方女名。"②则全句意为丽季的出生并不顺利，是从妣𧻚的胁下出来，结果妣𧻚因此而去世。

《楚居》中的丽季故事充满传说色彩，但我们将那层神话的外衣脱去，则此传说所反映的正是部族演生的情形。《楚居》中的"溃自胁出"，在古籍中有类似的表述，在《大戴礼记·帝系》和《史记·楚世家》中，均谓陆终六子自胁而出，"坼剖而产"。但陆终六子并非真实的六个人，而是六个部族或部落，因此文献中所谓的自胁而出，"坼剖而产"与《楚居》中的"溃自胁出"并非指妇女生产，而是指部族或部落枝分，父部族裂解析分为若干个子部族。由此看来，我们可以确定丽季并非某个具体的个体生命，而是部族内部的支系。由于此时已很接近楚人的历史时代，因此丽季最初是作为部族内部的支系出现的，其在部族内部的演变也被记录得较为清晰，不是如早期部族演生那样直接取代了父部族。

由上分析可见，丽季出现时，是穴熊部族内部的支系，也就是说，此时还有穴熊。另据《楚居》所载，丽季的出现导致"妣𧻚宾于天"，有妣𧻚则有穴熊，可见丽季出现与妣𧻚"宾天"时，尚在穴熊时代，具体当为穴熊时代的晚期，因此丽季的年代与穴熊的年代可能有部分重合。

丽季出现导致"妣𧻚宾于天，巫咸赅其胁以楚，抵今曰楚人"。"巫咸赅其胁以楚"一句，整理者释为"用荆条将妣𧻚之胁缠包复合"，而芈姓一族也由此而有楚人之称。《楚居》这一段文字包含了极为重要的信息，透露了芈姓

① 李学勤主编：《清华大学藏战国竹简(壹)》，中西书局2010年版，第184页。

② 复旦大学出土文献与古文字研究中心研究生读书会：《清华简〈楚居〉研读札记》，复旦大学出土文献与古文字研究中心网站(http://www.gwz.fudan.edu.cn/SrcShow.asp?Src_ID=1353),2011年1月5日。

一族在地理、族群方面的重大变迁，值得认真解读。

我们首先要指出的是，祝融集团属于华夏，华夏不但是一个族群概念，同时也是地理概念。季连部族出自祝融，这清楚地表明了季连一族的身份：其原本为中原旧族，后又与商王室联姻，在地理上季连部族一直活动在华夏区域内，也就是中原文化核心区，与楚地或生活在楚地上的楚蛮之类南方土著族群全然无关。但到穴熊后期时，却与“楚”地、“楚”人发生了交集，丽季的出现就是芈姓部族与“楚地”的楚蛮族群发生交集的产物。而“楚”地与“华夏”区域是不相兼容的两个地理范围，“楚”地上生活的楚蛮与中原地区的“华夏”族是不相兼容的两个族群，因此穴熊晚期时芈姓部族与“楚”地、“楚”人发生交集，这只能表明此时芈姓部族离开了中原旧地，进入了“楚”地并有了“楚”的族群属性。

由是可知穴熊晚期时芈姓一族开始了迁徙的历程，离开了中原核心区，进入楚地并与楚地土著的楚蛮族群发生了交集，并由此改变了自身的族群属性：由华夏变为楚蛮。最终芈姓部族迁至周人的势力范围内并靠近关中地区，由此才能得以与周人建立政治联系。而丽季支系的出现，当在穴熊部族迁徙途中至“楚”地之时，此时芈姓部族尚未抵达周势力范围内，也就是说，丽季出现的年代当在鬻熊见文王之前。按前文推断，鬻熊见文王在文王即位之初，可能为帝乙时期，考古年代为殷墟四期偏早，则丽季当出现于帝乙之前，殷墟三期时，按商世系为廪辛、康丁、武乙、文丁时期，保守估算，可能为殷墟三期偏晚，约当武乙、文丁时期。至于丽季的下限，则不应超出周文王时代，应为周文王晚期，商世系为帝辛时期，考古年代为殷墟四期偏晚。

丽季之后为熊狂，熊狂的居地为京宗，这是从季连晚期就流传下来的地名，表明熊狂在楚史的构架中仍属于楚先祖，是楚先祖的最后一位，也是楚国传说时代之终结者。熊狂的年代虽无明确记载，但可从丽季和熊绎的年代来推定。熊狂接续丽季，则熊狂的年代上限应为周文王末年至武王初年，熊狂之后为熊绎，于周成王时被封为诸侯，则熊狂的年代下限当为周武王末年至周成王早期。总的来说，熊狂的年代大致为周武王、成王之交。

综上所述，我们可以对《楚居》中楚先祖的年代有一个大体的框架。季连大约出现于唐虞时期，其下限为商代晚期，具体应为武丁后期至祖庚、祖甲时期，考古年代为殷墟二期，或有可能已达殷墟二、三期之交，即祖庚、祖甲至廪辛、康丁时期。穴熊即鬻熊，其年代上限约在廪辛、康丁时期，考古年代为殷墟三期，与季连的年代下限密合。穴熊的年代下限在周文王前期，按商世系则为帝乙时期，考古年代为殷墟四期偏早。丽季大约出现于武乙、文丁时期，考古年代为殷墟三期偏晚，其上限与穴熊的年代有部分重合，下限则在周文王晚期，商世系为帝辛时期，考古年代为殷墟四期偏晚。至于熊狂的年代，大致应为周初武、成之交。

第三节 楚先祖季连居地

季连是楚人的直系祖先，见于《世本》《国语·郑语》《大戴礼记·帝系》及《史记·楚世家》等史籍，但对于季连的居地，则未有明言，后世学者只能依据相关资料作一些推测，如顾铁符推测季连居地在今河南鄢陵县境内，①罗运环推测季连居地在旧许(今河南许昌)，② 大体在祝融之虚(今河南新郑)附近。以前的出土文献，涉及楚先祖老童、祝融，但未见有季连。

《楚居》中的楚先祖，起自季连，经穴熊、丽季，终于熊狂，《楚居》中的历史时代则从熊绎开始。

传统的简帛文献研究是将出土简帛与传世文献互证，但《楚居》一篇有其特殊性，其所载地名及史事多不见于文献，因此很难将其与文献对照，以致对《楚居》所载地名尤其是较早的楚先祖季连居地，各种观点差异过大，甚至无法求同存异。在方法论上，现在探讨《楚居》中的楚先祖居地，多用《山海经》作参照，用音韵通假的方法来建立联系。《山海经》对于古代地理虽有重

① 顾铁符：《楚国民族述略》，湖北人民出版社 1984 年版，第 18~19 页。

② 罗运环：《楚国八百年》，武汉大学出版社 1992 年版，第 58 页。

要参考价值，然其含有较多的神话成分，司马迁撰写《史记》，亦云："至《禹本纪》《山海经》所有怪物，余不敢言之也。"①可见对《山海经》需要谨慎使用，高崇文即认为，用声韵通假之法来解释，似乎有些牵强，难以信从。② 此说虽是就《楚居》中"京宗"的考释而论，但对整个《楚居》的地理研究，尤其是传说时代的楚先祖地理问题，也是适用的。因此对《楚居》所载楚先祖居地的考察，需要在方法论上有一些新的途径。

一、季连初降之地辨析

季连的居地，传世史籍中并未有明确的记载，但《楚居》提供了新线索，《楚居》所载季连故事如下：

> 季连初降于郥山，抵于穴穷。前出于乔山，宅处爰波。逆上汌水，见盘庚之子，处于方山，女曰比隹，秉兹率相，詈冑四方。季连闻其有聘，从，及之盘，爰生緹伯、远仲。毓徜徉，先处于京宗。③

所言季连之居地，有郥山、穴穷、乔山、爰波、汌水、方山、京宗等地，但这些地名，多不见于文献，难以稽考，很难通过将简文与传世文献互证的方法来探求，我们只能依据多方面的线索，作一些初步的推断。

《楚居》开篇即曰"季连初降于郥山"。"降"，可作出生解，《楚辞·离骚》："惟庚寅吾以降"④，因此郥山可解为季连的出生地，用民族学和人类学来解释，则为季连部族的最初形成之地。但上古之时，"降"字多与神有关，通常指神灵降临，《国语·楚语》："如是则明神降之，在男曰觋，

---

① 《史记》卷一百二十三《大宛列传》，中华书局 1982 年版，第 3179 页。
② 高崇文：《清华简〈楚居〉所载楚早期居地辨析》，《江汉考古》2011 年第 4 期。
③ 李学勤主编：《清华大学藏战国竹简(壹)》，中西书局 2010 年版，第 181 页。
④ (宋)洪兴祖：《楚辞补注》，中华书局 1983 年版，第 3 页。

在女曰巫。"①《左传》庄公三十二年："有神降于莘。惠王问诸内史过曰：'是何故也?'对曰：'国之将兴，明神降之，监其德也；将亡，神又降之，观其恶也……'"②《诗·大雅·崧高》："崧高维岳，骏极于天。维岳降神，生甫及申。"③故整理者认为"降，特指神的降临"④。李学勤先生也指出，季连具有神性。⑤ 因此在讨论季连的居地之前，首先要弄清这一句中季连的身份属性。上古人名除了通常包含的部族、部族首领以及担任部族首领的特定个人等三层含义之外，还有另外一种较特别的情形。上古时代，祖先皆是神灵，后人叙其先祖，则不免人神杂糅，因此对传说时代的人名，需充分考虑其"神性"。就"季连初降于郻山"而论，此处特定语境中的"季连"，其实不是个人、部族或部族首领，而是季连部族的"祖先神"。明确了此点，对季连初降之"郻山"，就可以作更深入的探讨。

"季连初降于郻山"，在传世文献中有类似的记载。《国语·周语上》："昔夏之兴也，融降于崇山"，韦昭注："融，祝融也。崇，崇高山也。夏居阳城，崇高所近。"崇高即嵩高，即后世之嵩山，在今河南登封北。⑥ 此言又见于今本《竹书纪年》"帝禹夏后氏"："夏道将兴，草木畅茂，青龙止于郊，祝融之神降于崇山。"⑦如依此记载，祝融居地当在嵩山，但这与其他记载有所抵牾。《左传》昭公十七年："郑，祝融之虚也。"⑧《汉书·地理志》："郑

① 《国语》卷十八《楚语下》"观射父论绝地天通"章，上海古籍出版社 1978 年版，第 559 页。

② 《左传》庄公三十二年，《春秋经传集解》，上海古籍出版社 1988 年版，第 209 页。

③ 《毛诗正义》，李学勤主编：《十三经注疏》标点本，北京大学出版社 1999 年版，第 1206 页。

④ 李学勤主编：《清华大学藏战国竹简(壹)》，中西书局 2010 年版，第 182 页注 1。

⑤ 李学勤：《论清华简〈楚居〉中的古史传说》，《中国史研究》2011 年第 1 期。

⑥ 徐元诰：《国语集解》，中华书局 2002 年版，第 29 页。

⑦ 王国维：《今本竹书纪年疏证》，方诗铭、王修龄：《古本竹书纪年辑证》(修订本)，上海古籍出版社 2005 年版，第 212 页。

⑧ 《春秋经传集解》，上海古籍出版社 1988 年版，第 1424 页。

国，今河南之新郑，本高辛氏火正祝融之虚也。”①郑国初封在陕西华县一带，西周末年，郑桓公为避难，东迁于济、洛、河、颍之间，是为新郑，即今河南省新郑市，早年则为祝融故居。虽然嵩山距新郑并不太远，但毕竟是两地，那么，嵩山与新郑，哪一处才是祝融居地？

上古时代以神道设教，祭祀天地祖先神灵是天子、诸侯最重要的职责，《左传》成公十三年有言曰：“国之大事，在祀与戎。”②祭祀何以如此重要？上古时代在颛顼之前，“夫人作享，家为巫史”③，人人皆可通神于天，自颛顼命重、黎“绝地天通”之后，只有专业的巫觋才可通神于天。张光直指出：“天地交通断绝之后，只有控制着沟通手段的人，才握有统治的知识，即权力”，国家、政治权威也由此而生——对天地沟通手段的占有，也就意味着对知识和权力的控制。④ 主祭祀者因此成为沟通天地神人的中介，这种对沟通手段的独占就成为政治权力的来源，也是政治权力的象征，祭祀对上古文明的极端重要性就在这里。祭祀的对象是祖先神灵，而祖先神灵居住在哪里？由“绝地天通”可知，在早期文明的世界体系里，世界是分为天、地两个层次的，天是神灵的世界，地是人间的世界，这种把世界分成天、地两个不同层次的体系，张光直称之为“萨满式的文明”，并认为这是中国古代文明最主要的一个特征。⑤ “绝地天通”的意思即是断绝天与地、神与人之间的交通，而某些特殊人群垄断了沟通天地神人的手段。但天又是虚无飘渺的，需要给一个实体，这个实体就是山。前引《诗 · 大雅 · 崧高》曰：“崧高维岳，骏极于天。维岳降神，生甫及申。”毛传：“骏，大。极，至也。”是说嵩山之高可至于天，因此可称“岳”，“山岳”降下神灵，于是才有申、吕二国。《左

① 《汉书》卷二十八下《地理志下》，中华书局 1962 年版，第 1651 页。

② 《春秋经传集解》，上海古籍出版社 1988 年版，第 722 页。

③ 《国语》卷十八《楚语下》“观射父论绝地天通”章，上海古籍出版社 1978 年版，第 562 页。

④ 张光直：《美术、神话与祭祀》，辽宁教育出版社 2002 年版，第 29、58 页。

⑤ 张光直：《考古学专题六讲》，文物出版社 1986 年版，第 4 页。

传》庄公二十二年："山岳则配天。"①《山海经》中常言某某山为某某神所居，可见神灵所居名义虽在天上，实际却在山上，尤其是高山，是谓"天在山中"。② 此类有神所居之山其专名为"岳"，故曰"山岳"。而在神灵所居的祖山、神山(山岳)与实际的部族居地之间，则有河流相通，《礼记·礼运》："山川，所以傧鬼神也。"③因为河必源于山，河流把祖山与平原上的部族居地联结起来，于是就被想象成为神灵往来的道路，沟通祖山与人间居地。④故周大夫伯阳父曰"国必依山川"，而祖山一旦因地震崩坏，或联结祖山与国都的河流堵塞，就被视为亡国之兆。⑤

由是可知，祝融所"降"之嵩山，只是祝融部族祖神的居地，是想象中虚拟的神灵居地，真实的祝融部族居地是在新郑的祝融之虚。申、吕二国也是如此，这二国不论是在徙封之前还是在徙封之后，都不可能是在嵩山之上，申原在陕西的安塞、米脂一带，吕原在山西太岳一带，周宣王时迁于今河南省南阳市。⑥

分析至此，我们可以明确地说，郹山只是一处想象的居地，是神的居地而不是人的居地。郹山也好、嵩山也罢，都不是上古时代真实存在的季连部族、祝融部族居住、生活的地方，而是想象中的祖神居地，是神所居之地而非人所居之地。因此这些有神灵所"降"之山是作为部族的祖山、神山而存在的，不可视为真实的部族居地。从另一方面说，在上古低生产力条件下，古

---

① 《春秋经传集解》，上海古籍出版社 1988 年版，第 180 页。

② 陈立柱：《说"天在山中"》，《文史》第 59 辑，中华书局 2002 年版。

③ 《礼记正义》，李学勤主编：《十三经注疏》标点本，北京大学出版社 1999 年版，第 705 页。

④ 参陈晓云、陈立柱：《说"国必依山川"》，《史学月刊》2005 年第 8 期。

⑤ 《国语》卷一《周语上》："昔伊、洛竭而夏亡，河竭而商亡。今周德若二代之季矣，其川源又塞，塞必竭。夫国必依山川，山崩川竭，亡之征也。川竭，山必崩，若国亡，不过十年，数之纪也。夫天之所弃。不过其纪。"(上海古籍出版社 1978 年版，第 27 页)

⑥ 徐少华：《周代南土历史地理与文化》第二章第三节"申国"、第四节"吕国"，武汉大学出版社 1994 年版，第 28~47 页。

代人群是不可能居住在高山上的，适宜农耕的平原才是最好的居地，因此上古时真实的季连部族、祝融部族居地，应是在祖山之下的平原地带，距祖山不远处。由此我们就可以解释文献中祝融降于嵩山又居于新郑：嵩山为祝融部族之祖山，真实的祝融部族则在嵩山之下的新郑附近。郻山与季连部族居地的关系也是如此：郻山是作为祖先神的季连所居之地，真实的季连部族居地则在郻山之下的平原地区，在祖山与居地之间有河流联结。

“郻山”之地望，整理者认为：“郻山，疑即騩山。《山海经》中有楚先世居騩山之说，《西山经·西次三经》云三危之山‘又西一百九十里，曰騩山，其上多玉而无石，神耆童居之’，郭璞注：‘耆童，老童，颛顼之子。’”①

今按：騩山即大騩山，騩字又作隗，一名大嵬山，又名具茨山，地在今河南省禹州、新郑、新密三市交界处，嵩山山脉南麓，属于嵩山余脉。具茨山与黄帝有关，《庄子·徐无鬼》：“黄帝将见大隗乎具茨之山。”②《水经注·溴水》：“大騩即具茨山也。黄帝登具茨之山，升于洪堤之上，受《神芝图》于黄盖童子，即是山也。”③可见大騩山一带早年即为黄帝活动地区。从考古学文化上讲，具茨山一带属传统的中原文化区，这也可以旁证具茨山与黄帝有关。另据上引《西山经·西次三经》及郭璞注，大騩山为耆童所居，耆童即老童，老童则为颛顼之子，黄帝之后，亦是楚之远祖。《大戴礼记·帝系》：“老童娶于竭水氏，竭水氏之子，谓之高緺氏，产重黎及吴回。吴回氏产陆终。”④重黎、吴回、陆终即祝融。《史记·楚世家》载楚之先祖本出自颛项高阳，屈原自谓：“帝高阳之苗裔兮，朕皇考曰伯庸。”⑤在望山楚简、包山楚简和新蔡葛陵楚简等出土文献中，老童、祝融、穴熊并列为“三楚先”。可见大騩山与祝融族团关系至深。又大騩山东北即为祝融故居所在的新郑，可见大隗山既与祝融集团有极深的渊源，又紧邻祝融故居，因此成为祝融后

① 李学勤主编：《清华大学藏战国竹简(壹)》，中西书局 2010 年版，第 182 页。
② 王先谦：《庄子集解》，《诸子集成》本，中华书局 1954 年版，第 156 页。
③ 杨守敬、熊会贞：《水经注疏》，江苏古籍出版社 1989 年版，第 1858 页。
④ 王聘珍：《大戴礼记解诂》，中华书局 1983 年版，第 127 页。
⑤ (宋)洪兴祖：《楚辞补注》，中华书局 1983 年版，第 3 页。

裔之一的季连部族之神山是完全有可能的，整理者释𨛭山为騩山应无误。

由上分析可知，季连初降之"𨛭山"，应即大騩山，又名具茨山，其地在"祝融之虚"附近，为季连部族之祖山，与季连部族所居之地相去不远，两地之间且有河流相通，但"𨛭山"不可视为真实的季连部族居地，它只是一处想象中的祖先神灵所居之地，与真实的季连部族居地有联系，相去也应不远，但必不是一地。我们以前曾推测季连的居地当去"祝融之虚"不远。① 今按《楚居》所载，季连部族的祖山——"𨛭山"，其地距新郑不远，因此季连部族最初形成之时，其居地亦当在新郑附近。进一步探讨，前文已指出，《楚居》所载楚先祖世系，与传世文献有一不同之处，就是《楚居》在季连和穴熊之间没有附沮这一代，"附沮"即"附祖"，不是楚世系中的一代，而是指季连部族初形成时"附于祖"，意指季连部族与祝融部族的某种特殊关系。季连部族与其父体祝融部族是二而一、一而二的关系，季连部族不是从祝融部族中分离出来的，而是以祝融部族剩下的部分转化而成。② 因此季连部族最初之居地，或即在新郑附近，其最初形成之时，并没有离开祝融故地。顾铁符、罗运环所推测的季连居地，其实亦在新郑附近。

二、季连部族的历史背景分析

季连部族大致形成于唐虞之世，③ 其年代下限，从《楚居》来看，应为晚商的武丁时期甚至更晚一些，则季连部族活动于虞夏商三代。季连部族存在的时间如此之长，我们探讨《楚居》所载季连故事及其居地时，要在相应的时代背景中来讨论。

季连"初降于𨛭山"时，约当唐虞之世，而居于方山、追求比隹，生絰

① 尹弘兵：《楚国都城与核心区探索》，湖北人民出版社 2009 年版，第 20 页。

② 尹弘兵：《〈楚居〉中楚先祖的年代问题》，罗运环主编：《楚简楚文化与先秦历史文化国际学术研讨会论文集》，湖北教育出版社 2013 年版，第 176、177 页。

③ 罗运环：《楚国八百年》，武汉大学出版社 1992 年版，第 49 页；徐少华：《论祝融八姓的流变及其分布》，湖北省考古学会选编：《湖北省考古学会论文选集(三)》，《江汉考古》增刊，1998 年，第 135 页。

伯、远仲并居于京宗时已至晚商的武丁时期。季连部族形成后所迁徙的穴穷、乔山、爰波等地，时代不太明确，但可以明确的是在季连的早期。因此，欲讨论穴穷、乔山、爰波等季连部族早期活动地区，须首先确定其大致的年代范围与历史背景。

唐虞时昆吾、彭祖已为华夏集团核心成员。《吕氏春秋·君守》："奚仲作车，苍颉作书，后稷作稼，皋陶作刑，昆吾作陶，夏鲧作城"①，后稷、皋陶、夏鲧均为尧舜时华夏集团的重要首领，昆吾与之并列，可见其在华夏集团中的地位。《史记·五帝本纪》则载彭祖与禹、皋陶、契等同时受到舜的任用。进入夏代，祝融各系颇为活跃，为祝融族系的繁盛时期，尤其是昆吾一系，《墨子·耕柱》："昔者夏后开使蜚廉折金于山川，而陶铸之于昆吾"②，可见昆吾因长于制陶，夏初即颇受重用。昆吾后更主持夏政，《风俗通义》谓："夏后太康，娱于耽乐，不循民事，诸侯僭差，于是昆吾氏乃为盟主，诛不从命，以尊王室"，并将昆吾与商之大彭、豕韦，周之齐桓、晋文并称为"五伯"。③《国语·郑语》亦谓"昆吾为夏伯"④，昆吾成为夏代后期夏王朝的支柱。商汤灭夏时，祝融族团因与夏的关系紧密，在商人的征伐中首当其冲。《诗·商颂·长发》："韦、顾既伐，昆吾夏桀"，郑笺："韦，豕韦，彭姓也。顾、昆吾，皆己姓也。三国党于桀恶。汤先伐韦、顾，克之。昆吾、夏桀则同时诛也。"⑤今本《竹书纪年》谓商师于夏桀三十年"征昆吾"，三十一年"克昆吾"，同年夏亡，⑥《左传》亦言昆吾与夏桀同以乙卯日亡，⑦

① 陈奇猷：《吕氏春秋新校释》，上海古籍出版社2002年版，第1061页。

② (清)孙诒让：《墨子间诂》，中华书局2001年版，第422、423页。

③ 王利器：《风俗通义校注》，中华书局2010年版，第19页。

④ 《国语》卷十六《郑语》"史伯为桓公论兴衰"章，上海古籍出版社1978年版，第511页。

⑤ 《毛诗正义》，李学勤主编：《十三经注疏》标点本，北京大学出版社1999年版，第1459页。

⑥ 王国维：《今本竹书纪年疏证》，方诗铭、王修龄：《古本竹书纪年辑证》(修订本)，上海古籍出版社2005年版，第223、224页。

⑦ 《尚书·汤誓》孔颖达疏："《左氏》以为昆吾与桀同以乙卯日亡，韦、顾亦尔。"《尚书正义》，李学勤主编：《十三经注疏》标点本，北京大学出版社1999年版，第190页。

可见祝融族团在夏商鼎革过程中受到重大打击。徐少华经综合考察后指出："进入夏代以后，是祝融八姓一个较大的发展时期，八姓各族与夏人的关系甚密，昆吾为夏伯，以其为首的顾、大彭、豕韦、豢龙、鬷夷各支均为夏王朝的忠实同盟和强有力的支持者，以致在商汤兴起之时，欲灭夏故先翦其羽翼，而先后灭了昆吾、顾、鬷夷，同时征服了大彭、豕韦等八姓诸支，使祝融族团受到了一次空前的打击，族体和势力受到了极大的削弱。"①季连部族在夏商时期的活动，须在这一历史背景下来考察。

若将《楚居》所载季连传说与祝融族团在历史上的发展兴衰结合起来探讨，可以夏商鼎革为分界，将季连部族的活动时间分为早、晚两期，虞夏时期为早期，商代则为晚期。由此可大致推定，季连部族形成后，辗转穴穷、乔山、爰波等地的时间约为虞夏时期。

季连部族的生存环境，早、晚期大不一样。夏代时祝融族团正处于兴盛时期，季连在虞夏两代虽无作为，名声不显，但同族各支多声名显赫，其处境当大致不差。到了商代，祝融族团遭到重大打击，同族各支或亡或迁，季连一族的处境亦甚为艰难，失去中原王朝核心族群的地位，甚至在文献中失载，《史记·楚世家》谓之"中微"。

虽然穴穷、乔山、爰波这些季连的早期活动地不见于文献，几乎是无迹可寻，但我们可以推定这三地均为季连部族早期活动地区，事在"逆上汌水，见盘庚之子"以前，大致在虞夏时期。

三、虞夏时期祝融族团之分布

季连为祝融八姓之一，祝融八姓的分布，学者已作过较多的研究，李学勤认为"祝融八姓的早期分布，北起黄河中游，南至湖北北部，可以说

① 徐少华：《论祝融八姓的流变及其分布》，湖北省考古学会选编：《湖北省考古学会论文选集(三)》，《江汉考古》增刊，1998年，第136页。

是环处中原”①。徐少华搜罗文献，经严密考证后认为，从氏族社会后期到夏代末年，“祝融各族所居，东至今山东西部、江苏西北，南未过淮河、方城，西未及关中，而北至山西西南和河南北部，基本未出黄河中游地区”②。

但以上祝融族团的分布范围，可能包含了较晚的情形，当是长期历史变迁中族群迁徙的结果，不能专指早期情形。以杞国为例，杞为夏禹之后，初为商汤所封，是为殷杞，武王克殷，又封禹后东楼公，是为周杞，周杞初在雍丘(今河南杞县)，春秋时迁于缘陵(今山东昌乐东南)，依附于齐国，商杞原在“今新泰、宁阳、泰安三县交界地区”，地近鲁，春秋时依附于鲁、晋，终灭于楚。③ 杞本中原旧族，大禹之后，华夏正宗，商周两代却活动在山东地区，与东夷为伍，由华夏变身为东夷，《左传》僖公二十七年：“杞桓公来朝，用夷礼，故曰子。”杜预注：“杞，先代之后，而迫于东夷，风俗杂坏，言语衣服有时而夷，故杞子卒，传言其夷也。”④杞的经历，正是商周时期族群迁徙并导致族群属性发生变化的例证。

杞国进入东夷地区且其族群属性发生转变，并非孤立案例。在商周时期剧烈的政治变动中，中原旧族因各种原因无法在中原立足而进入东夷地区谋求生存，应为当时较普遍的情形。1986 年出土于陕南安康的史密簋，记载了懿王时期南夷莒、虎联合杞夷、舟夷侵扰齐国的史事。⑤ 史密簋所载杞夷，应该不是周杞，此时周杞应尚在河南杞县。且周杞作为周之封国，不会被周人贬称为杞夷，既称杞夷，则必为夷族一员。从后世的情形来看，即使是先

① 李学勤：《谈祝融八姓》，《江汉论坛》1980 年第 2 期，

② 徐少华：《论祝融八姓的流变及其分布》，湖北省考古学会选编：《湖北省考古学会论文选集(三)》，《江汉考古》增刊，1998 年，第 136 页。

③ 王恩田：《从考古材料看楚灭杞国》，《江汉考古》1988 年第 2 期；何浩：《楚灭国研究》，武汉出版社 1989 年版，第 272~274 页。

④ 《春秋经传集解》，上海古籍出版社 1988 年版，第 364 页。

⑤ 李启良：《陕西安康出土西周史密簋》，《考古与文物》1989 年第 3 期；孙敬明：《史密簋铭笺释》，《故宫学术季刊》1992 年第 4 期。

代旧族，用夷礼就会被周人贬称为夷，故此杞夷当为殷杞。① 至于舟夷，通常释为“州夷”，指春秋时之州国，故地在今山东安丘东北三十里。但祝融八姓中有秃姓舟人，《国语·郑语》：“秃姓舟人，则周灭之矣。”②卜辞中常见舟族、舟妇，晚商铜器中亦有舟器，彭邦炯认为此即秃姓舟族，为商人所伐，武丁时被商人征服，此后即为商之同盟，故地在今新郑、密县、长葛、禹县间③，朱继平进而认为史密簋中的舟夷不当释为“州夷”，应为晚商时舟族后裔，但此时的舟夷已迁至山东境内，与齐、莒、莱、杞等为邻，可见商周时期有大批中原旧族进入东夷地区④。舟人故地本在新郑附近(考详下)，西周时的舟夷却在山东，可见商周时族群迁徙的情形。史伯谓舟人为西周所灭，或有可能即亡于是役。

祝融八姓中的彭祖，《国语·郑语》韦昭注曰：“大彭，陆终第三子，曰篯，为彭姓，封于大彭，谓之彭祖，彭城是也。”⑤彭城即今徐州，后世多以为彭城为彭祖居地。但彭祖的年代很长，《史记·五帝本纪》谓彭祖为帝尧时臣，与禹、皋陶、契等同时受到任用，张守节《正义》：“彭祖自尧时举用，历夏、殷封于大彭。”⑥可见彭祖部族虞夏商时当居于中原，为华夏核心部族之一。而徐州一带为东夷地区，彭祖部族初起时即居于彼之可能性甚小。直到晚商时代，商人还在山东西部地区与东夷作艰苦的拉锯战，商势力尚未能进入山东东部及苏北地区。逮至西周，周初东征后，封齐、鲁二国于山东，均为原东夷故地。西周初，齐、鲁二国只占有山东西部地区，山东东部和苏

① 朱继平：《从淮夷族群到编户齐民——周代淮水流域族群冲突的地理学观察》，人民出版社2011年版，第43、94页。

② 《国语》卷十六《郑语》“史伯为桓公论兴衰”章，上海古籍出版社1978年版，第511页。

③ 彭邦炯：《甲骨文所见舟人及相关国族研究》，《殷都学刊》1995年第3期。

④ 朱继平：《从淮夷族群到编户齐民——周代淮水流域族群冲突的地理学观察》，人民出版社2011年版，第94~95、53、54页。

⑤ 《国语》卷十六《郑语》“史伯为桓公论兴衰”章，上海古籍出版社1978年版，第513页注12。

⑥ 《史记》卷一《五帝本纪》“彭祖”句下张守节《正义》，中华书局1982年版，第39页。

北徐海地区仍为东夷所占，徐州一带至西周末尚是夷人居住区。徐州地区既为东夷后方，则身为华夏核心部族的彭祖，唐尧时只可能在中原，不会在东夷，故彭城不可能为彭姓始居地。今河南新郑附近有舟邑，为郑东迁时寄地之一，李学勤认为“可能即舟人故地”①。《国语·郑语》韦昭注：“秃姓，彭祖之别。舟人，国名”，是舟人为彭姓之分支，因此罗运环认为彭祖最初当居住在这里，后来才东迁彭城，留下其支系舟人另建舟国。②

昆吾为陆终长子，其居地有二说。《左传》昭公十二年载楚灵王语：“昔我皇祖伯父昆吾，旧许是宅。”③旧许为许国故地，楚灵王言此事时，许已南迁，故曰“旧许”，故城在今河南许昌市东。④ 另《左传》哀公十七年记卫有“昆吾之虚”，杜预注：“卫有观在古昆吾氏之虚，今濮阳城中。”⑤汉晋时的濮阳城，故地在今河南濮阳西南二十里。⑥ 近代以来，学者多认为昆吾先居许昌，后迁濮阳。⑦ 今按：许昌地近新郑之祝融故居，昆吾部族自祝融分离出来，则昆吾初居之地不应离新郑太远，可见昆吾初居之地不会远在濮阳。邹衡先生不赞成许昌之说，认为昆吾居地应在新郑、密县之间，⑧ 虽在具体地望上稍异，但就区域而言却是一致的。

然濮阳虽有昆吾之虚，昆吾氏是否从旧许迁至此地，实甚可疑，因其与夏商之际的政治地理形势不合。昆吾于夏代后期为夏伯，主持夏政，则其居地必在夏核心区，即二里头文化二里头类型范围内，濮阳之地则在先商文化

① 李学勤：《谈祝融八姓》，《江汉论坛》1980年第2期。

② 罗运环：《楚国八百年》，武汉大学出版社1992年版，第56页。

③ 《春秋经传集解》，上海古籍出版社1988年版，第1357页。

④ 许国的地望及迁徙，参徐少华：《周代南土历史地理与文化》，武汉大学出版社1994年版，第201页。

⑤ 《春秋经传集解》，上海古籍出版社1988年版，第1831、1832页。

⑥ 《大清一统志》(嘉庆本)卷三十五“大名府·古迹‘濮阳故城’”条，上海古籍出版社2008年版，第514页。

⑦ 李学勤：《谈祝融八姓》，《江汉论坛》1980年第2期；徐少华：《论祝融八姓的流变及其分布》，湖北省考古学会选编：《湖北省考古学会论文选集(三)》，《江汉考古》增刊，1998年，第124页。

⑧ 邹衡：《夏文化分布区域内有关二里头文化传说的地望考》，《夏商周考古学论文集》(第二版)，科学出版社2001年版，第212~215页。

范围内、靠近先商文化与岳石文化的交界处。① 昆吾主持夏政，不在夏核心区却跑到先商势力范围的后方，是不可能的。夏代后期时，商势力已兴起，夏与先商以沁河为界，沁河东北为先商文化分布区，西南为夏文化分布区，② 用政治地理来解释，即是夏商势力隔沁河对峙。至夏末，商人在夏商斗争中渐占上风，郑州一带原为二里头文化分布区，但夏商之际，郑州地区却为商人所占，出现“先商文化南关外类型”，为商人初到郑州时留下的遗存。③ 不仅如此，商人还在郑州筑郑州商城。郑、洛地区本为一体，商人占据郑州及郑州商城的出现，表明商对夏开始实行战略进攻。在商人逼近伊洛地区的形势下，郑州西北的荥阳大师姑村出现了一座二里头时期城址，始建于二里头文化二期偏晚，废弃于二里头文化四期至二里岗下层一期偏晚。发掘者认为此城可能为夏朝在东境的军事重镇或方国都城，有可能即韦、顾之一④，学者认为大师姑城址是为阻止商人西进而建立的⑤。郑州商城和大师姑夏城的出现，表明夏末时商人已推进到郑州地区。而濮阳一带已属先商文化东部边缘，在夏商对峙线已达郑州的情形下，夏末时身为夏伯、主持夏政并作为抵挡商汤主力的昆吾，却身处商势力的后方，殊难想象。

又旧史多谓昆吾与夏桀同以乙卯日亡，《左传》昭公九年孔颖达《正义》：“昆吾之死与桀同日，知桀以乙卯亡也。”⑥《左传》昭公十八年：“乙卯，周

① 参中国社会科学院考古研究所编著：《中国考古学·夏商卷》，中国社会科学出版社 2003 年版，第 145 页插图 3-1“下七垣文化与同时期其他考古学文化分布示意图”。

② 北京大学考古专业商周组等(邹衡执笔)：《晋豫鄂三省考古调查简报》，《文物》1982 年第 7 期；李伯谦：《夏文化与先商文化探讨》，《中原文物》1991 年第 1 期；刘绪：《论卫怀地区的夏商文化》，《纪念北京大学考古专业三十周年论文集(1952—1982)》，文物出版社 1990 年版。

③ 邹衡：《试论夏文化》，《夏商周考古学论文集》，文物出版社 1980 年版。

④ 郑州市文物考古研究所：《郑州大师姑》，科学出版社 2004 年版；王文华等：《河南荥阳大师姑夏代城址的发掘与研究》，《文物》2004 年第 11 期。

⑤ 袁广阔：《郑州大师姑二里头城址发现的意义》，《中国文物报》，2005 年 3 月 29 日，第 7 版。

⑥ 《春秋左传正义》，李学勤主编：《十三经注疏》标点本，北京大学出版社 1999 年版，第 1274 页。

毛得杀毛伯过而代之。苌弘曰：‘毛得必亡，是昆吾稔之日也，侈故之以。’”杜预注：“昆吾，夏伯也。稔，熟也。侈恶积熟，以乙卯日与桀同诛。”①昆吾与桀亡于同日，则其亡地必近。皇甫谧曰：“今安邑见有鸣条陌、昆吾亭，《左氏》以为昆吾与桀同以乙卯日亡，韦顾亦尔。故《诗》曰：‘韦顾既伐，昆吾夏桀。’于《左氏》昆吾在卫，乃在濮阳，不得与桀异处同日而亡，明昆吾亦来安邑，欲以卫桀，故同日亡，而安邑有其亭也。且吴起言险以指安邑，安邑于此而言，何得在南夷乎？”②安邑在今山西夏县，此地有鸣条陌、昆吾亭，皇甫谧以为昆吾是在被商汤击败后与夏桀一同退往安邑，并在此地与夏桀同日灭亡。现代学者则普遍认为，今偃师二里头遗址即桀都斟寻，孙淼、张立东均以为夏桀是在伊洛地区失败后，向西北逃往安邑，夏桀灭亡的鸣条之战在安邑西，最后逃奔之南巢则在中条山中。③ 昆吾与夏桀同往安邑，同以乙卯日这一天亡于安邑附近，不得远在濮阳。然濮阳的“昆吾之虚”史料来源甚早，并不能轻易否定，颇疑昆吾在安邑附近灭亡之后，其遗民被商人安置在濮阳，此地处先商文化东部边缘，为商人根据地的后方，与东夷邻近，在先商核心区的边缘，距夏核心区甚远，商人将昆吾遗民安置在此，显然是有意使其远离夏核心区和祝融族团聚居区，于是濮阳遂有“昆吾之虚”。

陆终第四子求(莱)言，《世本》曰：“是为郐人，郐人者，郑是。”④《国语·郑语》韦昭注：“陆终第四子曰求言，为妘姓，封于郐。郐，今新郑也。”⑤

① 《春秋左传正义》，李学勤主编：《十三经注疏》标点本，北京大学出版社 1999 年版，第 1371 页。

② 《尚书·汤誓》孔颖达《正义》引，《尚书正义》，李学勤主编：《十三经注疏》标点本，北京大学出版社 1999 年版，第 190 页。

③ 孙淼：《夏商史稿》，文物出版社 1987 年版，第 316 页；张立东：《夏都与夏文化》，中国先秦史学会、洛阳市第二文物工作队编：《夏文化研究论集》，中华书局 1996 年版。

④ 《史记》卷四十《楚世家》“四曰会人”句下《索隐》引《系本》，中华书局 1982 年版，第 1691 页。

⑤ 《国语》卷十六《郑语》“史伯为桓公论兴衰”章，上海古籍出版社 1978 年版，第 513 页。

可见郐为求言所居，妘姓本支。郐国所在，《世本》与韦昭均以为即“郑”，即新郑。然郐国虽近新郑，但并不就在新郑，徐少华据《左传》僖公三十三年杜预注及裴骃《史记集解》、《大清一统志》、杨守敬《水经注疏》等，考证郐国故地在河南密县(今新密)东或东北、新郑西北。① 河南省考古界曾在新密以东的曲梁东南约十里处发现一处遗址，认为即周代郐国遗址，② 其地正与徐考相合。

陆终幼子季连，始居地按《楚居》所言在騩山，即大騩山，其地如上考在今新郑、禹州、新密之间，但此山为祖灵所居，其实际居地仍当在祝融故地，即新郑附近的某一遗址。

可知陆终六子始居地望可考者，均在今新郑附近。此现象未必为偶然。罗运环即认为，陆终六子昆吾、彭祖、求言的始居地均在今河南中部新郑、密县、许昌等地，因此六子独立之初，均应当居住在新郑周围一带。③ 新郑为祝融故地，陆终六子均自祝融部族中分离而来，则陆终六子最初居地及初期活动地域，均应在新郑周围。由此而论，唐虞夏三代，祝融各支应是从新郑逐步外迁，从而形成以昆吾为首，以新郑为中心的祝融族团，占据嵩山以南、伏牛山以北的今河南省中部地区。夏代时祝融族团势力强大，昆吾能柄夏政、为夏伯，也是因其身为祝融之长，领导祝融族团的缘故。祝融族团的这一聚居局面，至夏朝灭亡才被打破。由此可见，虞夏时期的季连，作为祝融族团中并不起眼的一支，不太可能脱离祝融族团单独活动，则季连的早期活动地域亦当在今河南省中部，嵩山与伏牛山之间的新郑、许昌一带，依同族而居。

今河南省中部的新郑、许昌、新密、禹州等地，夹处嵩山山脉与伏牛山脉之间，是一个相对独立的地理单元。龙山时代，嵩山南北同属王湾三期文

---

① 徐少华：《论祝融八姓的流变及其分布》，湖北省考古学会选编：《湖北省考古学会论文选集(三)》，《江汉考古》增刊，1998年，第129页。

② 邹衡：《夏商周考古学论文集》(第二版)，科学出版社2001年版，第183页注7。

③ 罗运环：《楚国八百年》，武汉大学出版社1992年版，第56、57页。

化，其后则同属二里头文化二里头类型。按现在的观点，王湾三期文化晚期、新砦期文化和二里头文化即夏文化。① 祝融族团在此发展，正与其为尧舜时期华夏核心成员相符，也与昆吾为“夏伯”的身份相符。祝融族团在嵩山以南繁衍壮大，亦与从王湾三期到二里头时期，从禹到夏代后期的人文地理变迁过程相符。夏部族的早期活动地域，虽遍及嵩山南北，但其重点当在嵩山以南，文献中所载禹都阳城、启都夏(阳翟)，近人多以为在今河南登封、禹州,② 均在嵩山以南。太康以后，夏朝的中心显然是移到了斟寻，《汲郡古文》：“太康居斟寻，羿亦居之，桀又居之。”③斟寻现一般认为即二里头遗址。从文化地理变迁的角度来分析，王湾三期文化时，禹州瓦店遗址面积达 40 万平方米，新砦遗址面积则达一百多万平方米，均具备中心聚落的条件。这两处遗址同时也是城址，尤其是新砦城址，规模宏大，拥有内外三重城壕，有围壕与城墙，遗址的中心部发现了面积不少于 1000 平方米、约相当于夏代早期的大型建筑基址。在该遗址周围，发现数个同时期的小型遗址，表明当时这一带存在着以新砦遗址为中心的聚落群。由此判断，新砦遗址可能是当时的一个政治中心，有学者认为新砦城址可能就是夏启之居。④ 可见王湾三期时，夏核心区在嵩山以南，但二里头时期，夏核心区是在嵩山以北的伊洛地区，二里头遗址显然是整个二里头文化的中心聚落。祝融族团在嵩山以南发展壮大并形成聚居局面，或许与夏中心地域转到嵩山以北有关。

① 目前学术界对夏文化主要有两说：一派认为二里头文化即夏文化，早于二里头或晚于二里头的文化遗存均非夏文化；另一派主张二里头文化只是夏代中晚期的文化，早期夏文化应包括新砦期文化和王湾三期文化晚期。笔者主后说。参中国社会科学院考古研究所编著：《中国考古学·夏商卷》，中国社会科学出版社 2003 年版，第 26、29 页。

② 参孙淼：《夏商史稿》，文物出版社 1987 年版，第 154~158 页；郑杰祥：《夏史初探》，中州古籍出版社 1988 年版，第 71 页。

③ 《水经注》卷二十六《巨洋水》，杨守敬、熊会贞：《水经注疏》，江苏古籍出版社 1989 年版，第 2218 页。方诗铭、王修龄则谓此乃隐括之辞，非原文，参方诗铭、王修龄：《古本竹书纪年辑证》(修订本)，上海古籍出版社 2005 年版，第 4 页。

④ 赵春青：《新密新砦城址与夏启之居》，《中原文物》2004 年第 3 期。

四、季连早期活动的文化地理考察

在考古学文化上，河南东部、江苏北部及山东西部地区在夏代属岳石文化的分布范围，再往前属于与中原文化系统并立的山东文化系统。自新石器时代起，中原地区和山东地区，无论在自然地理还是人文地理上均有重大区别，是两个完全不同的独立系统。山东及苏北地区是一个以泰沂山系为中心的独立地理单元，与中原和江淮地区有黄河和淮河作为自然阻隔，因此山东地区的史前文化自成体系，文化谱系为北辛文化—大汶口文化—山东龙山文化—岳石文化，其族属为东夷，岳石文化即夏代的东夷文化，而整个的山东地区新石器时代文化均属东夷远古文化系统。① 中原地区以山西南部和河南中西部地区为主，其文化谱系为磁山文化、裴李岗文化—仰韶文化—中原龙山文化—二里头文化，其族属为华夏。

虽然新石器时代两大系统之间曾发生过较为剧烈的碰撞，以至山东西部、河南东部交界地区的文化受东西两方面的影响。到了夏代，中原地区的二里头文化，河南北部和河北地区的下七垣文化，山东及江苏北部、河南东部的岳石文化同时并存，目前一般认为，二里头文化是夏文化，下七垣文化是先商文化②，岳石文化则是东夷文化③。

以这一文化地理和族群地理来考察，祝融族团作为华夏核心和夏王朝重要支柱，虞夏时期应在中原龙山文化—二里头文化的范围内。但祝融八姓的分布地区，许多已在岳石文化和东夷族群的范围内，这应当是商周时期族群迁徙的结果，如果认为这是祝融八姓最初形成及初期活动区域，则很难理解。在尧、舜、禹、夏的时代，祝融族团不可能在东夷地盘上活动。

---

① 严文明:《东夷文化的探索》,《文物》1989 年第 9 期。

② 中国社会科学院考古研究所编著:《中国考古学 · 夏商卷》,中国社会科学出版社 2003 年版,第 144 页。

③ 严文明:《东夷文化的探索》,《文物》1989 年第 9 期;王迅:《东夷文化与淮夷文化研究》,北京大学出版社 1994 年版,第 84~93 页。

另一方面，夏代时中原文化取得了优势地位，新石器时代那种各文化体系并行发展的局面不复存在，与二里头文化同时代的岳石文化明显是一种衰落的文化，其发展水平较龙山文化有明显的倒退。① 因此很难想象作为夏王朝支柱的祝融族团会生活在远落后于二里头文化的岳石文化区域。祝融后裔迁入苏鲁豫皖交界地区应当是夏商、商周两次王朝更迭及夏商周三代多次大规模的族群迁徙与冲突、融合的结果。

基于以上分析，我们可以较有把握地推断：祝融族系既为颛顼之后，唐虞时为华夏核心，夏代时是夏王朝的紧密同盟者和忠实支持者，且是夏代后期夏王朝的支柱力量，则夏代时其活动区域不可能在岳石文化区域，不可能在夏王朝统治范围之外的东夷区域，也不可能在与夏王朝尖锐对立的先商文化(下七垣文化)范围内，而只能在二里头文化的分布范围内。

“二里头文化的分布中心是河南省中、西部的郑州、洛阳地区和山西省西南部的运城、临汾地区。向西突入了陕西关中东部、丹江上游的商州地区，南及豫鄂交界地带，往东至少分布到豫东开封地区，北抵沁河岸旁。”② 我们可在这一范围内作进一步的推定。

首先，以祝融集团在夏朝的地位，季连的活动范围应在夏核心区即二里头文化的核心区而非边缘区，更不应在二里头文化范围之外。二里头文化可分为二里头、东下冯、牛角岗、杨庄和下王岗等五个类型。其中牛角岗类型在豫东地区，杨庄类型在豫南驻马店一带，下王岗类型在伏牛山以南的豫西南汉水支流地区，这三个类型均为二里头文化的边缘地区，距二里头核心区较远，当非季连部族的活动地区。二里头文化的核心区为今河南中西部和山西南部，即二里头文化二里头类型和东下冯类型。这两个地区中，山西南部可以排除，目前未有充分证据表明季连曾涉足于此，因此季连的早期活动地区，当在二里头文化二里头类型中探求。

---

① 方辉：《岳石文化衰落原因蠡测》，《文史哲》2003 年第 3 期。

② 中国社会科学院考古研究所编著：《中国考古学・夏商卷》，中国社会科学出版社 2003 年版，第 82 页。本书有关二里头文化的分布及类型，均以此书为准。

二里头类型“以洛阳盆地为中心，东面包括郑州地区，北面到达沁水沿岸，西北部包括晋南黄河北岸一带，西抵三门峡地区(陕县七里铺、西崖村)，南到南阳地区(方城八里桥)，东西200多公里、南北300多公里”①。则季连部族早期所居之穴穷、乔山、爰波三地，当在这一范围内。上文所考虞夏时期祝融族团的分布区域为以新郑为中心的地区，正在二里头类型的分布范围内，二者相合。

再进一步探求，二里头类型还可细分，伊洛地区为二里头类型心脏地带，夏王室所在之地，祝融族团只是夏王朝的紧密同盟者，不是夏王室嫡系，豫西地区也非祝融族系的传统活动地区，因此季连部族进入豫西夏王室核心区的可能性不大。

季连部族的祖山——大騩山为嵩山以南的一条支脉，与祝融故地的新郑同在嵩山以南，其北即嵩山主脉，嵩山以北即郑洛地区。自龙山时代以来，嵩山南北即属同一文化区，此地自龙山时代以来即为中原文化区的核心地带。祝融族团作为华夏核心部族，一直在嵩山以南地区活动。进入夏代，随着夏核心区迁往嵩山以北，祝融族团遂在嵩山以南、伏牛山脉以北，以新郑为核心的今河南中部地区发展壮大。季连作为祝融族团成员，亦当在这一地区内活动，与同族各支为邻，其活动范围不太可能脱离虞夏时期祝融族团分布地域，故穴穷、乔山、爰波三地，或在嵩山山脉至伏牛山脉之间的区域范围内。

五、季连在商代的活动及其居地

商代时季连的生存环境发生了重大变化，在商朝的打击下，祝融各支或灭或迁，不复夏朝时的盛况。《史记·楚世家》谓：“季连生附沮，附沮生穴熊。其后中微，或在中国，或在蛮夷，弗能纪其世。”②所言虽不准确，但基

① 中国社会科学院考古研究所编著：《中国考古学·夏商卷》，中国社会科学出版社2003年版，第90页。

② 《史记》卷四十《楚世家》，中华书局1982年版，第1690页。

本反映了商代时季连的处境。因此有学者认为，季连部族之中衰，当与商人对祝融集团的打击有关。① 季连在夏代时就不如同族显赫，入商以后，其处境当更为艰困，沦为一无足轻重的小部族。我们应在此一背景下探讨《楚居》所载季连部族在商代时"逆上汌水""见盘庚之子""处于方山""先处于京宗"及追求比隹等活动。

商代时季连"逆上汌水"，究竟是哪一条水？所居之"方山"，究竟是哪一座山？初处之"京宗"，究竟为何地？学者多有讨论，但所得出的结论推测成分太大，因此其确切的地望殊难确定。但季连因"汌水"而见"盘庚之子"，并因此而居于"方山""京宗"等地，则可由盘庚之子的居地来推断季连的活动区域。

盘庚之子为商王族，商王室核心成员，其居地当在商核心区内。而商核心区可从考古学文化地理来确定。晚商文化可分为多个类型，最为重要的是殷墟类型，此即商核心区。因此盘庚之子的居地，当在殷墟类型范围内，与盘庚之子有密切关系的季连居地，亦可据此确定也在殷墟类型范围内。由此可以推定：晚商时期，季连部族仍在商朝的政治势力与文化范围内活动。因此"汌水""方山"及最初的"京宗"等地，均应在晚商文化殷墟类型内探求。

叙述至此，有必要对晚商时期的政治与文化地理格局作一些简单梳理，如此才能从政治与文化背景的角度，解读季连在晚商时的活动。

商自盘庚迁殷后结束"九世之乱"，从武丁开始，商朝进入了稳定而强盛的时期(殷墟时期)，商朝在政治、军事及青铜文化上均达至全盛。但同时期周边民族也全面兴起，对商朝发动了一波又一波的进攻。尽管商人极力振作，大杀四方，在军事上取得连续胜利，但未能扭转中商以来商势力的衰退局面。反映在陶器遗存上，晚商文化的分布范围较之早商时期大大退缩，"今湖北、陕西、山西、江苏境内许多原早商和中商文化分布带，至晚商时期不复为商文化的滞留地，而为性质不同的其他考古学文化所取代。惟山东

① 徐少华：《论祝融八姓的流变及其分布》，湖北省考古学会选编：《湖北省考古学会论文选集(三)》，《江汉考古》增刊，1998 年，第 136 页；张万高：《简论芈姓祝融的南迁及相关问题》，《江汉考古》1988 年第 2 期。

境内商文化向东保持着微弱的进取势头”①。(参见图 1-1)

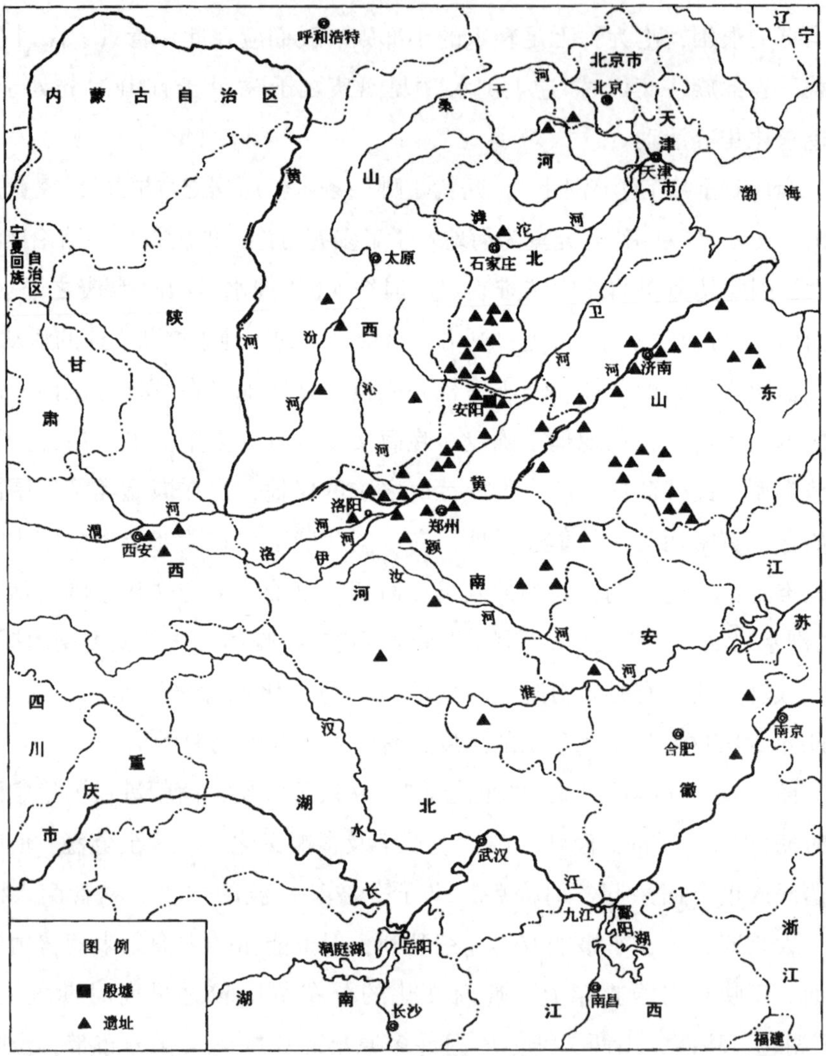

图 1-1　晚商文化分布示意图②

① 中国社会科学院考古研究所编著:《中国考古学·夏商卷》，中国社会科学出版社 2003 年版，第 305 页。

② 图片采自中国社会科学院考古研究所编著:《中国考古学·夏商卷》，中国社会科学出版社 2003 年版，第 306 页。

相对于季连部族可能的活动地区来说，湖北地区的商文化主要分布在鄂东盘龙城一带。盘龙城商文化的年代从二里岗上层一期到上层二期晚段，①按中商文化的概念可晚至中商二期。湖北地区也分布有较为广泛的中商文化遗存，但不见晚商遗存，至晚商早期商文化已退出湖北，长江流域基本为地方性考古学文化所覆盖。② 在汉水上游，辽瓦店子遗址表明，最迟殷墟一期以后，商文化退出汉水上游地区。③ 在陕南地区，从东龙山遗址可知，其商文化遗存亦只到二里岗时期，不见有殷墟遗存。④ 可见晚商时商文化已全面退出湖北、陕南，由此可以推知"汌水""方山"及最初的"京宗"等地，均不得位于湖北、陕南。但河南全境仍属晚商文化分布区，其中殷墟类型分布于河南省北部及中南部地区。在豫西南地区，晚商遗址分布较少，虽然其面貌尚不清晰，但相对于河南省中部和北部地区来说，已属于商势力的边缘地带，应可确定。豫南的信阳地区则为晚商文化天湖类型，罗山县蟒张天湖墓地为商代息国贵族的墓地，⑤ 因此信阳一带为古息国，陶器文化也表现出一定的地方特性，与殷墟有所差异。

晚商时季连既与"盘庚之子"有密切关系，其居地当不得离"盘庚之子"太远。盘庚之子为商王族，则其不当在豫西南地区，这里已是晚商边缘区，更不当在豫南地区，这里是古息国所在，因此"盘庚之子"的居地必在殷墟类型的范围内，以安阳殷墟为中心，包括今河北中南部和河南北部及中部地区。⑥ 考虑到季连旧居地在新郑附近，今河南省中部地区也是殷墟文化分布

① 湖北省文物考古研究所：《盘龙城——1963—1994 年考古发掘报告》，文物出版社 2001 年版。

② 中国社会科学院考古研究所编著：《中国考古学·夏商卷》，中国社会科学出版社 2003 年版，第 266~267 页。

③ 王然、傅玥：《湖北郧县辽瓦店子遗址夏商时期文化遗存研究》，《石泉先生九十诞辰纪念文集》，湖北人民出版社 2007 年版。

④ 陕西省考古研究院、商洛市博物馆：《商洛东龙山》，科学出版社 2011 年版。

⑤ 李伯谦、郑杰祥：《后李商代墓葬族属试析》，《中原文物》1981 年第 4 期。

⑥ 中国社会科学院考古研究所编著：《中国考古学·夏商卷》，中国社会科学出版社 2003 年版，第 305 页。

较为密集之地，而豫北安阳地区则为晚商王都所在，豫西洛阳地区则为商朝镇抚夏民之重点，筑有偃师商城，因此晚商时期季连部族所活动的“汌水”“方山”及“京宗”等地，仍当位于嵩山山脉以南的今河南省中部地区，或较夏代时更偏南、偏西一些。

另《史记·殷本纪》谓“帝盘庚之时，殷已都河北，盘庚渡河南，复居成汤之故居，乃五迁，无定处”①。虽近世学者多从《竹书纪年》，谓盘庚迁殷，“二百七十三年，更不徙都”②，所迁之殷在殷墟，今安阳小屯一带，几已成定论。然《史记》之言，当有来源，《史记集解》《史记正义》《括地志》《帝王世纪》等亦均谓盘庚居汤之故地。而殷墟地区经多年考古发掘，极少发现盘庚时期的遗存，亦表明《竹书纪年》所言未必可靠。至于殷墟以北的洹北商城，自发现以来就有不同认识，或认为应即盘庚所迁之殷③，或认为是河亶甲所居之相④。目前所发现的商城，几乎全为早商时期，尤其是中原地区的商城，是夏商斗争的直接产物。陈朝云认为，这些早商时期的城，始建时无一例外都是出于军事上的考虑，不仅是为了防御，而且也是为了建立对外征战的基地。⑤ 而晚商时期并没有城，甚至连殷墟也没有城，由此看来，“城”这种建筑是出于直接的政治军事目的才会修筑的，至少在东周以前，并不是“都”“邑”的必备要素，“城”与“都”“邑”“市”等完全融为一体以致无法区

---

① 《史记》卷三《殷本纪》，中华书局1982年版，第102页。

② 方诗铭、王修龄：《古本竹书纪年辑证》(修订本)，上海古籍出版社2005年版，第31、32页。

③ 唐际根、徐广德：《洹北花园庄遗址与盘庚迁殷问题》，《中国文物报》，1999年4月14日，第3版；杨锡章、徐广德、高炜：《盘庚迁殷地点蠡测》，《中原文物》2000年第1期；岳洪彬、何毓灵：《洹北商城花园庄东地商代遗存的认识》，中国殷商文化学会编：《2004年安阳殷商文明国际学术研讨会论文集》，社会科学文献出版社2004年版。另新出《商代史》卷五《商代都邑》一书，亦主洹北商城为盘庚所迁之殷，参王震中：《商代都邑》，宋镇豪主编：《商代史》，中国社会科学出版社2010年版，第219~223、265~273页。

④ 文雨：《洹北花园庄遗址与河亶甲居相》，《中国文物报》，1998年11月25日，第3版。

⑤ 陈朝云：《商代城市的择立要素及其社会功能的多元一体》，《江汉论坛》2004年第11期。

分，最后出现“都城”“城市”等概念，那是后代政治、经济与军事发展的产物。就商代来说，盘庚是商朝复兴的起点，而一个强盛的王朝是不需要“都城”的，故三代之都，二里头、殷墟与丰镐皆无“城”。三代之“都城”，一般有特殊原因，如郑州商城为伐夏所建，偃师商城是为镇抚夏民所建，成周是为统治东部所建。筑城要耗费大量的人力物力，如没有非建不可的原因，在生产力很低的三代时期，是不会无缘无故筑城的。盘庚时商朝正在复兴之中，故盘庚迁都后未必会筑城，而河亶甲之时正当所谓“九世之乱”：“自中丁以来，废嫡而更立诸弟子，弟子或争相代立，比九世乱，于是诸侯莫朝。”“河亶甲时，殷复衰。”①河亶甲之后，还有“帝阳甲之时，殷衰”。“九世之乱”时王室衰微，殷王室面临直接的威胁，于是筑城以御之，是有可能的。因此洹北商城应为河亶甲所居之相，非盘庚所迁之殷。《史记》谓盘庚居河南成汤故地，我们虽不知其来源，但太史公既作此语，当有来历。至于汤都所在，近世有郑亳、偃师西亳二说，虽二说有异，然二地皆在郑洛地区。盘庚之迁若在此，郑洛地区以南的新郑、许昌一带，从人文地理与自然地理两方面来说，与郑洛地区既有同一性又有一定区别，则盘庚之子居于此，亦正相宜。

由此看来，季连部族一直未曾离开河南中部，即嵩山山脉至伏牛山脉东段之间的地区。虽然其在夏代的发展并不如意，商代时极为困难，总的来说是日趋边缘化，但并未离开传统的中原核心区。

至于季连追求比隹一事，此事既被楚人郑重记载下来，则当对楚人有重要意义。考虑到季连部族在商朝的处境，这很可能是季连部族为摆脱艰困局面的一次重大努力，为摆脱困境而主动与复兴中的商王室联姻，以谋求部族的生存与发展，这应当是季连追求比隹的原因和历史背景。

而季连与商王室的联姻，看来也确实对部族的复兴起了一定作用，《楚居》说季连与比隹成婚后，“毓徜徉”，其意为生育顺畅，② 并生緹伯、

① 《史记》卷三《殷本纪》，中华书局1982年版，第101页。

② 毓，清华简整理者有两种意见，或释为“游”，“毓徜徉”意为游乐、游戏、戏荡之意；或读为本字，意为生育顺畅。本书取后一种意见。参李学勤主编：《清华大学藏战国竹简（壹）》，中西书局2010年版，第183页注14。

远仲。此传说的真实含义，当是指季连部族与商王室联姻之后，处境大为改善，部族繁衍、人口增殖。人口增殖的表现之一，就是内部开始出现新的支系。

综上所述，季连初降之“騩山”，即今河南禹州、新密、新郑三市交界处的大騩山，但此山并不是季连部族的实际居地，而是季连部族的祖山，是季连作为部族的“祖先神”的居地，而季连部族最初的实际居地，可能就在祝融故地。季连部族形成之后，当在祝融故地附近活动，与同族比邻而居。唐虞夏时期，祝融各支在华夏集团和夏王朝中占有重要地位，为中原核心族群。虞夏时期祝融族团聚居在嵩山山脉以南、伏牛山脉以北的新郑、许昌、新密、禹州等地，即今河南省中部地区。则季连早期活动地区，亦当在中原文化核心区内，不得远离祝融聚居区。商代晚期季连部族与商王族联姻，其活动范围当在晚商文化殷墟类型范围内，亦在今河南中部地区。季连最后一个居地“京宗”，亦应在此范围内，与熊狂所居之“京宗”应非一地。

第四节　“京宗”地望

“京宗”是《楚居》中传说时代的一个重要地名，为楚先祖所居，从季连晚期至熊狂，芈姓一族均居于“京宗”。对“京宗”的考释，学界讨论较多，虽对具体地望多有分歧，但一般认为“京宗”当与荆山或荆山之首的景山有关，① 而荆山的地望，虽有不同意见，多数看法认为应在鄂西地区或鄂豫陕交界地区。亦有人认为京宗即《左传》昭公十四年“楚子使然丹简上国之兵于宗丘”的宗丘，地在湖北秭归西北。②

① 李学勤：《论清华简〈楚居〉中的古史传说》，《中国史研究》2011 年第 1 期；宋华强：《清华简〈楚居〉1～2 号释读》，简帛网（http://www.bsm.org.cn/show_article.php?id=1391），2011 年 1 月 15 日；笪浩波：《从近年出土新材料看早期楚国中心区域》，《文物》2012 年第 2 期。

② 陈民镇：《清华简〈楚居〉集释》，复旦大学出土文献与古文字研究中心网站（http://www.gwz.fudan.edu.cn/SrcShow.asp?Src_ID=1663），2011 年 9 月 23 日。

《楚居》其所载地名及史事尤其是楚先祖居地及史事多不见于文献，现在对“京宗”的考释，一般是用音韵通假的方法，与《山海经》等文献中的相关记载建立起联系。但高崇文认为不能仅凭声韵通假之法来指“京宗”即“荆山”或“景山”，主张“京宗”应即周人之“镐京宗周”。①

讨论地理问题，要有时间概念，时间与空间是紧密结合的，不能把时空割裂开来。京宗之地，从《楚居》所载来看，商代晚期时，季连始居于京宗，穴熊(鬻熊)亦居于京宗，至西周初，熊狂亦居于京宗，穴熊(鬻熊)与熊狂之间还有丽季(即《史记·楚世家》中的熊丽)，其居地则未有明言，但从其前后两代皆居“京宗”来看，似亦应居于“京宗”。可见“京宗”的时间跨度甚大，从商代晚期延续到西周初年，而这一时期正是商周之际剧烈变动的时代，芈姓部族在此一时期很有可能曾发生迁徙。古代地随人迁的现象相当普遍，地名随人迁徙是历史地理学上的一条重要规律，故《楚居》所记载的“京宗”很有可能并不是一个地点，而是这一时期楚人居地之通名。因此我们在探讨“京宗”地望时，应首先把不同时期的“京宗”区分开来。

一、季连所居之“京宗”

据《楚居》记载，商代晚期时，季连见盘庚之子，并追求其女“比隹”：

> (季连)见盘庚之子，处于方山，女曰比隹，秉兹率相，詈曾四方。季连闻其有聘，从，及之盘，爰生緹伯、远仲。㛥徜徉，先处于京宗。

由此记述来看，季连在娶商王盘庚之孙女“比隹”为妻后，生二子緹伯、远仲，并居于“京宗”之地。

《楚居》所载的季连，一般情形下并非个人而是部族与部族首领，但追求比隹的季连，情形较为特殊，除了有季连部族与季连部族首领的含义外，还

① 高崇文：《清华简〈楚居〉所载楚早期居地辨析》，《江汉考古》2011年第4期。

有此时担任季连部族首领的某特定个人之含义。季连二子緹伯、远仲的情形也比较特殊，从《楚居》所记来看，季连二子緹伯、远仲并未脱离季连部族单独发展，因此緹伯、远仲既不是个人，也不是单独的部族，应视为季连部族内部的支系。季连追求比隹，时为商代晚期，具体为武丁以后，季连部族与盘庚之子联姻成功，部族繁衍，人口增加，于是在部族内部出现了新的支系。

根据上节所考，季连部族在商代晚期活动于今河南中部，嵩山山脉与伏牛山山脉东段之间地区，则可知季连初处之“京宗”，似当在这一区域中。

至于谓“京宗”与荆山或景山有关，地在今豫西南至鄂西地区，从文化地理和政治地理的角度来说，是难以解释的。豫西南至鄂西地区均不在商核心区内，亦不在殷墟文化分布范围内，豫西南地区的晚商遗址颇为稀疏，在湖北地区，自盘龙城废弃后商文化即退出湖北，近期孙卓对于商文化在南方的消退更进行了全面的研究，指出盘龙城废弃后中原文化势力即已北撤至涢水上游至淮河沿线，至殷墟时期，中原文化已退出桐柏山以南①。可见晚商时期，殷墟文化的分布范围已较早商时期的二里岗文化大为缩小，商文化和商朝的政治军事势力不仅退出了湖北、陕南地区，甚至有可能还退出了南阳盆地。在此情形下，作为商王族核心成员的“盘庚之子”就不得在商文化与商之政治军事势力分布范围以外的湖北、陕南及豫西南地区，而与盘庚之子比邻的季连，其所居的“京宗”及见盘庚之子的“沠水”“方山”等地均不得位于湖北及陕南，其在南阳盆地的可能性也很小。亦不可能在关中地区，周人在武乙时始迁于岐，可知季连的时代，尚无“镐京宗周”，因此季连所居之“京宗”也不可能在关中，而只能在殷墟文化分布较为密集的今河南省中部地区。

二、穴熊所居之“京宗”及相关问题考述

从《楚居》所记穴熊的活动来看，在季连及其二子“先处于京宗”之后接

---

① 参孙卓：《南土经略的转折——商时期中原文化势力从南方的消退》，科学出版社 2020 年版。

着就说“穴熊迟徙于京宗”，由此看来，穴熊最初所居之“京宗”，当即季连所居之“京宗”。

但季连部族演变为穴熊部族之后，似乎有所迁徙。《楚居》说：“穴熊迟徙于京宗，爰得妣䣄，逆流哉水，厥状聂耳，乃妻之，生侸叔、丽季。”穴熊“徙于京宗”之后，即有“逆流哉水”之事，可见季连部族演变成为穴熊部族之后不久，似乎就离开原居地，开始了迁徙的历程，而《楚居》明言穴熊与熊狂皆居于京宗，独不言中间的丽季所居之地，似乎亦透露出此时芈姓一族正处于迁徙之中，居无定所的信息。

穴熊与妣䣄成婚之后，生侸叔、丽季。但丽季出生时，发生了意外，《楚居》对此描述说“丽不从行，溃自胁出，妣䣄宾于天，巫咸赅其胁以楚，抵今曰楚人。至熊狂亦居京宗”。整句的意思是丽季的出生不太顺利，结果导致妣䣄去世，用荆(楚)条将妣䣄之胁缠包，从此有楚人之称。这一段记载，包含了极为丰富的信息，需认真解读。

首先，我们需要明确的是，这一段记叙，颇具传说色彩，虽然此时应在商末，从大的历史框架来说，肯定已是历史时期了，但对楚人来说，则还未走出传说时代，因此不能将之视为荒诞不经，也不能以单纯历史学思维来强行解释，如释“溃自胁出”为剖腹产之类。

既然此时楚人还处于传说时代，则穴熊、妣䣄、丽季就不能理解为个人。穴熊仍是部族名和部族首领的名称，妣䣄则是穴熊的配偶，可视为穴熊部族之姻族，丽季为穴熊与妣䣄之子，应为穴熊部族内部新出现的支系，而“溃自胁出”则是指部族枝分的情形，不可强解为“剖腹产”，但因部族枝分导致妣䣄死亡，则应是指穴熊部族因某种原因与其姻族断绝了关系。

穴熊部族因其内部出现丽季支系而与其姻族断绝关系，这一点十分重要。从后面“巫咸赅其胁以楚，抵今曰楚人”这一句来看，导致出现这种局面的原因，应是穴熊部族的族群属性发生了变化。传世文献和出土文献均证明楚之先祖出自中原华夏，季连部族始终生活在传统的中原文化核心区，穴熊部族初形成时亦当如此，故穴熊之姻族亦当为中原旧族。但妣䣄死亡之后，穴熊部族却有了楚人之称。

从此时开始，芈姓一族才与“楚”之名号有了交集，才开始有了“楚人”之称。很明显的是，这里的“楚”，在人文层面，是指早于芈姓楚国而存在的“楚蛮”。楚蛮为古三苗的遗裔，三苗灭亡后，其遗民接受了中原文化，从而形成了商周时代的楚蛮族群，商代及周初，楚蛮活动于鄂豫陕交界地区和汉东地区，① 季连部族源出祝融，是华夏集团中的重要成员，一直活动在传统的中原文化核心区，穴熊时却与“楚”发生了交集，这表明穴熊部族似是从中原迁徙到了南方“楚地”(楚蛮之地)，从此有了“楚人”之称，而“楚人”这个称呼则表明穴熊部族的族群属性发生了变化，由华夏变成了楚蛮。芈姓本为中原旧族，到西周时却被视为楚蛮，《国语·晋语八》“昔成王盟诸侯于岐阳，楚为荆蛮”②可证。芈姓从中原地区的华夏变成南方楚蛮，其族群属性的转换当始于此。

由于穴熊部族的这一迁徙行动，从此芈姓一族与楚蛮为伍并导致其自身的族群属性发生了变化，这一变化似不被其中原姻族所接受，双方可能发生了较大的矛盾，“妣㲣宾于天”或许就是此一矛盾的体现。而“逆流哉水”一句也证实此时的穴熊部族已离开季连的原居地，有所迁徙。另，《楚居》载有季连居地，亦载穴熊初居之地，丽季之后的熊狂亦有居地，这些居地均冠以“京宗”之名，惟不记丽季居地，可见丽季之时，芈姓一族尚处于迁徙之中，居无定所，故《楚居》不记丽季居地，此亦芈姓一族自穴熊后期起处于迁徙之中的旁证。

三、熊狂所居之“京宗”

《楚居》在叙述完丽季的活动之后说“至熊狂亦居京宗”。熊狂，熊绎之

① 关于楚蛮及其与芈姓楚国的关系，参刘玉堂、尹弘兵《楚蛮与早期楚文化》(《湖北大学学报》2010 年第 1 期)及张硕、尹弘兵《楚蛮的考古学观察》(《中国文化研究》2011 年第 3 期)。

② 《国语》卷十四《晋语八》“叔向论务德无争先”章，上海古籍出版社 1978 年版，第 466 页。

父，因其年代甚短，大概是《楚居》所载楚先世中唯一可以确指的个人，但其所居仍为“京宗”，表明熊狂在《楚居》的体系之中，仍处在传说时代，则熊狂的身份仍是传说人物而非历史人物。更准确一点说，熊狂处于传说时代与历史时代之交，是传说时代结束与历史时代开始的人物。

熊狂之子熊绎约当周成王之时，则熊狂的年代大致为周武王、成王之交。从文献记载来看，商周之际，周楚关系颇为密切，从鬻熊开始，芈姓部族就与周人建立了密切的关系，《史记·楚世家》记载鬻熊曾与太颠、闳夭、散宜生、辛甲大夫等周初重臣投奔周文王，并曾为文王师。鬻熊事周，当是以其人生经验和政治智慧辅佐周文王，鬻熊的子孙也因此得以服事周室，① 熊绎受封时，是以“文、武勤劳之后嗣”而受封。成、康时期，熊绎与鲁公伯禽、卫康叔子牟、晋侯燮、齐太公子吕伋俱供职周室。② 周成王举行岐阳之会，熊绎亦曾参与，在会中负责守燎，这可能是其父(熊狂)、祖(熊丽)所留之职。周原甲骨文亦记载周初时楚与周的关系：“曰今秋楚子来告父后哉”；“其微、楚□氒燎，师氏受燎”。③ 这些记载表明，商末周初时，芈姓一族与周室保持着密切的关系，芈姓首领不仅前往关中拜会周王，而且曾参与周室的燎祭，并在周室的重大盟会中任守燎之职。

当然，对于周原甲骨，李学勤先生有一些新的意见，认为周原 H11：3 中的“楚子”非是指楚君，而是指“嗣子”，全句的意思是楚国嗣子来报告其父安排后嗣，要将他囚禁起来；H11：4 中的“其微楚”之“微”字当释为“惩”；另周原 H11：14，过去一般释为“楚伯迄今秋来即于王其则”，李先生以为“则”当读为“贼”，其意为杀，意为周王卜杀楚君。“因此熊绎之世楚与周朝关系良好，与凤雏卜甲所说不合。”④但李先生此说值得商榷，谓“楚子”

① 参尹弘兵：《鬻熊史事解析》，《江汉论坛》2008 年第 5 期。

② 参见《史记》卷四十《楚世家》及《左传》昭公十二年楚灵王语。

③ 陕西周原考古队：《陕西岐山凤雏村发现周初甲骨》，《文物》1979 年第 10 期；侯志义、陈全方、陈敏：《西周甲文注》，学林出版社 2003 年版。

④ 李学勤：《论凤雏卜甲中的周王与楚》，《楚文化研究论集》第十集，湖北美术出版社 2011 年版。

非指楚君，而是指楚之嗣子，是因争嗣来向周王报告的，纵此说成立，然周王不问事由，即要将其囚禁起来，这很难令人信服，因楚之嗣子既然向周王争取支持，至少也应有信心周王就算不支持他也不会对他不利，且释“楚子”为“楚君”，有经传可考，未可轻易否定。至于说到周原 H11：14 号甲骨，我们赞成释“则”为“贼”，但是在这里要强调指出，西周时期，尤其是西周初年，既有楚国又有楚蛮，《史记 · 楚世家》“封熊绎于楚蛮”①，可见芈姓楚国封于楚蛮之地，楚国与楚蛮在西周时期尚是二分的局面，此时的楚国极小而楚蛮极大，何介钧早年曾指出：“不是因为封了楚子，丹阳一带才被称为楚，而是因为丹阳一带世为楚蛮所居，所封子国因袭该地民族(或地域)名称，取名为楚”，这是楚国与楚蛮之间的因果关系。② 楚国与楚蛮二分的局面至东周时期才终结，《史记 · 齐太公世家》：“楚成王初收荆蛮有之，夷狄自置。”③此后楚蛮尽为楚国所并，作为一个族群才从历史上消失，以后便只有楚国而无楚蛮。但在整个西周时期，都是楚国与楚蛮二分的局面。④ 而周原甲骨中，“楚子”与“楚伯”，两个楚字明显不同：“楚子”之楚，字形为，与后来金文中的“楚”字写法完全一样；而“楚伯”之“楚”，字形为，二者有异。联系到西周时期楚国与楚蛮二分的局面，这两个“楚”字的差异或许就是芈姓楚国与南方楚蛮的差异。此外，西周初年的楚国微弱之极，无论如何不能称为“伯”，而且西周初年的楚国是周之封国，楚蛮则是南方土著，其与中原王朝的关系在时服时叛之间，李先生释“则”为“贼”，正合楚蛮对中原王朝叛服无常的特质。而且西周早期周楚关系密切，屡见于史籍，在未有过硬证据之前，未可轻加否定。

---

① 《史记》卷四十《楚世家》，中华书局 1982 年版，第 1691 页。

② 何介钧：《关于楚蛮和楚族族源的断想》，《楚文化研究论集》第三集，湖北人民出版社 1994 年版，第 12 页。

③ 《史记》卷三十二《齐太公世家》，中华书局 1982 年版，第 1491 页。

④ 关于楚国与楚蛮的关系，参拙著《周昭王南征对象考》，《人文杂志》2008 年第 2 期；《荆楚关系问题新探》，《江汉论坛》2010 年第 3 期；《楚蛮与早期楚文化》(与刘玉堂合撰)，《湖北大学学报》2010 年第 1 期。

因此之故，许多学者主张，商末周初之时，芈姓一族的居地应靠近关中，这就是早期楚都探究中著名的丹阳淅川说及由淅川说发展而来的丹阳商县说的重要论证。石泉先生认为，“丹江流域与关中平原联系最为近便的地带，是位于今陕南商县(旧称商州)附近的丹江上游河谷平原，由这里往西北，溯丹江上源，经蓝关，越过秦岭(这一带山势较平缓，是古来交通要道之一)，就到达关中平原的蓝田县境；更往西北不远就是西周初年的都城丰——镐(在今西安市西)”。不仅如此，在丹江上游的西面，今商县西北、西南以至东南的商洛镇一带，有多处的楚山、楚水，在楚山、楚水的东北方丹江上流北部(偏东)，还有荆水。荆、楚二水入丹江处，相去不过二十五里，商州城位于这一段丹江的河湾之中，正在“丹水之阳”。在考古方面，此地分布着大量的古遗址，有较发达的古代文化，考古学文化面貌与关中平原有密切的联系，自然条件也较为优良，是丹江上游河谷平原中面积较大、生产条件较好的地方，最早的丹阳当在此地。①

《楚居》中并无“丹阳”，对这一问题还要加以深入探讨。但丹阳淅川说及由淅川说发展而来的丹阳商县说与商末周初时期周楚之间的关系契合度最高，在早期楚都的探索上有重要意义，对我们探讨熊狂“京宗”居地亦有重要的启示。

在考古学上，丹江上游地区分布有大量的商周遗址，可见商周时期丹江上游地区开发程度较高，有大量古代居民生活于斯，表明丹江上游地区具备了商末周初时芈姓部族在此活动的考古前提。考古调查表明，丹江上游地区有丰富的古代文化遗址，年代从新石器时代一直到商周时代。② 较为著名的商周遗址有商州紫荆、东龙山、陈塬及丹凤巩家湾等遗址。进一步检索文物普查资料发现，丹江上游地区的商代遗址或商周遗址多达 14 处，面积大小从 1500 平方米至六七万平方米不等。③ 商州东龙山遗址为其中面积较大、文

---

① 石泉、徐德宽：《楚都丹阳地望新探》，《江汉论坛》1982 年第 3 期，又载《古代荆楚地理新探》，武汉大学出版社 1988 年版，第 186~190 页。

② 商洛地区考古调查组：《丹江上游考古调查简报》，《考古与文物》1981 年第 3 期。

③ 国家文物局主编：《中国文物地图集·陕西分册》商州市部分，西安地图出版社 1998 年版。

化堆积较为深厚的一处，其夏商时期遗存较为丰富，虽然东龙山遗址的商代遗存仅为二里岗时期，无商代晚期的遗存，① 但这至少表明，商代时，丹江上游地区的古代居民较多，得到了一定程度的开发，不是蛮荒之地。商县紫荆遗址则有西周遗存，张天恩据周原遗址的资料推定，年代当在西周早期或早期偏晚。② 而近年来文物考古部门在丹淅流域及周边地区，发现大批西周遗存，这些西周遗存与春秋时期襄宜平原及鄂西地区的楚文化遗存有直接的渊源关系，是早期楚文化探究的重大进展。③ 其为商末周初时穴熊、熊狂居地在今丹江上游地区提供了更为强力的考古学支持。

因此我们的意见是，熊狂之时的"京宗"，当在距周京不远之处，其区域应为陕南丹江流域。

综合以上分析，我们可以得出一些初步的意见，即"京宗"不是一个固定的地点，商代晚期季连所居之"京宗"和穴熊最初所居之"京宗"应在中原地区，周初熊狂所居之"京宗"应在靠近关中的某个地区，或在丹江流域，二者肯定不是一回事。

由此看来，"京宗"应是传说时代末期楚人居地的统一名称，其含义与后来楚都名"郢"，或有相似之处。

高崇文先生对"京宗"的含义作了详细的考释，指出"京"在周代有特殊含义，用来指都邑，此后"某京"一般指表示为某处都邑，周之镐京又称为"宗周"，"宗"字原义为宗庙，殷商时代已常用，甲骨文中殷人宗庙称为某某宗，如大乙宗、大丁宗、大甲宗、大戊宗、大庚宗、中丁宗、祖乙宗、祖辛宗、祖丁宗、小乙宗、武丁宗、祖甲宗、康丁宗、武乙宗、文丁宗等，而

① 杨亚长等：《商州东龙山遗址考古获重要成果》，《中国文物报》，1998 年 11 月 25 日。

② 张天恩：《丹江上游西周遗存与早期楚文化关系试析》，氏著《周秦文化研究论集》，科学出版社 2009 年版。

③ 傅玥：《鄂西北地区西周遗存与早期楚文化》，罗运环主编：《楚简楚文化与先秦历史文化国际学术研讨会论文集》，湖北教育出版社 2013 年版；高江涛：《清华战国竹简〈楚居〉中的"夷屯"初探》，杜勇主编：《叩问三代文明》，中国社会科学出版社 2014 年版。

镐京之所以称为“宗周”，是因为其地有周王室的宗庙，镐京之称为宗周，是表示此地为周人祖神与王权所在之地。①

高先生的考释给了我们重大的启示，“京”字在周代往往用指都邑所在，按郭沫若的意见，“京”字“象宫观厜㕒之形。在古朴之世非王者所居莫属。王者所居高大，故有大义、有高义”②。可见“京”字本义当指宫观，即王所居之处，而“宗”字从商代起即有宗庙之义。通俗一点说，“京”字指王所居之宫殿，有政治中心地的含义，“宗”字指宗庙，有宗教或祭祀中心地的含义。先秦时代，“国之大事，在祀与戎”，故政治中心必有宗庙，或者说，有宗庙之地才是政治中心，《左传》庄公二十八年：“凡邑有宗庙先君之主曰都，无曰邑。”③可见“都”是建有宗庙的聚居地。或者说，三代之“都”，是政治中心与宗教祭祀中心的复合体。故“京宗”之义即在于此，兼指政治中心与祭祀中心，二者合一，即古代之“都”。由此可见，“京宗”即是芈姓首领所居之宫观与芈姓一族祭祀先祖之宗庙的合称，用以指代都邑所在，可见在《楚居》之中，“京宗”的含义，即是芈姓一族“都邑”的专用名称，犹后世楚都之称“郢”，周都之称“镐京宗周”。

而商代晚期至商末周初，芈姓一族已极为衰微，只是一个很小的部族，可能只有一个居地，此居地内必有芈姓首领之宫殿与芈姓一族的宗庙，故其居地名之为“京宗”。而有宗庙、有首领之宫殿，即为古代之“都”。

① 高崇文：《清华简〈楚居〉所载楚早期居地辨析》，《江汉考古》2011 年第 4 期。

② 《郭沫若全集》考古编第八卷《两周金文辞大系图录考释(二)》，科学出版社 2003 年版，第 113 页。

③ 《春秋经传集解》，上海古籍出版社 1988 年版，第 201 页。

第二章　早期楚国的地理环境与相关问题

早期楚国是西周的南土诸侯之一，其在西周王朝的政治体系之下，与西周王朝及南土的诸侯、土著居民有密切的互动关系。西周的南土地理格局，南土的族群分布与考古学文化面貌，西周在南方的重要军政活动等，是早期楚国生存和发展的政治、文化、地理与族群基础。作为西周南土诸侯的一员，尤其是西周早期，早期楚国的居地及其活动不得超出西周南土疆域这一范围。全面清理和认识早期楚国的自然环境、人文环境，是楚史与楚文化研究的重要领域，对于全面、系统认识楚国与楚文化，推动楚文化研究的深入，具有重要意义。

第一节　西周早期南方地理简论

周代的南土，文献中又称为南国、南邦。周代南土的范围，学者有大体一致的意见，周书灿认为西周王朝之南土大致应包括颍汝、汝淮及南阳盆地和江汉平原等地区①，李峰认为江汉平原是西周国家势力到达的最南端②，徐少华认为周代南土西起丹江流域，东至淮河中游，南以汉水和桐柏、大别山为界，北抵汝、颍、涡诸水上游，即文献所载的周王朝南部境土③。李朝

---

① 周书灿：《中国早期四土经营与民族整合》，合肥工业大学出版社 2011 年版，第 190 页。

② 李峰：《边缘地区：西周国家的最大地理范围》，《西周的灭亡：中国早期国家的地理和政治危机》附录一，徐峰译，汤惠生校，上海古籍出版社 2007 年版，第 362 页。

③ 徐少华：《周代南土历史地理与文化》，武汉大学出版社 1994 年版，第 1 页。

远认为西周的南土大致在南阳盆地和淮水中上游的若干地段。① 朱凤翰、赵燕姣则将周之南土与南国区分开来，认为南土为周之国土，是周王直接控制的位于王畿南部的区域，南国则为周之附属区，是一块最终亦未能纳入西周王朝有效统治而又长期被周人压制、盘剥的地区，与王朝战事频繁、叛服不定，远离王畿，王朝对此地区的控制强弱视王朝的实力而定。南土的范围，其边缘大概在河南南阳、湖北随州、河南平顶山、河南上蔡至山东滕州一线，此线分布着为数众多的西周封国，在这些封国以南的今江苏北部、安徽北部、河南信阳、南阳以南，正对应于西周时的“南国”范围。②

西周在夏商两代经营南方的基础上，大力向南开拓，形成了周代的南土疆域，西周初年的南土，在《左传》昭公九年所记詹桓伯辞晋之言中有较为详细的记述：“及武王克商，蒲姑、商奄，吾东土也。巴、濮、楚、邓，吾南土也。肃慎、燕、亳，吾北土也。”③詹桓伯所言周之南土，对早期楚国和早期楚文化研究也极为重要，是探讨早期楚国居地的重要资料，一向为楚史与楚文化学者所重视。西周时期，楚国是西周的南土诸侯之一，无论在政治上还是文化上都是西周南土的一部分，因此探讨早期楚国与早期楚文化，需要放在周代南土及文化的大背景下来考察，对西周时期尤其是西周早期的南土地理形势作全面清理。

又詹桓伯明言“及武王克商”，表明其所述是西周初年情形，其范围限于南阳盆地至汉水中游。而学者所概括出来的周代南土范围，是整个西周一代的情形，不仅如此，西周南土还有一个发展与演变的过程，因此还需要从动态角度，综合多年来积累的考古调查、发掘及研究成果和最新的出土文献资料，将考古学文化演进与夏商周三代王朝开拓南土的历史进程结合起来，对

① 李朝远：《青铜器上所见西周文化在南方影响的递衰》，《中原文物》1997 年第 2 期。

② 朱凤翰：《论西周时期的“南国”》，《历史研究》2013 年第 4 期；赵燕姣：《西周时期的“南国”“南土”范围刍议》，《南方文物》2013 年第 4 期。

③ 《春秋经传集解》，上海古籍出版社 1988 年版，第 1320 页。

西周早期南方政治地理的历史基础、形成过程、格局分布等作一些较全面的考察。

一、周人经营南方的历程

商代后期，周人崛起于关中，趁商人深陷于与东夷的战争之机，极力扩张势力，众多脱离了商朝统治的部族成为周人的同盟，春秋时韩献子称为"文王帅殷之叛国以事纣"①。在南方，商势力从中商后期起即已开始从南方消退，其标志是商在南方的统治中心盘龙城被废弃，晚商时商势力已退至桐柏山以北地区,② 于是众多脱离了商王朝统治的南方部族成为周人极力争取的对象，并在伐商过程中发挥了重大作用。《尚书·牧誓》为周武王伐商时在牧野誓师之言，其中提及"庸、蜀、羌、髳、微、卢、彭、濮人"，通称"牧誓八国"，对于八国之地望，学者已有大量的考证，虽说法不一，但就区域范围而言均在周之西之南地区。③ 八国随武王伐商至于牧野，表明周人经营南土甚早，如此才能在灭商之前"三分天下有其二"④，故徐中舒先生谓："周人自大王居岐以后，即以经营南土为其一贯之国策。"⑤周人在夏商两代经营南方的基础上大力开发江汉，在南方地区封建了大量诸侯，由此形成了西周的南土疆域。

周势力进入汉水流域，可能早在文王时期。《诗序》中早有文王化行南国的说法，《诗经·周南·关雎》序："《关雎》《麟趾》之化，王者之风，故系之周公。南，言化自北而南也。《鹊巢》《驺虞》之德，诸侯之风也，先王之所

---

① 《左传》襄公四年，《春秋经传集解》，上海古籍出版社 1988 年版，第 812 页。

② 参孙卓：《南土经略的转折——商时期中原文化势力从南方的消退》，科学出版社 2020 年版。

③ 顾颉刚：《牧誓八国》，氏著《史林杂识初编》，中华书局 1963 年版。

④ 周人在灭商前三分天下有其二，因上博简《容成氏》的发表，使得我们对之有更为清晰的理解。参李零：《三代考古的历史断想》，《中国学术》2003 年第 2 期。

⑤ 徐中舒：《殷周之际史迹之检讨》，氏著《徐中舒历史论文选辑》，中华书局 1998 年版，第 688 页。

以教，故系之召公。”《汉广》序：“文王之道被于南国，美化行乎江汉之域，无思犯礼，求而不可得也。”《甘棠》序：“《甘棠》，美召伯也。召伯之教，明于南国。”毛传：“召伯，姬姓，名奭，食采于召，作上公，为二伯，后封于燕。此美其为伯之功，故言‘伯’云。”《羔羊》序：“《羔羊》，《鹊巢》之功致也。召南之国，化文王之政，在位皆节俭正直，德如羔羊也。”《摽有梅》序：“《摽有梅》，男女及时也。召南之国，被文王之化，男女得以及时也。”①总括《诗序》之意，是说文王的教化由召公推行于南国。郑玄《周南召南谱》亦谓：“至纣，又命文王典治南国江、汉、汝旁之诸侯。”②《诗经·国风》有周南、召南，二南之地域，历代学者虽多有解释，但总之包含江汉地区在内，《水经注·江水》引《韩诗序》：“二南其地在南郡、南阳之间。”③清王先谦对此总结说：“盖周业兴于西岐，化被于江汉汝蔡。”④

但自近世以来，文王化行南国之说，颇为学者所疑。清崔东壁即谓：“先儒说二南者，皆谓文王徙都于丰，分岐故地为周公、召公之采邑，使周公为政于国中，而召公宣布于诸侯，于是德化大成于内，而江、沱、汝、汉之间，莫不从化。余按经传，二公皆至武王之世始显，迨成王朝始分陕而治，当文王时，二公年皆尚少，况有虢叔、闳夭之属亲旧大臣在朝，必无独任二公分治内外……由说者，误以二南为文王时诗，故曲为之解耳。”⑤至近代，疑古之风起，学者更谓《诗序》为伪作，所言自不足信，且文王之时，周势力未出岐、丰之域，其势力未达于江、汉之间，就更谈不上文王之教化行乎南

① 《毛诗正义》，李学勤主编：《十三经注疏》标点本，北京大学出版社 1999 年版，第 19、52、77、83、90 页。

② 《周南召南谱》，《毛诗正义》，李学勤主编：《十三经注疏》标点本，北京大学出版社 1999 年版，第 10 页。

③ 《水经注》卷三十四《江水二》，杨守敬、熊会贞：《水经注疏》，江苏古籍出版社 1989 年版，第 2862 页。

④ （清）王先谦：《诗三家义集疏》，中华书局 1987 年版，第 1 页。

⑤ （清）崔述：《丰镐考信录》卷一，《崔东壁遗书》，上海古籍出版社 1983 年版，第 170 页。

国了，二南的时代，不得超过周宣王，可能是来自南国地区，诗序所言，乃是误以为二南为文王时诗，误以南国为周之统治基地，而曲为之说罢了。①

以今言之，以上议论所疑，固有其理，然似有过于拘泥之嫌。召公的时代，跨文王、武王、成王三代，文王时周、召二公确然在政治上尚未有后来武、成时期的重要地位，但亦当已在政治上崭露头角。而召公将文王之教化推行于南国，亦未必为文王时之事，若决然以为此必为文王时事，则拘之过甚，亦求之过深。文王为周人基业的奠基者，周人言必称文王，是以文王为旗帜，作为一种政治号召，乃是一种政治上的象征。武王即位不改元，仍以文王受命之年为元年，以武王即位后的一年为八年，次年，即文王受命之九年，“武王上祭于毕，东观兵，至于盟津，为文王木主，载以车，中军。武王自称太子发，言奉文王以伐，不敢自专”②。盟津之会时，诸侯不期而会者八百诸侯，在这个重要盟会中，武王为标榜周之号召力，犹自称为“太子发”。此皆周人（尤其是周初之时）以文王为政治旗帜之证。且《诗序》已明言是“文王之道”，由召公施行于南国，按周人的立场和观点，周之政教皆得谓“文王之道”，文王这面旗帜，连武王都不能代替，何况召公？因此召公推行文王之教化于南国，未必一定要在文王之时，若强解为文王，反而不美。

又据《史记·周本纪》，商末周文王礼贤下士，“散宜生、鬻子、辛甲大夫之徒皆往归之”③。鬻子即楚之先祖鬻熊，亦即《楚居》中的穴熊。鬻熊之居地，《世本》言其“居丹阳”④，《楚居》称“穴熊迟徙于京宗”，据前文所考，鬻熊（穴熊）居地当在今丹江上游地区。可见楚人事周，亦是周人势力及于汉江流域的实证之一。

周武王盟津之会时，号为八百诸侯，此“八百诸侯”当主要为叛商而归周

---

① 郭人民：《文王化行南国与周人经营江汉》，《河南师范大学学报》1980年第2期。

② 《史记》卷四《周本纪》，中华书局1982年版，第120页。

③ 《史记》卷四《周本纪》，中华书局1982年版，第116页。

④ 《左传》桓公二年孔颖达《正义》引，《春秋左传正义》，李学勤主编：《十三经注疏》标点本，北京大学出版社1999年版，第150页。

的西土、南土方国和部族。西土暂且不论，至少南土方国和部族依附周人会于孟津，此当非成于武王之手，而是奠基于文王。两年后武王伐纣时，参加牧野之战的，除周的“锐兵”外，还有“牧誓八国”，八国中的庸、卢、彭、濮人位于汉江流域这一点当无疑问。① 可见文献中的“文王化行江汉”当是指周人于文王时大力经营南方，获得南方部族的拥护，如此才有南方部族参与伐纣之役。这也是文王化行江汉的旁证。

武王伐商仅一日即取得牧野之战的胜利。伐商成功后，武王在朝歌办了七件大事：第一，立纣子武庚以奉殷祀；第二，释放被囚的箕子；第三，表彰商容、比干等商之贤臣；第四，散发粮食和钱财给民众；第五，迁九鼎于周；第六，在军中举行祀典，祷于神灵；第七，征伐商王畿及其附近地区的商方国。② 但武王克商时，周之大军尚未渡河北上，《吕氏春秋·古乐》谓：“六师未至，以锐兵克之牧野。”③因此在克商之后周人就近分派大军征伐南国，《礼记·乐记》描写周人歌颂克商过程的《大武》：“且夫《武》，始而北出，再成而灭商，三成而南，四成而南国是疆，五成而分周公左、召公右，六成复缀以崇。”“始而北出”是从盟津渡河北上；“再成而灭商”是周军在牧野之战中大胜，攻入商都灭商；“三成而南”就是武王命周军南下征伐；“四成而南国是疆”，郑玄注：“四奏，象南方荆蛮之国侵畔者服也。”孔颖达《正义》：“象武王伐纣之后，南方之国于是疆理也。”④可见武王征伐南国诸侯是克商后最重要的军事行动，杨宽据《逸周书·世俘解》对周军分四路南下的情形进行了详细的还原。⑤ 由是知周灭商后即大规模向南用兵，以征服商在黄河以南的南国诸侯。

① 顾颉刚：《牧誓八国》，氏著《史林杂识初编》，中华书局1963年版。

② 晁福林：《论周初历史发展的几个问题》，《北京师范大学学报》1992年第3期。又载于氏著《夏商西周史丛考》，商务印书馆2018年版，第712页。

③ 陈奇猷：《吕氏春秋新校释》，上海古籍出版社2002年版，第289页。

④ 《礼记正义》，李学勤主编：《十三经注疏》标点本，北京大学出版社1999年版，第1132、1133页。

⑤ 参杨宽：《西周史》，上海人民出版社1999年版，第509~513页。

商之南方诸侯为周所征服后，自黄河以南到江汉，周势力连成一片，奠定了周代南土疆域和南方政治地理的最初局面。前引《左传》昭公九年："及武王克商，蒲姑、商奄，吾东土也。巴、濮、楚、邓，吾南土也。肃慎、燕、亳，吾北土也。"所叙为西周初年之地理形势，在这里被列为周初南土的巴、濮、楚、邓四国地望，虽各家说法不一，但就地域范围而言，皆在汉水流域。①

1902年出土于陕西岐山的《太保玉戈》铭文载："六月丙寅，王才(在)丰，令大保省南国，帅汉，遂殷南，令厉侯辟，用鼉走百人。"②太保即召公，王为成王，帅训为循，"帅汉"即沿汉水南下，"殷"为殷见，"遂殷南"即诸侯会集朝见周王，"厉"即古厉国，在今随州以北，"辟"训为"君"，是封建厉侯的意思。太保玉戈的年代为成王前期，铭文大意是说，六月丙寅这一天，成王在丰京命太保召公巡视南国，沿着汉水南下，召集汉水流域的诸侯前往周京朝见成王，并封厉侯为君，赏赐给厉侯仆御一百名。李学勤先生认为，此事当发生在周公东征平定三监以后，是巩固王朝南方统治的一项措施。《诗经·甘棠》序："《甘棠》，美召伯也。召伯之教，明于南国。"可见周初时南土疆界就已达汉水。③

《太保玉戈》铭文留下了周初召公经营南国的宝贵史料。由此可知，周初成王时，召公确曾在汉江流域活动，足证汉江流域在商末周初时就已成为周人的势力范围，正可与文献记载中召公在江汉地区推行文王之教化相印证。

可见商末周初时周人势力已进入江汉地区，汉水中上游地区的诸部族或已为周之封国，或已依附于周。但就地域范围而言，大抵不出南阳盆地至陕南的汉水中上游地区。到周昭王时，在前期经营的基础上，周人发动了大规

---

① 尹弘兵：《楚国都城与核心区探索》，湖北人民出版社2009年版，第131～134页。

② 庞怀靖：《跋太保玉戈》，《考古与文物》1986年第1期。

③ 李学勤：《太保玉戈与江汉的开发》，《楚文化研究论集》第二集，湖北人民出版社1991年版。

模的南征，这是周人经营南方的最高峰，周势力一度抵达长江北岸，并在江汉之交的黄陂鲁台山建立据点，意图恢复商代以盘龙城为据点控制长江中游广大地区的政治地理格局，但由于昭王南征失败，“丧六师于汉”，周人的这一意图成为泡影。①

二、西周早期南方地理格局

综观周人在南方的势力分布，是以关中为后盾，逐步向南发展的。周势力由关中、洛阳南下进入南阳盆地，由北而南至南阳盆地南缘，转向东进入随枣走廊，再南下直抵长江。

（一）南阳盆地北部

南阳盆地北部以秦岭—伏牛山脉为界与关中平原和洛阳盆地为邻，其西北可通过丹江通道与关中联系，即后世之武关道，东北则可通过方城隘口联系豫中地区并进入郑洛地区，而关中—洛阳即西周王朝核心区。因此南阳盆地在周代南土中占有重要地位，是南土诸侯密集分布的地区。在南阳盆地北部，已知有楚、鄀、谢三国。

1. 鄀国与早期楚国

鄀国，是商周时期一个历史悠久、具有较高文化水平的国族，鄀人于西周中晚期即有上鄀、下鄀的支分，② 可见其时具有一定的社会地位和经济实力。据《世本》，鄀为黄帝次子昌意之后，早期应当活动在黄河流域，居住在若水，即今河南汝水③。《竹书纪年》云：“昌意降居若水。”“若”“汝”古音同义可通，如《史记·张仪列传》曰“始吾从若饮”，唐司马贞《索隐》“若者，汝也”。④

---

① 尹弘兵：《地理学与考古学背景下的昭王南征》，《历史研究》2015 年第 1 期。

② 郭沫若：《两周金文辞大系图录考释》鄀国铜器考释，上海书店出版社 1999 年版，第 174~176 页。

③ 田昌五：《夏文化探索》，《文物》1981 年第 5 期；徐少华：《鄀国铜器及其历史地理研究》，《江汉考古》1987 年第 3 期。

④ 《史记》卷七十《张仪列传》，中华书局 1982 年版，第 2281 页。

鄀国与早期楚国有特殊关系，对考察早期楚国居地有特殊意义。西周时期，鄀部族活动于今河南西南部的丹水流域，与楚国为邻。鄀国和早期楚国不仅居地甚近，而且交往颇多。据清华简《楚居》简文中记载楚熊绎、屈紃之时，“为楩室，室既成，无以内之，乃窃鄀人之犝以祭”①。此则简文说明了楚、鄀相邻，二国甚至可能在目视范围之内，鄀、楚两国的情形可能与西周初年曾、鄂两国的情形较为类似，现已知西周早期的曾国在今随州东的淅河镇，鄂国在今随州西的安居镇，两国之间的直线距离仅25公里，西周早期鄀、楚两国情形当与之相似。又《楚居》所载此一史事也表明早期楚国要远弱于鄀国，甚至连祭祀所用之牛都要去鄀国窃取。由于《楚居》的发表，鄀国成为考察早期楚国地望的重要支撑点，这里仅对鄀国地望作简要交代，后文在考察丹阳地望时再作详考。

鄀国地望，《左传》僖公二十五年：“秋，秦、晋伐鄀，楚斗克、屈御寇以申、息之师戍商密。”杜预注：“鄀本在商密，秦、楚界上小国，其后迁于南郡鄀县。”可见商密即鄀都，郦道元《水经注》、江永《春秋地理考实》、顾祖禹《读史方舆纪要》等文献均同。② 商密之地，依杜注在汉晋之时的丹水县，《水经注·丹水》：“丹水又迳丹水县故城西南，县有密阳乡，古商密之地，昔楚申息之师所戍也。”③可知北魏时丹水县已迁徙，位于故城所临丹水下游的北岸。《大清一统志》卷二百一十一“南阳府·古迹‘丹水故城’”条云：“在淅川县西，本古鄀国。”④丹水故城，在丹水北岸，即今淅川

① 李学勤主编：《清华大学藏战国竹简（壹）》，中西书局2010年版，第181、185页注27~28。犝，即无角之牛。

② 《左传》僖公二十五年，《春秋经传集解》，上海古籍出版社1988年版，第357页；杨守敬、熊会贞：《水经注疏》卷二十八《沔水中》，江苏古籍出版社1989年版，第2399~2400页；（清）江永：《春秋地理考实》卷一《僖公》二十五年，《景印文渊阁四库全书》第181册，台湾“商务印书馆”1983年版，第273页；（清）顾祖禹：《读史方舆纪要》卷七十九“湖广五·宜城县鄀城”条，中华书局2005年版，第3712页。

③ 杨守敬、熊会贞：《水经注疏》，江苏古籍出版社1989年版，第1731~1732页。

④ 《大清一统志》（嘉庆本）卷二百一十一“南阳府·古迹‘丹水故城’”条，上海古籍出版社2008年版，第319页。

老城附近，因此鄀都商密大致在今河南淅川县西南、淇水汇入丹水之处上游的寺湾西北一带。① 鄀后迁于南郡鄀县，故地在今湖北钟祥市汉水以西胡集镇东10公里处的罗山遗址。②

2. 谢国

谢国，在今河南南阳市。《诗·大雅·崧高》记西周末年周宣王封申伯于谢："亹亹申伯，王缵之事。于邑于谢，南国是式。"毛传："谢，周之南国也"，郑笺："……令往居谢，成法度于南邦"，又曰："申伯之貌，有威武番番然，其入谢国。"③宋朱熹《诗集传》："邑，国都之处也；谢，在今邓州南阳县，周之南土也。"④又汉史游《急就篇》卷一"谢"条，颜师古注："谢，南方国名也，周宣王后父申伯于此作邑。"⑤《路史·国名纪一》"谢"条说："欧阳修谢绛铭云：黄帝后，昔周灭之，以封申伯，在南阳之宛。"⑥可见申伯之封地原为谢国之所在，西周晚期宣王封申伯于谢之前，谢是周之南土的重要诸侯之一。⑦

谢国又见于安州六器之中方鼎二、三铭文："隹(唯)王令南宫伐反虎方之年，王令中先省南或(国)，贯行，埶王应(居)在[illegible]陴真山。中乎归生凤于王。埶于宝彝。"⑧此铭是说南宫伐反虎方之年，昭王为南征之事命中省视南

① 徐少华：《鄀国铜器及其历史地理研究》，《江汉考古》1987年第3期；徐少华：《〈水经注·丹水篇〉错简考订——兼论古析县、丹水县的地望》，《中国历史地理论丛》1988年第4期。

② 徐少华：《古鄀国、鄀县及楚鄀都地望辨析》，《石泉先生九十诞辰纪念文集》，湖北人民出版社2007年版；武汉大学历史地理研究所、钟祥市博物馆：《钟祥罗山遗址调查简报》，《江汉考古》2007年第3期。

③ 《毛诗正义》，李学勤主编：《十三经注疏》标点本，北京大学出版社1999年版，第1210页。

④ (宋)朱熹注，赵长征点校：《诗集传》，中华书局2011年版，第283页。

⑤ (汉)史游：《急就篇》，丛书集成本，商务印书馆1936年版，第81页。

⑥ (宋)罗泌：《路史》，四部备要本，中华书局1936年版，第324页。

⑦ 关于谢国地望及历史，参徐少华：《周代南土历史地理与文化》第二章第五节"谢国"，武汉大学出版社1994年版。

⑧ 中国社会科学院考古研究所编：《殷周金文集成释文》2751、2752，香港中文大学中国文化研究所，2001年。后文再引用时若无特别注明，皆以"《释文》+编号"的格式括注。

国，并设立行帐。[illegible]字从弓从矢，为南国地名，是中设立行宫的地点之一。徐少华考证此字当释“射”，射即谢，即古谢国，地在今河南南阳市，周宣王封王舅申伯于此后，谢国南迁于今新野县东的棘阳城遗址。① 此处为昭王南征所设行帐之地，当位于今南阳市之古谢国。②

(二)汉水中上游沿岸地区

在汉水中游沿岸地区，由陕南至南阳盆地南缘，西周早期时，目前已知有巴、庸、濮、邓等国族。

1. 巴国

巴国，旧说在今重庆一带，但这是战国时期的巴国。早期巴国所在，一般认为在今湖北西南的清江流域，③ 此说甚为流行，影响所及，考古学界多将三峡地区的夏商时期文化定为早期巴文化。主要的依据是《后汉书·南蛮西南夷列传》所载之廪君传说，但据学者考证，廪君史料出自汉末，其年代为战国，因此廪君巴只是巴人之支系，是巴人的流而非源。④ 巴为商代古国，殷墟卜辞中已有“巴方”之名，在武丁时为商人攻伐的对象，另据《华阳国志》，巴国曾参与武王伐纣。卜辞中的巴方之所在，段渝认为殷末时巴方居汉水上源古沔水一带，属姬姓集团成员之一，所居之地也是殷代千里王畿的西土之所在⑤，杨铭认为商代巴方原在山西南部，商末时迁至汉水中上游一带⑥。周代的巴国，当即卜辞中的巴方，春秋时屡见于《左传》，与楚国曾有密切的关系，春秋早期时，巴国曾请楚国介绍与邓国建交，可见巴国与邓、楚等国较为邻近，童书业先生据《左传》考订其地望应在今陕西东南境、

---

① 徐少华：《周代南土历史地理与文化》，武汉大学出版社 1994 年版，第 48、49、51 页。

② 尹弘兵：《地理学与考古学视野下的昭王南征》，《历史研究》2015 年第 1 期。

③ 童恩正：《古代的巴蜀》，重庆出版社 1998 年版，第 11 页。

④ 黄道华：《廪君三题》，《江汉考古》1991 年第 4 期。

⑤ 段渝：《试论宗姬巴国与廪君蛮夷的关系》，《四川历史研究文集》，四川省社会科学院出版社 1987 年版。

⑥ 杨铭：《巴人源出东夷考》，《历史研究》1999 年第 6 期。

大巴山以北①，石泉先生结合文献及考古材料，考证先秦时巴国在今陕东南、汉水中上游的安康一带②，彭万廷等人则据汉水中游陕南城固一带出土较多商周时期巴式青铜器，认为商周时期巴族的中心应在此地③。综各家之说，周初时巴国当在汉水上中游、今陕东南的安康一带。

2. 庸

自安康地区沿汉水而下，汉水中游偏上段沿岸地区，分布有古庸国。庸国最早见于《尚书·牧誓》："王朝至于商郊牧野，乃誓。王左杖黄钺，右秉白旄以麾，曰：'逖矣，西土之人！'王曰：'嗟！我友邦冢君，御事司徒、司马、司空，亚旅、师氏，千夫长、百夫长，及庸、蜀、羌、髳、微、卢、彭、濮人。称尔戈，比尔干，立尔矛，予其誓。'"④《尚书·牧誓》为周武王伐纣时在牧野誓师之言，可见庸国至迟商代晚期时已存在，并曾作为周人伐纣的同盟军。从《尚书·牧誓》所载来看，听誓者皆"西土之人"，其排列，首为友邦冢君，然后为武王直属，再次即庸、蜀、濮等八国，可知八国皆为依附于周的南方、西方少数民族，是中原政治体系中的边缘部分。

庸国所在，孔传谓："庸、濮在江汉之南。"⑤《汉书·武帝纪》："济东王彭离有罪，废徙上庸。"李贤注引应劭曰："春秋时庸国。"⑥《左传》文公十六年载"庸人率群蛮以叛楚"，杜预注："庸，今上庸县，属楚之小国。"⑦西

---

① 童书业：《古巴国辨》，氏著《童书业历史地理论集》，中华书局 2004 年版，第 243、244 页。

② 石泉：《古巫、巴、黔中故址新探》，《古代荆楚地理新探·续集》，武汉大学出版社 2004 年版，第 14 页。

③ 彭万廷等：《巴蜀文化源流》，湖北教育出版社 2003 年版，第 10～20 页。

④ 《尚书正义》，李学勤主编：《十三经注疏》标点本，北京大学出版社 1999 年版，第 282～284 页。

⑤ 《尚书正义》，李学勤主编：《十三经注疏》标点本，北京大学出版社 1999 年版，第 284 页。

⑥ 《汉书》卷六《武帝纪》，中华书局 1962 年版，第 182 页。

⑦ 《左传》文公十六年，《春秋经传集解》，上海古籍出版社 1988 年版，第 507、508 页。

晋司马彪《续汉书·郡国志》汉中郡条："上庸本庸国。"①北魏郦道元《水经注·沔水中》："堵水又东北迳上庸郡，故庸国也。《春秋·文公十六年》，楚人、秦人、巴人灭庸。庸，小国，附楚，楚有灾不救，举群蛮以叛楚，故灭之。"②《史记》卷四十《楚世家》唐张守节《正义》引《括地志》云："房州竹山县，本汉上庸县，古之庸国。昔周武王伐纣，庸蛮在焉"，卷四《周本纪》张守节《正义》引《括地志》则作"房州竹山县及金州，古庸国"。③ 可见汉唐学者均认为庸国在汉上庸县、魏晋以后的竹山县。

但这一结论是以春秋时庸国故地为基础的，东汉应劭即明言汉上庸县为春秋时庸国，可见今湖北省竹山县一带作为春秋庸国、楚汉上庸县是没有问题的。然商末周初时庸国是否在今竹山一带，却未可就此径下结论。今湖北省竹山县、竹溪县地区属汉水支流堵河流域，深处武当、荆山、大巴山之中，是群山之中的一块相对低凹地区，商末时庸国如在此地，则深处群山之中，与周人相距过远，恐难与周人建立密切联系。周人自大王居岐以后，即重视经营南土，④ 然殷周之际周人所经营的南土，主要是在汉水流域，文献中颇言商末周初时周人在江汉地区的活动，如郑玄《周南召南谱》："至纣，又命文王典治南国江、汉、汝旁之诸侯。"⑤《诗经·甘棠》序："《甘棠》，美召伯也。召伯之教，明于南国。"⑥以上记载可得出土文献方面的印证，《太保玉戈》："六月丙寅，王才(在)丰，令大保省南国，帅汉……"⑦意为成王

① 《后汉书》卷一百一十三《郡国志五》，中华书局1965年版，第3506页。

② 杨守敬、熊会贞：《水经注疏》，江苏古籍出版社1989年版，第2348页。

③ 《史记》卷四十《楚世家》、卷四《周本纪》，中华书局1982年版，第1692、123页。

④ 徐中舒：《殷周之际史迹之检讨》，氏著《徐中舒历史论文选辑》，中华书局1998年版，第688页。

⑤ 《周南召南谱》，《毛诗正义》，李学勤主编：《十三经注疏》标点本，北京大学出版社1999年版，第10页。

⑥ 《毛诗序》，《毛诗正义》，李学勤主编：《十三经注疏》标点本，北京大学出版社1999年版，第77页。

⑦ 庞怀靖：《跋太保玉戈》，《考古与文物》1986年第1期。

命太保召公沿汉水南下，召集诸侯朝见周王。李学勤先生认为，此事当发生在周公东征后，是周王朝巩固南方的重要措施。① 可见商周之际周人在南方的经营主要应在汉水沿岸地区，而堵河流域处深山之中，交通不便，商代的庸国如在此地，似难作为周人的重要同盟军参与伐商之役。故叶植认为，庸国早期居地在鄂西北的汉水南岸，鄂西北山区竹山县的庸是庸国在楚人进攻下败退的结果，早期的庸国在丹江口市西北至郧县一带。②

结合考古学文化来考察，湖北的商文化遗存，主要集中分布于两个地区：一是汉水之东、桐柏山以南、长江以北的汉水下游东部地区；二是长江三峡口以东约一百公里的沿岸地区，鄂西北等地商文化遗存分布极为稀少。③ 再检索文物普查资料，堵河流域的竹山、竹溪两县，分布有较多的新石器时代遗址和东周秦汉遗址，但不见有夏商遗址④，表明堵河流域在新石器时代有较繁荣的人类社会，但夏商时期却不见有人类活动的踪迹，十堰地区近年来为配合南水北调中线工程进行了大规模的考古调查与发掘工作，但目前已发现的夏商时期遗址仅有郧县辽瓦店子和丹江口市熊家庄两处⑤。可见夏商时代的堵河流域几乎不见人烟，只有汉水沿岸才有较多的古代居民生活及繁衍，则商代时周人所经营之南土、《尚书·牧誓》中所言的庸、蜀、濮等南方的周之同盟者，均应在汉水沿岸地区，而商代及西周时期的古庸国也应位于汉水沿岸，叶植之说可信。

---

① 李学勤：《太保玉戈与江汉的开发》，《楚文化研究论集》第二集，湖北人民出版社1991年版，第5~10页。

② 叶植：《试论楚熊渠称王事所涉及到的历史地望问题》，《楚文化研究论集》第四集，河南人民出版社1994年版，第401页。

③ 杨权喜：《湖北商文化与商朝南土》、冯少龙：《湖北省商代考古发现与研究概述》，湖北省文物考古研究所编著：《奋发荆楚　探索文明》，湖北科学技术出版社2000年版，第115~116、122~126页。

④ 国家文物局主编：《中国文物地图集·湖北分册》下册，西安地图出版社2002年版，第274~279页。

⑤ 王凤竹：《湖北省南水北调工程考古发掘取得重要阶段性成果》，《中国文物报》，2007年10月17日。

3. 濮

濮亦为“牧誓八国”之一，见载于《尚书·牧誓》，是一个古老的民族。但濮并没有形成统一的政权，故《尚书·牧誓》称之为“濮人”，直到春秋时期，濮还处在各自“离居”的状态，因此又被称为“百濮”。濮之地望，孔传谓：“庸、濮在江汉之南。”①但杜预《春秋释例》云：“建宁郡南有濮夷，濮夷无君长总统，各以邑落自聚，故称百濮也。”②晋建宁郡治在今云南省曲靖市，晋常璩《华阳国志》亦谓今云南、贵州地区有濮人居住。然杜、常之说，或恐系后代同名附会而已，魏晋时云贵濮族与商周时江汉濮族未必为一族，甚至不一定有渊源关系。

商周时期，中原政治势力向南只及于长江一线。商朝在南方最远的军事据点为今之盘龙城遗址，在盘龙城一带，商代前期的二里岗文化南下与土著文化结合形成了商文化的一支地方类型——盘龙城文化，盘龙城文化的分布范围基本上为汉水以东、桐柏山以南的汉江下游地区，其南部包含洞庭湖区的一部分③，向南最远分布到岳阳市郊的铜鼓山遗址④。盘龙城始建于盘龙城文化第四期偏晚，相当于二里岗上层一期偏晚，其^{14}C测年为公元前1390年或稍早，使用至盘龙城文化第六期，至盘龙城文化第七期时已废弃，下限相当于二里岗上层二期晚段，即商代白家庄期。⑤ 徐少华则结合夏商周断代工程年表考定盘龙城始建于商王中丁在位或稍早的公元前1450年左右，废弃于盘庚迁殷前的公元前1300年之前。⑥ 盘龙城废弃后中原政治势力从长江

① 《尚书正义》，李学勤主编：《十三经注疏》标点本，北京大学出版社1999年版，第284页。

② 《春秋释例》卷七，上海商务印书馆1936年版，第277页。

③ 中国社会科学院考古研究所编著：《中国考古学·夏商卷》，中国社会科学出版社2003年版，第198~200页。

④ 湖南省文物考古研究所、岳阳市文物工作队：《岳阳市郊铜鼓山商代遗址与东周墓发掘报告》，《湖南考古辑刊》第五辑，《求索》杂志社，1989年。

⑤ 湖北省文物考古研究所：《盘龙城——1963—1994年考古发掘报告》，文物出版社2001年版，第448页。

⑥ 徐少华：《从盘龙城遗址看商文化在长江中游地区的发展》，《江汉考古》2003年第1期。

沿岸撤退至桐柏山以北，又，汉水地区已是中原政治势力的边缘，商文化在南方的影响最远也只到今湖南北部，盘龙城废弃后岳阳铜鼓山遗址的商文化也未能延续下去，据此可以断定商王朝的政治势力与文化影响绝无可能远至今云南、贵州一带。西周王朝的南土疆界也只达汉水，徐少华认为，周代南土的空间范围，“包括南阳盆地和淮河上中游两个地区，西起秦岭南坡的汉水支流丹江流域，东至淮河中游今安徽寿春一带，南以汉水和桐柏、大别山脉为限，北抵汝、颍、涡诸水上游的今河南汝阳、禹县、太康、永城一线，即文献所载的周王朝南部境土”①。李峰也认为，西周国家在长江中游的控制地区只有南阳盆地和汉东地区。② 今云、贵一带直到汉代才纳入中原王朝的版图，可知魏晋时云贵濮族是不能上溯至商周的，与商周时江汉濮族当无关。

又楚国崛起之后，不仅实现了政治统一，而且在其统治区域内实现了空前的文化统一和民族融合，江汉地区作为楚国早期基地，其文化统一和民族融合当更早、更彻底，在楚国的统治下，江汉地区各种来源不同的居民尽为楚国所并，地为楚地、人为楚人，百濮、楚蛮等江汉土著民族也不例外，这些江汉土著民族融入楚国后成为楚国下层民众的主体。可见，东周时期江汉濮族已尽数融入楚国、楚人和楚文化之中，楚国一统江汉地区后，江汉地区只有楚人，并无濮族与楚蛮。到秦汉一统之后，在大一统王朝的政治格局之下，民族融合也有了极大的进展，除了边缘及山地的少数民族之外，在王朝的基本版图之内，原来商周时期的各种民族到了西汉都成了汉人。由此可知，汉以后云南、贵州一带的濮族当由本地原住民发展而来，与商周时的江汉濮族并无渊源。

商周时期濮地所在，后代学者多有考订，顾颉刚先生认为濮在武当、荆、巫诸山脉中。③ 童书业先生以为濮地应近汉水④，徐中舒先生认为濮在

① 徐少华：《周代南土历史地理与文化》，武汉大学出版社 1994 年版，前言第 1 页。

② 李峰：《边缘地区：西周国家的最大地理范围》，《西周的灭亡：中国早期国家的地理和政治危机》附录一，徐峰译，汤惠生校，上海古籍出版社 2007 年版，第 386 页。

③ 顾颉刚：《牧誓八国》，氏著《史林杂识初编》，中华书局 1963 年版，第 31 页。

④ 童书业：《春秋时濮族所在》，氏著《童书业历史地理论集》，中华书局 2004 年版，第 361 页。

均、郧、房三县的汉水流域，即由郧、均、房至襄、樊一带之地①，石泉先生则认为，春秋时期的古麇国、楚麇邑地在今随枣走廊西口外、今滚河入唐白河后的唐白河下游西北岸地，与之相邻近的百濮，其地当在今枣阳市境桐柏、大洪两山间的山区丘陵地带②。段渝则据“百濮离居”认为百濮居地当不限于一处，而是在西周时代的南土有广泛的分布，襄阳以西到竹山以南和襄阳以东汉水东北岸及滚河下游一带，均为西周时代百濮离居之地。③ 虽各家说法不一，但西周春秋时的濮，大体当在汉水中游至上游部分地区，今鄂北地区一带，就区域而言，可以认为上述各家的意见是基本一致的。又濮字从水，《左传》昭公十九年载“楚子为舟师以伐濮”④，则濮之民族，必与水有关，此水必为汉水或其支流，由此论之，濮当在汉水中上游两岸地区居住，与庸、邓及西周晚期以后的楚国相去不远。

4. 邓国

邓国，本为中原古族，夏商以前邓部族就在黄河流域有了广泛的活动。⑤ 邓国地望，旧说在今河南邓县，⑥ 不确，据石泉先生考证，周代邓国当在今襄樊市西北十余里的古邓城遗址，⑦ 此说证据确凿，令人信服。邓城城址面积约六十万平方米，至今保存较好，城址尚未发掘，但近年来，襄樊市博物馆在邓城以东的沈岗墓地发现了一座西周墓葬，所出陶器组合为簋、豆、罐，共 8 件，均为泥质红陶，年代为西周中期晚段⑧；在城址北部的韩

---

① 徐中舒：《巴蜀文化续论》，氏著《徐中舒历史论文选辑》，中华书局 1998 年版，第 1086 页。

② 石泉：《春秋“百濮”地望新探》，《古代荆楚地理新探·续集》，武汉大学出版社 2004 年版，第 10~11 页。

③ 段渝：《西周时代楚国疆域的几个问题》，《中国史研究》1997 年第 4 期。

④ 《左传》昭公十九年，《春秋经传集解》，上海古籍出版社 1988 年版，第 1440 页。

⑤ 徐少华：《周代南土历史地理与文化》，武汉大学出版社 1994 年版，第 10 页。

⑥ （清）顾祖禹：《读史方舆纪要》卷五十一“河南六 · 邓州”条，中华书局 2005 年版，第 2414 页。

⑦ 石泉：《古邓国、邓县考》，《古代荆楚地理新探》，武汉大学出版社 1988 年版。

⑧ 襄樊市文物考古研究所：《襄樊沈岗西周墓发掘简报》，《襄樊考古文集》第一辑，科学出版社 2007 年版。

岗遗址发现了春秋早期以来的遗迹和遗物①；在邓城以北 15 公里处的黄集镇小马家遗址，发现有三个西周时期的灰坑，其中的 H3 可早至西周早期后段的康王时期，H1 不晚于西周中期偏早阶段，大致相当于昭、穆王时期，H2 为西周中期偏晚阶段，大致相当于共、懿、孝王时期②；邓城以东不到 1 公里处的黄家村遗址亦发现西周晚期至战国早期的遗存，并发现有西周中期的遗物，考古界据此推测，邓城至少从西周中期开始就是邓国都城之所在③。另据北宋时所出的安州六器中的"中甗"铭文，周昭王南征时，事先曾派大臣"中"到"方、邓"等地视察，唐兰先生认为此邓即邓国，④ 与《左传》所记詹桓伯之言相合。

5. 绞国

绞，为汉水中游的一小国，地在今谷城县境，⑤ 绞在《左传》中称为"绞人"，可能其并未得到周朝的封爵，当非周之封国，绞国的族属亦不明，但从其与庸、谷等国相邻来看，其地当去谷、邓等国不远，另绞国曾于鲁桓公十一年参与随、州、蓼、郧的伐楚联盟，表明其与汉阳诸姬也有一定的联系。

（三）随枣走廊

随枣走廊为南阳盆地通往江汉平原东端、江汉交汇处的通道，在南北交通上有重要意义，也是西周在南土的重要区域，西周在随枣走廊东端分布有西蓼，中端则有唐国，东端则有曾、鄂、厉诸国，均为重要诸侯国，并且是

---

① 湖北省文物考古研究所：《湖北襄阳邓城韩岗遗址发掘报告》，《江汉考古》2002 年第 2 期；襄樊市博物馆：《湖北省襄樊市邓城遗址试掘简报》，《江汉考古》2004 年第 2 期。

② 襄樊市文物考古研究所、襄阳区文物管理处：《襄阳黄集小马家遗址的简报》，《襄樊考古文集》第一辑，科学出版社 2007 年版。

③ 王先福：《邓城—樊城演进历程考》，《襄樊学院学报》2007 年第 1 期。

④ 唐兰：《论周昭王时代的青铜器铭刻》（上编）"中甗"考释，《古文字研究》第二辑，中华书局 1981 年版，第 88 页。

⑤ 石泉：《楚都何时迁郢》，《古代荆楚地理新探》，武汉大学出版社 1988 年版，第 354 页；李海勇：《古绞国地望蠡测》，《江汉考古》1997 年第 4 期。

昭王南征的前进基地。

1. 西蓼

周代有三个蓼国，一在南阳盆地，是为西蓼；一在淮河中游的河南固始县，是为东蓼；此外，还有作为“群舒”之一的舒蓼。①

西蓼国最早见于《左传》桓公十一年(前701年)，是年蓼曾与郧、随、绞、州诸国谋伐楚而未成，杜预注：“蓼国，今义阳棘阳县东南有湖阳城。”②蓼，又写作鄝，蓼、翏、廖、飂、鄝均为一字之异文，均从翏得声。其地所在，《汉书·地理志》“南阳郡‘湖阳’县”班固原注：“故蓼国也。”③

自班固、杜预以后，历代地理著作如《水经注》《通典》《太平寰宇记》《读史方舆纪要》等一致认为古湖阳县(元代省废，今为湖阳镇，隶唐河县)是古蓼国之所在。④ 此地还有蓼山，《隋书·地理志》“春陵郡‘湖阳’县”下曰：“有蓼山。”⑤《太平寰宇记》亦云：“蓼山，在县东北二里。”《大明一统志》卷三十“南阳府山川‘蓼山’”条云：“在唐县南九十里，古蓼国地，上有蓼王庙。”⑥《大清一统志》卷二百一十“南阳府·山川‘蓼山’”条亦云：“在唐县南九十里，去湖阳城二里，古蓼国以此名，山上有蓼王庙。”⑦

综上引诸文献记载，古蓼国地望当在今河南唐河县南，邻近湖北枣阳县的湖阳镇一带，镇北二里有蓼山，山上明清时还有蓼王庙，镇北今有蓼阳河，自东向西过蓼山而西入唐河。这一带山、水与庙都以蓼为名，亦可作为

---

① 徐少华：《周代南土历史地理与文化》，武汉大学出版社1994年版，第54页。

② 《左传》桓公十一年，《春秋经传集解》，上海古籍出版社1988年版，第106页。

③ 《汉书》卷二十八上《地理志上》，中华书局1962年版，第1564页。

④ 《水经注》卷二十九《比水》，杨守敬、熊会贞：《水经注疏》，江苏古籍出版社1989年版，第2485页；(唐)杜佑：《通典》卷一百七十七《州郡七》“唐州·湖阳”县，中华书局1988年版，第4672页；(宋)乐史：《太平寰宇记》卷一百四十二“唐州·湖阳”县，中华书局2007年版，第2762页；(清)顾祖禹：《读史方舆纪要》卷五十一“河南六·唐县湖阳城”条，中华书局2005年版，第2407页。

⑤ 《隋书》，中华书局1973年版，第892页。

⑥ 《大明一统志》，三秦出版社1990年版，第520页。

⑦ 《大清一统志》(嘉庆本)卷二百一十“南阳府·山川‘蓼山’”条，上海古籍出版社2008年版，第309页。

古蓼国在此的旁证。

2. 唐国

唐国，文献中最早见于《国语·郑语》：“当成周者，南有荆蛮、申、吕、应、邓、陈、蔡、随、唐。”韦昭注：“应、蔡、随、唐，皆姬姓也。”① 表明唐为周之宗室，应为“汉阳诸姬”之一，为成周以南的重要诸侯。另出土于宋代的安州六器之“中觯”铭文：“王大省公族于庚，振旅”，谓周昭王南征归来后，于庚地治兵。“庚”字，李学勤先生释为“唐”，即江汉之唐国，② 李说为学界所认同。这说明西周早期时，唐已立国于南土，为周在南方的重要诸侯，并参与了周昭王南征。

唐国地望旧有二说。《汉书·地理志》“南阳郡‘舂陵’县”原注：“侯国，故蔡阳白水乡。上唐乡，故唐国。”③ 舂陵侯国为元朔五年武帝分封长沙定王子刘买，是据推恩令列长沙国而封，初在长沙国附近，别属零陵郡，④ 至其孙刘仁时，“以舂陵地势下湿，山林毒气，上书求减邑内附。元帝初元四年，徙封南阳之白水乡”⑤。《左传》宣公十二年杜预注：“义阳安昌县东南有上唐乡”，晋安昌县即前汉舂陵县，⑥ 两者地望一致，则古唐国位于汉舂陵县（晋安昌县）之东南。唐张守节《史记正义》引《括地志》：“上唐乡故城在随州枣阳县东南百五十里，古之唐国也。《世本》云唐，姬姓之国。”⑦ 其后地理志书均将上唐乡故城定在随州西北的唐城一带，即今随州西北约八十

---

① 《国语》卷十六《郑语》“史伯为桓公论兴衰”章，上海古籍出版社 1978 年版，第 507 页。

② 江鸿：《盘龙城和商朝的南土》，《文物》1976 年第 2 期。

③ 《汉书》卷二十八上《地理志上》，中华书局 1962 年版，第 1564 页。

④ 马孟龙：《西汉侯国地理》，上海古籍出版社 2013 年版，第 272、273 页。

⑤ 《后汉书》卷十四《宗室四王三侯列传·城阳恭王祉传》，中华书局 1965 年版，第 560 页。

⑥ 《水经注》卷二十八《沔水中》“涢水”条，杨守敬、熊会贞：《水经注疏》，江苏古籍出版社 1989 年版，第 2382 页。

⑦ 《史记》卷四十《楚世家》，中华书局 1982 年版，第 1716 页。

里的唐县镇①，近世学者亦颇从之②。清人江永《春秋地理考实》则提出古唐国在唐之唐州、当时的河南南阳府唐县③，石泉先生经详细考证，亦认为古唐国不当在今随枣走廊内，而应在南阳盆地的今唐河县南境④。田成方综考文献、清人观点和出土唐国铜器、清华简《系年》等，提出唐县镇为古唐国始封地和早期居地，故文献中称为“上唐”，而唐河县则是春秋晚期唐国、楚唐县之所在。⑤ 今按：《国语》所载西周晚期史伯之言及《左传》所载春秋末楚大夫子谷之言：“观丁父，鄀俘也，武王以为军率，是以克州、蓼，服随、唐，大启群蛮。”⑥皆以随、唐并称，可见至少西周晚期至春秋早期时随、唐二国当较邻近，田说当是，早期唐国当在枣阳东南、随州西北的唐县镇一带。

3. 曾国

商代时已有曾国，在甲骨文中有“王次于曾”“克曾”等，于省吾《释曾》一文认为：“甲骨文曾字常见，每用为地名。”⑦此商代曾国见于武丁时期的征伐卜辞：

> 乙未[卜]，贞：立事[于]南，右比[我]，中比舆(举)，左比曾。
>
> 乙未卜，贞：立事[于南]，右比我，[中]比舆(举)，左比[曾]。十二月。⑧

---

① (清)顾祖禹：《读史方舆纪要》卷七十七“湖广三·随州唐城”条，中华书局2005年版，第3618页。

② 杨伯峻：《春秋左传注》宣公十二年，中华书局1981年版，第740页。

③ (清)江永：《春秋地理考实》宣公十二年“唐”条，《皇清经解》卷二百五十三第二十页，《春秋战国史研究文献丛刊》第四册，国家图书馆出版社2009年版，第88页。

④ 石泉：《从春秋吴师入郢之役看古代荆楚地理》，《古代荆楚地理新探》，武汉大学出版社1988年版。

⑤ 田成方：《汉淮地区唐国铜器及其历史地理考论》，《出土文献的世界：第六届出土文献青年学者论坛论文集》，中西书局2018年版。

⑥ 《左传》哀公十七年，《春秋经传集解》，上海古籍出版社1988年版，第1829页。

⑦ 于省吾：《释曾》，《甲骨文字释林》，中华书局1979年版。

⑧ 郭沫若主编，胡厚宣总编：《甲骨文合集》第3册，中华书局1978年版，第5504、5512片。

这两条卜辞均与武丁南征有关。李学勤先生认为曾在今湖北、枣阳、随县、京山到河南西南的新野这一范围内。① 此商代曾国与商王朝的关系，张昌平认为“武丁时期应当是臣服于商，而廪辛、文丁时期则可能出现交恶的情形”②。

西周晚期以后的曾国，多年来有大量的曾国铜器出土和确定的曾国墓葬发掘，这些发现大多位于随枣走廊特别是随州一带，尤其是曾侯乙墓的发现更为学术界所重视。由于有较为充分的资料和多年的研究，西周晚期至春秋战国时期，曾国的疆域是较为明确的。③ 至于西周早期的曾国，学者依据甲骨文、金文及考古学材料等相互之间的关联性，倾向于认为自商代晚期以后，曾国一直在汉水中游一带，未有大的位移。④ 而叶家山西周早期曾国墓地的发掘，证实西周早期时，曾国确在今随州以东淅河镇的叶家山附近。另据叶家山考古发掘队调查，在叶家山以南 1 公里处，有一处面积达 30 万平方米的庙台子聚落群遗址，1983 年曾小规模发掘，发现新石器、商周和战国遗物，经局部勘探发现庙台子遗址有环濠遗迹和城墙的遗痕，该遗址群有可能是西周早期的曾国国都所在。⑤ 叶家山曾国墓地与安居羊子山一带的鄂国，相距仅 25 公里，表明西周早期时，曾、鄂两国均在今随州地区。

另，2009 年随州文峰塔一号墓出土春秋晚期曾侯與钟铭文，⑥ 曾侯與自

---

① 江鸿：《盘龙城与商朝的南土》，《文物》1976 年第 2 期。

② 张昌平：《曾国青铜器研究》，文物出版社 2009 年版，第 360 页。

③ 关于曾国铜器及曾国都城、疆域等，历年以来学界有大量的研究，比较全面的研究见张昌平：《曾国的疆域及中心区域》，徐少华主编，晏昌贵副主编：《荆楚历史地理与长江中游开发——2008 年中国历史地理国际学术研讨会论文集》，湖北人民出版社 2009 年版；又见于张昌平：《曾国青铜器研究》，文物出版社 2009 年版。

④ 张昌平：《曾国青铜器研究》，文物出版社 2009 年版，第 359~364 页。

⑤ 黄凤春、陈树祥、凡国栋：《湖北随州叶家山新出西周曾国铜器及相关问题》，《文物》2011 年第 11 期。

⑥ 湖北省文物考古研究所、随州市博物馆：《随州文峰塔 M1(曾侯與墓)、M2 发掘简报》、徐少华：《论随州文峰塔一号墓的年代及其学术价值》，并载《江汉考古》2014 年第 4 期。

叙其先祖曰："伯适上庸(用)，左右文武，达(挞)殷之命，抚奠(定)天下。王遣命南公，营宅汭土，君此淮夷，临有江夏。"是说曾国的祖先伯适(南公)因为辅佐周文王、武王伐商，革除殷命，安定天下有功而被分封于南土，统治淮夷，监领江汉。目前学界已倾向认为南公即商末周初的周室名臣南宫括，为曾国始封之君。① 2019 年出土的曾公𣄨编钟铭文则谓："皇且(祖)建于南土，敝蔡南门，质应京社，适于汉东。南方无疆，涉征淮夷，至于繁阳。"②句意为庇守蔡国南门、应国都邑，至于汉水以东的广阔疆域，后文又谓"邵王南行，豫(舍)命于曾：'咸成我事，左右有周，易(赐)之甬(用)钺，用政南方。'"学者认为曾国在昭王时期曾二次受命，进一步扩大了曾国在周代南土的权重和影响，昭王"赐之用钺"确立了曾国在蔡国、应国以南，汉水以东的周人"南土"地区的核心地位，这大概是"汉东之国随(曾)为大"的最初渊源。③ 文献记载西周初年成王在周公的辅佐下平定三监之乱后，分封太公、周公、召公诸大臣立国于东土、北土，镇抚诸侯、藩屏王室。而曾国的地位与鲁、燕等颇为类似，为西周在南土的统治中心。

4. 鄂国

鄂原为中原古国，商末鄂侯与西伯昌、九侯并称三公④，商代鄂国原在黄河以北的沁水流域，其地望大致不出今沁阳县城或略偏南一带⑤。周代鄂国地望则有东鄂和西鄂两说，东鄂在今鄂州，西鄂在今南阳北。对于周代鄂国地望，学术界曾有长期的争论，东鄂说和西鄂说均有学者力主，二说相持

① 黄凤春、胡刚：《再说西周金文中的"南公"——二论叶家山西周墓地的族属》，《江汉考古》2014 年第 5 期。

② 郭长江、凡国栋、陈虎等：《曾公𣄨编钟铭文初步释读》，《江汉考古》2020 年第 1 期。

③ 田成方：《曾公𣄨钟铭初读》，《江汉考古》2020 年第 4 期。

④ 《史记》卷三《殷本纪》、卷八十三《鲁仲连邹阳列传》，中华书局 1982 年版，第 106 页、2463 页；《战国策》卷二十《赵策三》"秦围赵之邯郸"章，上海古籍出版社 1985 年版，第 707 页。

⑤ 徐少华：《周代南土历史地理与文化》第二章第二节《鄂国》，武汉大学出版社 1994 年版。

不下。

东鄂说认为鄂国在今湖北鄂州一带，以王国维、陈梦家、殷崇浩、陈佩芬、刘翔等学者为代表。近代学者中，以王国维最早主张东鄂说。① 陈梦家在《西周铜器断代》一文中亦论及鄂的位置，他根据上海博物馆所藏的"鄂叔簋""鄂侯弟卣""鄂季簋"所出土之地——武昌，认为西周时期鄂国的地望在东鄂。② 殷崇浩在《楚都鄂补》中综合考虑了鄂地的地理位置，从军事防御方面论证东鄂说。③ 刘翔在《周夷王经营南淮夷及其与鄂之关系》一文中根据对周夷王征伐南淮夷历史的考证，加上对相关有铭青铜器的解读，认为鄂国地望是在东鄂，而且正是由于鄂国与南淮夷的关系的密切才导致鄂国的灭亡。④ 陈佩芬也认为鄂国应在东鄂，即今湖北鄂城一带。⑤ 此外，罗运环、张正明等先生也倾向于东鄂说。⑥

西鄂说则认为西周鄂国在南阳盆地的汉代西鄂县故城一带。以徐中舒、马承源、张剑、黄胜璋、徐少华、张昌平等学者为代表。20 世纪 50 年代，徐中舒先生在系统研究禹鼎铭文时，认为西周鄂国的地望应如《史记・楚世家》正义所说，位于南阳盆地内的西鄂故城⑦，黄盛璋认为禹鼎记载的"禹以武公徙驭至于噩，敦伐噩京，休获厥君驭方"，此噩即西鄂，在今南阳市北⑧。马承源⑨、张剑⑩，亦同此说。20 世纪 90 年代，张昌平从姞姓之国的分布区域多不出黄河中、下游或中原地区，商周时期的另外两个姞姓国密

---

① 王国维：《观堂集林》第三册，中华书局 1959 年版，第 890~891 页。

② 陈梦家：《西周铜器断代》，中华书局 2004 年版，第 70~72 页。

③ 殷崇浩：《楚都鄂补》，《江汉考古》1984 年第 1 期。

④ 刘翔：《周夷王经营南淮夷及其与鄂之关系》，《江汉考古》1983 年第 3 期。

⑤ 陈佩芬：《上海博物馆新收集的西周青铜器》，《文物》1981 年第 9 期。

⑥ 罗运环：《楚国八百年》，武汉大学出版社 1992 年版，第 105 页；张正明：《楚史》，湖北教育出版社 1995 年版，第 45 页。

⑦ 徐中舒：《禹鼎的年代及其相关问题》，《考古学报》1959 年第 3 期。

⑧ 黄盛璋：《朴君述鼎国别、年代及其相关问题》，《江汉考古》1987 年第 1 期。

⑨ 马承源：《记上海博物馆新收集的青铜器》，《文物》1964 年第 7 期。

⑩ 张剑：《洛阳市博物馆馆藏的几件青铜器》，《文物资料丛刊》第 3 辑，文物出版社 1980 年版。

须、南燕也是如此，推断姞姓的鄂国活动区域在中原地区则比较合理。① 徐少华通过对与鄂国相关的青铜器的推断和解读，包括商代的鄂国的历史及地望，鄂国的南迁，鄂国与南淮夷的关系以及鄂国的灭亡，对整个鄂国的历史与地望进行详细的论述，亦主张鄂国地望当以西鄂说为是。② 又 20 世纪发现的鄂君启节铭文，虽然为战国晚期文物，但楚国的鄂君所在，亦当与西周鄂国有关联，因此从鄂君启节来论证鄂地所在，就成为又一重要途径。在这方面，日本学者船越昭生在 1972 年《东方学报》(京都版)发表论文《鄂君启节考》，主张"西鄂说"，将鄂君启节铭文之鄂置于河南邓县。陈伟又对鄂君启节之鄂进行了进一步的讨论，从古文字角度论证鄂地应在西鄂，并从鄂君启节铭文的解读中论证了"东鄂说"的不合理性。③ 晏昌贵、郭涛的《〈鄂君启节〉铭文地理研究二题》从鄂君启节铭文解读出发，综合铭文所提及的地点，认为把铭文中的"鄂"理解为西鄂比较合理。④

东鄂说与西鄂说都有自己的文献依据和大量的考古材料。但进入 21 世纪以来的考古发现表明，两种说法均有局限性。早在 1975 年，随州安居镇羊子山一带曾发现 4 件青铜器，其中一件铜尊有铭文"鄂侯弟历季作旅彝"⑤，另上海博物馆曾于 20 世纪 50 年代末、60 年代初收集到一件铜卣⑥，洛阳市博物馆也收集到一件铜簋⑦，铭文与羊子山所出鄂侯弟历季尊相同，这三件鄂器同为鄂侯之弟历季所作，应为同一组礼器，表明上海、洛阳两地的鄂侯弟历季铜器亦当出于随州羊子山。1980 年羊子山 M1 曾出土 18

---

① 张昌平：《噩国与噩国青铜器》，《华夏考古》1995 年第 1 期。

② 徐少华：《周代南土历史地理与文化》，武汉大学出版社 1994 年版；徐少华：《鄂国铜器及其历史地理综考》，《考古与文物》1994 年第 2 期。

③ 陈伟：《〈鄂君启节〉之"鄂"地探讨》，《江汉考古》1986 年第 2 期。

④ 晏昌贵、郭涛：《〈鄂君启节〉铭文地理研究二题》，《华北水利水电学院学报》2012 年第 5 期。

⑤ 随州市博物馆：《湖北随县发现商周青铜器》，《考古》1984 年第 6 期。

⑥ 马承源：《记上海博物馆新收集的青铜器》，《文物》1964 年第 7 期。

⑦ 张剑：《洛阳市博物馆馆藏的几件青铜器》，《文物资料丛刊》第 3 辑，文物出版社 1980 年版。

件青铜器。① 以上两批青铜器年代皆为西周早期。曹淑琴曾据此提出鄂的地望从江汉平原一带着手探索可能更为合理，并认为随州出土鄂侯弟历季铜器为在汉水下游寻找鄂国故城遗址提供了远比其他地点更为可信的依据，今后如能加强这一地区的考古工作，或可解开鄂地之谜。② 到2007年时，随州地区考古工作的进展验证了这一预言。

2007年11月湖北随州安居羊子山M4出土了青铜器27件，器形有方鼎、圆鼎、簋、甗、罍、盉、盘、提梁卣、尊、斝、觯、爵、方彝等，其中大部分铜器上有"鄂"或"鄂侯"铭文，年代属于西周早期。③ 例如，M4出土的"噩中"方形鼎有铭文："噩中乍宝尊彝。"噩侯提梁卣有铭文："噩侯乍旅彝。"噩侯方彝有铭文："噩侯乍厥宝尊彝。"噩侯罍有铭文："噩侯乍旅彝。"噩侯盘有铭文："噩侯乍旅彝。"可见随州安居羊子山M4的墓主人可能是西周早期的某一代噩(鄂)侯，即鄂国的国君，安居羊子山应为西周早期的鄂国公室墓地。④ 而墓地与居地是有联系的，墓地一般距居地不太远，因此西周早期的鄂国应在随州安居附近。

羊子山4号墓的发现，使西周早期鄂国地望得以清晰起来。因此学者普遍认为西周早期的鄂国确在随州安居附近。⑤ 而在安居羊子山鄂国墓地附近，正有一处安居遗址。据1984年武汉大学荆楚史地与考古研究室调查，安居遗址大体分布于安居镇及其北面的安居中学之间，中心范围在安居镇与北邻的杨家湾一带，此次调查确定安居遗址有周代遗存。⑥ 虽然调查资料尚

---

① 随州市博物馆：《湖北随县安居出土青铜器》，《文物》1982年第12期。

② 曹淑琴：《噩器初探》，《江汉考古》1993年第2期。

③ 随州市博物馆：《随州出土文物精粹》，文物出版社2009年版。

④ 李学勤：《由新见青铜器看西周早期的鄂、曾、楚》，《文物》2010年第1期。

⑤ 张昌平：《论随州羊子山新出噩国青铜器》，《文物》2011年第11期；朱继平：《考古所见楚对鄂东铜矿的争夺与控制》，《中国历史文物》2010年第6期；傅玥、高旭旌：《从羊子山M4青铜器群看西周鄂国的地望》，《楚文化研究论集》第九集，上海古籍出版社2011年版。

⑥ 武汉大学荆楚史地与考古研究室：《随州安居遗址初次调查报告》，《江汉考古》1984年第4期。

无法确认安居遗址的时代上限可以达到西周早期，但地面调查与实际发掘是有差距的，安居遗址不一定没有更早的遗存。因此安居遗址很有可能就是西周早期的鄂国都城。

由此可见，西周早期时，曾、鄂两国均在今随州地区，曾在随州东的淅河镇一带，鄂在随州西的安居镇一带，两地直线距离仅 25 公里，此情形与周在山东的布局相类。西周在山东封建有齐、鲁两国，齐在泰山北、鲁在泰山南，鲁为周公之后，姬姓宗亲，齐为太公之后，既是功臣又是姻亲，此为东土情形。南土的曾国为姬姓宗亲诸侯，鄂国则为姞姓姻亲诸侯，可见鄂国在周代南土地理格局中的地位与齐在东土的地位相当。

5. 厉国

今随州附近还有古厉国。《左传》桓公十三年(前 699 年)载楚屈瑕伐罗，“楚子使赖人追之”句下，杜预注：“赖国在义阳随县。赖人，仕于楚者。”①《汉书·地理志》“南阳郡‘随’县”条班固原注：“厉乡，故厉国也”；颜师古注：“厉读曰赖”。②《左传》昭公四年载楚率诸侯之师“灭赖”，而《公羊》《穀梁》二传并作“灭厉”，可见赖国即厉国，地在随县境内之厉乡。据徐少华教授考证，此古厉国在今随州市东北百余里的殷店一带。③

古厉国又见于清末光绪年间出土于陕西岐城西南的太保玉戈，铭文记载太保受周王之令，出行视察南土诸国，到达汉水流域，召集当地诸侯朝见周王，并与厉侯发生交往，征用厉侯的役供等。“太保”即召公奭，“王”为成王，铭文所载之“厉侯”，陈梦家、李学勤均以为即《左传》与《汉书·地理志》所载位于随州北境之古厉国。④

又宋代出土的安州六器之一的“中觯”铭载：

---

① 《左传》桓公十三年，《春秋经传集解》，上海古籍出版社 1988 年版，第 112、113 页。

② 《汉书》卷二十八上《地理志上》，中华书局 1962 年版，第 1565 页。

③ 徐少华：《古厉国历史地理考异》，《荆楚历史地理与考古探研》，商务印书馆 2010 年版。

④ 参见陈梦家：《西周铜器断代》(二)，《考古学报》1955 年第 2 期，第 98 页；《西周铜器断代》(五)，《考古学报》1956 年第 3 期，第 127 页。江鸿：《盘龙城与商朝的南土》，《文物》1976 年第 2 期。

王大省公族于庚，振旅，王赐中马自隲(厉)侯四騝……①

铭文记载周王南巡时于庚地检阅公族，并将隲侯所献的马转赐予大臣中。按李学勤先生的意见，庚即唐，指古唐国；隲，李先生释为厉，“厉侯”即古厉国。②

安州六器的年代，唐兰据中方鼎铭文中的“在”字考证：“在字从土才声，与盂鼎同，商及周初只有才字，康王末年的盂鼎最先见在字，可见此器当在康王以后。”据此唐兰定安州六器为周昭王时器。③ 黄锡全从中甗铭文“日传昭王鲁休”与周昭王时善夫克鼎铭文“克其日用𩰫朕辟鲁休”类同分析，亦定其为周昭王时代。④ 安州六器铭文所载史事，学者多从唐兰之说，认为所记为周昭王南征事。可知昭王南征时，厉侯曾向昭王献马以助征战。

由上可知，随枣走廊地区的古厉国迟至西周初年时已存在，为周之“南国”较重要的诸侯之一，与周王室保持着良好的关系，曾参与昭王南征。

(四)长江北岸

西周初年时，周势力在南方延伸的最远点，只到随枣走廊东端的今随州地区，至昭王时期，周人在南方发动了大规模的攻势，周势力由随州地区向南延伸至长江北岸，在孝感地区和距盘龙城不远的黄陂鲁台山建立据点。

1. 中与褔土

北宋末年在孝感县(时属安州)出土六件西周早期的有铭铜器，后学术界统称为“安州六器”。据宋薛尚功《历代钟鼎彝器款识法帖》和王黼《博古图录》记载，此六器于宋徽宗重和戊戌(1118年)出土，时人以为天降祥瑞，送

---

① 中国社会科学院考古研究所编：《殷周金文集成释文》6514，香港中文大学中国文化研究所，2001年；郭沫若：《两周金文辞大系图录考释》录7，考18，科学出版社1957年版。

② 江鸿：《盘龙城与商朝的南土》，《文物》1976年第2期。

③ 唐兰：《论周昭王时代的青铜器铭刻》，《古文字研究》第二辑，中华书局1981年版，第86页。

④ 黄锡全：《“安州六器”及其有关问题》，氏著《古文字论丛》，台湾艺文印书馆1999年版，第67页。

到京城后，由蔡京献给皇帝。又安州六器名为六器，然据今人考证，安州所出实为九器。①

安州六器的作器者为“中”，即静方鼎铭文中的“师中”。六器均为“中”所作用于铭功报先的祭器。据张亚初先生考证，这个“中”并非一般的王朝职官，而是生活在汉水一带的地方诸侯，为汉阳诸姬之一，熟悉当地情形，地在今随县均川附近。② 张亚初先生对“中”的考释非常精到，不过据张懋镕研究，周人不用日名③，而中甗铭文“用作父乙宝尊彝”，可见“中”的父亲名“父乙”，因此“中”是否为姬姓诸侯和“汉阳诸姬”之一，还应更深入研究。当然对周人不用日名，这本身还有深入讨论的必要④，张懋镕先生本人也认为要全面理解“周人不用日名说”⑤。但无论“中”是否为“汉阳诸姬”之一，其为汉东地区的地方诸侯，且在昭王南征中发挥了重大的作用当无可疑。

孝感一带“中”器的出土并非仅北宋这一次。据光绪《孝感县志》记载，明万历二年(1574年)甲戌九月，孝感县城拓展城墙，民工挖得一匣，匣中出古鼎一件，有铭文60字，据王世贞考订，为周初南宫仲父方鼎，稽正薛尚功《历代钟鼎彝器款识法帖》，文字皆合。⑥ “中”器屡出于孝感，看来并不是偶然情形，从“中”携带重器驻于孝感一带来看，应该就是其在此时被昭王安置在孝感地区，负有在长江北岸建立稳定统治的重任。而随州均川之“中”，可能是昭王南征失败之后，周势力北撤的结果。中方鼎铭文记载昭王赐予中“[illegible]”，此字薛氏释为“懷”、王氏释为褔，至唐兰定为“褔”，⑦ 此后学

---

① 宋焕文：《安州六器辨正》，《江汉考古》1989年第2期。

② 张亚初：《论鲁台山西周墓的年代和族属》，《江汉考古》1984年第2期。

③ 张懋鎔：《周人不用日名说》，《历史研究》1993年第5期。

④ 周言：《“周人不用日名说”考》，《九州学林》2010年冬季号，上海人民出版社2011年版。

⑤ 张懋鎔：《再论“周人不用日名说”》，《文博》2009年第3期，又见氏著《古文字与青铜器论集》第三辑，科学出版社2010年版。

⑥ 参见宋焕文：《安州六器辨正》，《江汉考古》1989年第2期。

⑦ 参见唐兰：《论周昭王时代的青铜器铭刻》，《古文字研究》第二辑，中华书局1981年版，第90页。

者多从之。“福土”为昭王赐予中之采邑，其地所在，李学勤先生认为安州(即孝感)为中方鼎铭文中昭王赐予中之“福土”。① 王长丰则认为“福土”为中受封之采邑，中方鼎出土地应在受赐者宗庙所在今孝感附近。② 但不论孝感地区是“中”地还是“中”之封邑“福土”，孝感地区在西周早期时为周之重要据点当无疑问，且与昭王南征有关当无疑。

但昭王大军南征时发生了意外，六师尽丧，昭王本人也殒命于汉中。这一下子打乱了原来的全盘计划，从安州六器的出土情形来看，六器是出于田野中，应是窖藏而非墓葬。由此看来，“中”可能是遭逢重大事变，以致遗弃重器仓皇撤退。这应当就是昭王大军意外覆没后，周人原准备挟战胜之威在当地建立稳定统治的打算成了泡影，导致了周人在长江北岸地区的紧急撤退，而且这种撤退相当狼狈。

2. 黄陂鲁台山西周遗存与“长子”

1977—1978 年，湖北省博物馆、孝感地区博物馆和黄陂文化馆在武汉附近的黄陂县城关镇(今黄陂区鲁台镇)的鲁台山发掘了一批两周墓葬和一个灰坑，其中有五座西周贵族墓葬，出土大批陶器、青铜器、玉器、原始瓷器等，其中有 47 件铜器，9 件有铭文。③

鲁台山西周墓的年代，发掘者认为 M28、M34、M36 为成王时期，M30 为康王时期，M31 为昭王至穆王时期。④ 但张亚初重新考订后认为，鲁台山 M28 为成康之际，M36、M34 为康王时期，M30、M31 为昭王时期。⑤

鲁台山西周遗存的规格很高。从规模上看，在滠水左岸的鲁台山范围内，分布着许多两周古文化遗迹。整个遗址南北长 1625 米，东西宽 775 米，

① 李学勤：《中方鼎与周易》，《文物研究》第 6 辑，黄山书社 1999 年版。

② 王长丰：《西周“畗”土考——再释〈中作父乙方鼎〉之“畗”土及其地望》，《江汉考古》2006 年第 2 期。

③ 黄陂县文化馆、孝感地区博物馆、湖北省博物馆：《湖北黄陂鲁台山两周遗址与墓葬》，《江汉考古》1982 年第 2 期。

④ 陈贤一：《黄陂鲁台山西周文化剖析》，《江汉考古》1982 年第 2 期。

⑤ 张亚初：《论鲁台山西周墓的年代和族属》，《江汉考古》1984 年第 2 期。

总面积约1259375平方米，在墓地的周围及西周墓葬填土中，发现有商代二里岗期的红陶、灰陶鬲足，西周时期的红陶豆柄，东周时期的泥质灰陶豆，推断这一带还有商周时期的遗址。在鲁台山对岸还有椅子山遗址，文化内涵与鲁台山相同，面积约30000平方米。若两地同属西周时期的居住遗址，这个规模是很大的。这些说明鲁台山遗址在当时可能是一处区域性的政治、经济、文化中心。在墓葬等级上，鲁台山M30墓室长6米，宽3米，并有8米长的墓道，墓平面呈“甲”字形，出土14件铜器和车马饰、玉瑗等。根据相关材料及有关研究，商周墓葬有墓道，并出有不同方鼎者，只有王和王室重臣，及诸侯夫妇或方国国君夫妇。① 因此M30墓主身份当为仅次于王和王室重臣的诸侯夫妇或方国国君夫妇，这也与鲁台山遗址的规模相称。

鲁台山M30出土八件有铭铜器，可分为两组。一组是“长子狗”为其“父乙”作器，一组是“公大史”为其女“姬弄”所作。据张亚初研究，这个“公大史”，不是毕公高之子，就是召公奭之子，毕公高或召公奭均为周初重臣。② 则鲁台山M30的墓主，不是姬弄就是其配偶(毕公高或召公奭之孙女婿)，其身份为诸侯国君或其夫人。③ 至于“长子狗”的族属，张亚初认为系箕子之后或辛甲之后，黄锡全则认为当系殷墟甲骨文中向商王贡龟的“长子”方国，周灭商后又臣服于周。④

鲁台山与盘龙城相去不过30千米左右，二地皆在先秦时代的汉水入江处，广义而言均属江汉之汇。鲁台山的“长子”，在周代南方政治地理中的地位，可能与商人所建之盘龙城有相似之处，即作为中原王朝在南方经营的基地，向长江流域的广大地区扩展势力，进而打通与鄂赣铜矿区的联系，保障铜锡资源的供给，从而恢复商代以盘龙城为中心控制长江中游地区的政治地理格局。但由于昭王丧六师于汉，周人的这一意图成为泡影。

---

① 杨宝成、刘森淼：《商周方鼎初论》，《考古》1991年第6期。

② 张亚初：《论鲁台山西周墓的年代和族属》，《江汉考古》1984年第2期。

③ 王光镐：《黄陂鲁台山西周遗存国属初论》，《江汉考古》1983年第4期。

④ 张亚初：《论鲁台山西周墓的年代和族属》，《江汉考古》1984年第2期；黄锡全：《黄陂鲁台山遗址为“长子”国都蠡测》，《江汉考古》1992年第4期。

(五)楚蛮

楚蛮为商周时期的南方土著居民。据文献记载，楚蛮最早出现于夏末商初，今本《竹书纪年》：“(帝癸)二十一年，商师征有洛，克之。遂征荆，荆降。”①帝癸即夏桀，可见夏末商初时已有荆蛮。《越绝书·吴内传》：“汤行仁义，敬鬼神，天下皆一心归之。当是时，荆伯未从也，汤于是乃饰牺牛以事，荆伯乃媿然曰：‘失事圣人礼。’乃委其诚心，此谓汤献牛荆之伯也。”②这两条文献年代虽然较晚，但可以说明在后人记忆中，楚蛮于夏商之际已存在，后世楚通荆，故荆蛮即楚蛮。

楚蛮在商周时代颇为活跃，一般来说受商、周王朝统治，但叛服无常，商、周王朝都曾大举征伐楚蛮，商王武丁亦曾南征荆蛮。武丁征荆在《诗经·商颂·殷武》中有较详细的记载：“挞彼殷武，奋伐荆楚。罙入其阻，裒荆之旅。有截其所，汤孙之绪。”武丁所征之“荆楚”，毛传：“殷武，殷王武丁也；荆楚，荆州之楚国也。”郑笺：“殷道衰而楚人叛，高宗挞然奋扬威武，出兵伐之，冒入其险阻。”③可见自汉代起，便有武丁所伐之“荆楚”为楚国的说法。然商代芈姓部族尚未建国，王光镐曾论述商代无楚。④另据清华简《楚居》，商代不仅未有芈姓楚国，甚至芈姓部族亦未有楚人之称，至丽季(《史记·楚世家》称为熊丽)时(此时已为商末)，才“抵今曰楚人”，武丁时季连还在中原与盘庚之子比邻而居，并娶盘庚之孙女比隹为妻。⑤武丁为盘庚弟小乙之子、盘庚之侄，武丁的班辈与盘庚之子相同，二人为堂兄弟，比隹则是武丁的堂侄女。季连娶比隹时，正当武丁在位，由此可知武丁所伐之

① 方诗铭、王修龄：《古本竹书纪年辑证》(修订本)，上海古籍出版社2005年版，第222页。

② 李步嘉：《越绝书校释》，中华书局2013年版，第84、85页。

③ 《毛诗正义》，李学勤主编：《十三经注疏》标点本，北京大学出版社1999年版，第1461~1462页。

④ 参见王光镐：《商代无楚》，《江汉论坛》1984年第1期。

⑤ 参见李学勤主编：《清华大学藏战国竹简(壹)》，中西书局2010年版，第181、183页。

"荆楚"，绝无可能是正与盘庚之子联姻的芈姓季连部族。

楚或荆作为国族概念，至少有二义：一是指周代的芈姓楚国，二是指商周时期的楚蛮族群。《史记·楚世家》"封熊绎于楚蛮"表明，西周时期楚蛮与楚国并立，楚国在楚蛮的范围之内，商代之时则只有楚蛮而无楚国。那么武丁所伐之荆楚只能是楚蛮。

商代楚蛮地望，从甲骨卜辞可知武丁南征与曾、举二国有关。关于曾国，张昌平认为商代晚期的曾国即在今随州一带，① 至于举国，则可能与举水有关。举水、滠水、澴水和涢水是鄂东北地区的较大水系，这一地区分布有密集的商时期文化遗址，② 举如在此地，正与商代遗址在鄂东北地区的分布状况相合。则武丁所征之荆楚，当去举、曾之地不远，应在今鄂东北一带。

又武丁南征荆楚，可能与盘龙城的废弃有关。盘龙城始建年代相当于商王中丁在位或稍早的公元前1450年左右，废弃于盘庚迁殷前的公元前1300年之前，③ 盘龙城的性质，一般认为是商人在南方的军事据点。商代经历"九世之乱"后，商势力处于退缩中，晚商时期，商文化的分布范围大大缩小，"中商末期商文化开始撤出两湖，至晚商时期，桐柏山以南已基本不见商文化分布"④。而盘龙城之废弃，或与此背景有关联。商势力退出长江中游地区后，商朝失去对楚蛮的控制，至盘庚迁殷以后，商朝国力复振，尤其是武丁在位期间，大征四方，而楚蛮亦在武丁征伐范围内。由此推测，汉东地区在商代应为楚蛮分布地区，⑤ 尤其是涢水、滠水、澴水及举水流域等商

① 参见张昌平：《曾国青铜器研究》，文物出版社2009年版，第359~364页。

② 参见熊卜发：《鄂东北地区古代文化发展序列概述》，湖北省孝感市博物馆、熊卜发等编：《鄂东北考古报告集》，湖北科学技术出版社1996年版，第1~15页。

③ 见徐少华：《从盘龙城遗址看商文化在长江中游地区的发展》，《江汉考古》2003年第1期。

④ 中国社会科学院考古研究所编著：《中国考古学·夏商卷》，中国社会科学出版社2003年版，第305页。

⑤ 关于商代楚蛮的分布地域，参见尹弘兵：《商代的楚蛮与西周初年的楚国》，《华夏考古》2013年第1期；刘玉堂、尹弘兵：《楚蛮与早期楚文化》，《湖北大学学报》2010年第1期。

代文化遗址密集分布的地区。

在考古学文化上，盘龙城类型商文化中包含较强的江汉地区土著因素，如陶系中红陶比例较大，红陶大口缸较多见等。高崇文认为盘龙城文化中的红陶器虽与商文化中的同类器相似，但在陶质、陶色及局部器形上又有一定差异性，与典型商文化中的灰陶器不同，是当地土著在中原文化影响下产生的一种新因素，“这批器物本身就体现了两种文化因素”①。因此盘龙城类型商文化在族群组成上可能是来自中原的一支商族统治着当地的土著蛮族，其中可能包含部分与中原联系较紧密的江汉土著，商代的楚蛮(或荆蛮)可能是使用这支考古学文化的人群之一。②

(六)大洪山南麓地区和汉江下游地区

大洪山南麓地区地处大洪山和江汉平原的交界处，是新石器时代屈家岭文化、石家河文化的核心区。但新石器时代末期，江汉地区的古代文化曾遭逢毁灭性打击，江汉核心区的古代文化发展链条在后石家河文化之后完全中断，中间出现了巨大的文化断层。在石家河遗址群，石家河文化晚期之后(按当时所言之石家河文化晚期，现一般称为后石家河文化)，当地文化衰微，直到西周时期才出现土城遗址，③ 而且土城遗址很小，远不能与新石器时代规模巨大的石家河遗址群相比。类似情形也普遍出现在江汉地区。如天门笑城遗址，原为新石器时代城址，废弃后直到西周晚期才重新得到利用④；钟祥六合遗址，西周文化遗存叠压在石家河文化遗存之上⑤；孝感吴

---

① 高崇文：《从夏商时期江汉两大文化因素的源流谈楚文化起源》，《楚文化研究论集》第三集，湖北人民出版社1994年版，第24~35页。

② 参见张硕、尹弘兵：《楚蛮的考古学观察》，《中国文化研究》2011年第3期。

③ 参见北京大学考古系等：《石家河遗址群调查报告》，《南方民族考古》第5辑，四川科学技术出版社1993年版，第213~294页。

④ 见湖北省文物考古研究所、天门市博物馆：《湖北天门笑城城址发掘报告》，《考古学报》2007年第4期。

⑤ 参见荆州地区博物馆、钟祥县博物馆：《钟祥六合遗址》，《江汉考古》1987年第2期。

家坟遗址，打破龙山文化层的是东周墓葬①，这意味着江汉地区曾发展到很高程度、已进入初期文明阶段的人类社会在夏商时期完全消失了，江汉地区的史前文明受到毁灭性破坏并在其后数百年间出现文化断层②。西周早期还很荒凉，直到西周中期以后，由于真武山类型文化的形成及其南下,③ 江汉核心区才得到重新开发。

汉江下游地区则是江汉平原的一部分，在自然地理上以港汊纵横、湖泊罗列为最大特色，是典型的湖沼地貌，有较宽广的平原，平原呈带状，与河道平行，河道之间的洼地形成湖泊带。此带状地貌成因于汉江的泛滥。汉江从钟祥以下进入下游，在钟祥旧口以下形成天门河与沙洋—通顺河—仙桃两支分流，而荆江也以沙市为顶点分流开汊。④ 由于汉江和荆江分汊河道的发育，每至洪水期，洪水越过自然堤，呈漫流状态，枯水期则形成一系列大大小小的壅塞湖和河间洼地湖。这一地区的第四纪地层是河流相沉积旋回的多次重复，说明江汉平原在第四纪时为河湖交错的地貌景观，在第四纪的很长时间内，汉江下游河道非常不稳定，曾有多次迁徙。⑤ 据调查，从钟祥以下，东至汉口，西迄沙市，南到长江，都是汉江泥沙堆积的地区。这表明在堤防修筑之前，汉江下游河道常常变迁,⑥ 同时荆江河道也非常不稳定。可见汉江下游地区在洪水期必为一片汪洋，汉江下游与荆江两岸洪水漫流、河湖泛滥，而在枯水期则为河湖交错地貌。这一地理景观直到明清时期垸田兴起才得以改观，但明末清初时，汉江下游在洪水期犹是“一望弥漫，无复涯

---

① 参见孝感市博物馆：《湖北孝感吴家坟遗址发掘》，《考古学报》1998 年第 3 期。

② 参见鲁西奇：《区域历史地理研究：对象与方法——汉水流域的个案考察》，广西人民出版社 2000 年版，第 124～127 页。

③ 参见张昌平：《试论真武山一类遗存》，《江汉考古》1997 年第 1 期。

④ 参见闾国年：《长江中游湖盆扇三角洲的形成与演变及地貌的再现与模拟》，测绘出版社 1991 年版，第 182 页。

⑤ 参见蔡述明、官子和：《跨江南北的古云梦泽说是不能成立的——古云梦泽问题讨论之二》，《海洋与湖沼》1982 年第 2 期。

⑥ 参见中国科学院地理研究所、水利部长江水利委员会：《汉江流域地理调查报告》，科学出版社 1957 年版，第 27～30 页。

际。汉水经流其间，重湖浩淼，经流支川，不可辨也”①。

先秦时期长江中游地区的人文地理，自禹征三苗之后，发生了结构性的改变，长江中游地区不再是一个独立的区域主体和文化主体。夏商两代，长江中游地区是作为中原王朝和中原文化的边缘部分而存在的，与中原王朝之间有较为复杂的关系，一般说来受中原王朝的统治，但又叛服无常、往往成为中原王朝的征伐对象。夏商王朝皆大力经营南方，其经营的重点皆为鄂东及鄂东北地区，尤其江汉之汇成为夏商王朝经营南方的核心地区，在夏商时期的南方具有中枢地位，商人在此建立了著名的盘龙城遗址，作为其控制长江中游广大地区的中心。

周代南土则是在夏商两代经营的基础上发展起来的，周人自商末起即将势力扩张至关中以南、以西的地区。周人沿丹淅水、唐白河南下汉水流域，控制整个南阳盆地，并在汉水中游的今襄阳邓城遗址附近封建邓国作为南阳盆地最南端的据点。然后折转向东进入随枣走廊，在随枣走廊东端的今随州地区建立起一系列的重要封国，使随州地区成为西周早期南土的核心区域，在西周早期南方政治地理中起着中枢的作用，昭王南征时成为周人向南征伐当地土著居民楚蛮的前进基地。随州地区至少分布着西周在南方的三个重要封国：曾、鄂、厉。其中的曾国，为西周早期在南土的统治中心，应即文献中所载的“汉阳诸姬”之长，为周初名臣南宫括之后，其在西周政治地理中的地位类似齐、燕、鲁。此外随州均川可能还有“中”，疑亦为“汉阳诸姬”之一。由随州往南，在孝感地区有“中”之封邑“褔土”。再往南，在黄陂鲁台山有“长子”，其国君可能为投靠了周人的商贵族，并娶姬姓贵女为妻，为西周早期时周势力分布的最南端。可见，周人是以随州地区为重点，向南伸展至孝感地区，最南端在长江北岸、长江与汉水交汇处的鲁台山。

① （清）顾祖禹：《读史方舆纪要》卷一百二十七“川渎四 · 汉水”条，中华书局2005年版，第5443页。

其分布特点为：随州地区周势力是密集分布，随州以南的孝感、黄陂等地则是点状分布。在随州以南的广大地区，除孝感、黄陂的孤立据点外，大部分地区可能属自盘龙城废弃以后脱离了中原王朝统治的楚蛮族群，部分楚蛮族群可能与周之封国杂居，受周人的统治，但总的来说楚蛮族群游离于西周王朝政治架构之外，对西周时叛时服。在随州—孝感以西及西南方向，则基本上是一片蛮荒之地。大洪山南麓地区在西周早期时尚荒无人烟；汉江下游地区则是湖沼地带，不具备开发条件，不可能有较大规模的人群在此长期居住和生活。

但这一格局的延续时间不长，昭王南征失败后长江北岸的鲁台山和孝感地区的据点即被放弃，终西周之世均未恢复。周势力退缩至随枣走廊，未能恢复早商、中商时期以盘龙城为据点统治长江中游广大地区的格局。

第二节　昭王南征与西周早期的曾、鄂、楚

周人自崛起于关中后即大力经营南方，形成了西周的南土疆域。江汉地区作为西周南土的最南端，在西周时期南方政治地理中占有重要地位。商末时周势力已进入江汉，中商晚期后脱离了商人统治的众多南方部族成为周人的盟友，并在周人伐商过程中发挥了重要作用。武王克商后，周人进一步经营南方，沿丹水、汉水而下进入江汉地区，在南阳盆地至随枣走廊一线封建诸侯。

周昭王时，发动了大规模南征，这是西周在南方最重大的行动，对西周南土疆域的最终形成、西周时期南方政治地理格局产生了重要而深远的影响，其事见于《左传》《吕氏春秋》《楚辞》《竹书纪年》等文献。一般认为昭王南征是伐楚国，金文中亦屡见昭王南征楚荆事，因此昭王南征对于早期楚史和早期楚文化研究亦有极重要的关系。但这一西周史和楚史上的重大事件，却因为周人的隐讳而蒙上重重迷雾。昭王南征虽一度取得重大胜利，但最后却丧师殒命。这样的结果当然很不光彩，故周人讳言其事。由于周人的掩

饰，昭王南征一事在文献记载中多语焉不详，学者主要依靠金文进行分析。唐兰先生早年依据昭王时期的铜器铭文对昭王南征作过较详细的探讨①，后来尹盛平搜集金文资料，主要以金文复原昭王南征情形②，黄锡全等学者则主要依据安州六器铭文进行探讨③。近年来，随着静方鼎、京师畯尊等铜器铭文的出现和随州羊子山 4 号墓西周早期鄂国铜器的出土，学者对西周早期的鄂、曾、楚及昭王南征作了新的讨论。④ 2011 年上半年，湖北省文物考古研究所与随州市博物馆在湖北随州叶家山发掘了西周早期曾国墓地。⑤ 这一重大考古发现确定了西周早期的鄂、曾等国地望，极大地推动了西周时期南方政治地理研究，对正确解读安州六器、静方鼎、京师畯尊等铜器铭文，分析昭王南征、进而研究西周时期南方政治地理格局及其形成过程具有重要意义，学者已进行了初步讨论⑥。我们也已进行过一些初步的考察，其成果基本集中在《地理学与考古学视野下的昭王南征》一文中，⑦ 现在此基础上对早期的工作略作补充和调整。

---

① 参见唐兰：《论周昭王时代的青铜器铭刻》，《古文字研究》第二辑，中华书局 1981 年版，第 94~123 页。

② 参见尹盛平：《金文昭王南征考略》，《陕西历史博物馆馆刊》第二辑，三秦出版社 1995 年版，第 107~113 页；又见氏著《西周史征》，陕西师范大学出版社 2004 年版，第 126~134 页。

③ 参见杨宝成主编：《湖北考古发现与研究》，武汉大学出版社 1995 年版，第 104~108 页；刘礼堂：《关于周昭王南征江汉地区有关问题的探讨》，《江汉考古》2000 年第 3 期。

④ 参见李学勤：《由新见青铜器看西周早期的鄂、曾、楚》，《文物》2010 年第 1 期；李裕杓：《新出铜器铭文所见昭王南征》，朱凤瀚主编：《新出金文与西周历史》，上海古籍出版社 2011 年版，第 275~285 页。

⑤ 参见湖北省文物考古研究所、随州市博物馆：《湖北随州叶家山西周墓地发掘简报》，《文物》2011 年第 11 期；黄凤春、陈树祥：《湖北随州叶家山西周墓地考古发掘获阶段性重大成果》，《中国文物报》，2011 年 10 月 12 日；湖北省文物考古研究所、随州市博物馆：《湖北随州叶家山 M65 发掘简报》，《江汉考古》2011 年第 3 期；湖北省文物考古研究所、随州市博物馆：《湖北随州市叶家山西周墓地》，《考古》2012 年第 7 期。

⑥ 参见李学勤、李伯谦等：《湖北随州叶家山西周墓地笔谈》，《文物》2011 年第 11 期。

⑦ 参见尹弘兵：《地理学与考古学视野下的昭王南征》，《历史研究》2015 年第 1 期。

西周早期南方地区尤其是汉东地区地理景观的复原，为探讨历史迷雾中的昭王南征，进而探讨西周一代南方的开发，分析昭王南征与曾、鄂、楚的关系，提供了一个较为可信的基础。但这些新材料也带来了一些新的问题，尤其是京师畯尊铭文中的“涉汉伐楚”一语，让很多学者认为至少康昭时期的楚国在汉水以南的江汉地区。① 但众多研究已表明，昭王南征至少到了孝感地区，武汉附近的黄陂鲁台山虽不见于铭文，但其年代表明鲁台山西周遗存很可能是西周经营南土的产物，代表了西周早期经营南土的最远点。若楚国果在汉南，就只能是汉水下游以南，楚国在汉水下游以南，殊难想象，且在自然地理上难以解释。因此，通过昭王南征来考察西周早期的曾、鄂、楚，综合考察西周时期南方地理景观，进而将早期楚国置于西周南土之下，将其视为西周南土的有机组成部分，以整体视角来综合考察早期楚国，全面回应各种质疑，选取一个合理的最优解，在文献不足以直接确定具体地望的情形下不失为较好的选择。幸运的是，西周早期曾、鄂两国地望的确定，为我们探讨昭王南征和早期楚国提供了确定无疑的基点。

一、昭王南征的路线

首先，从詹桓伯所述来看，西周初年的南土范围限于南阳盆地至汉水中游北部，因此汉东地区成为南土疆域可能是康、昭两代在南方大力经营的结果。

其次，随州叶家山和羊子山西周墓葬的重大考古发现，确证了西周早期的鄂国和曾国就在今天的随州地区，而鄂、曾两国地望的确定，也使太保玉戈和中觯铭文中的厉国地望得以确立。这就为我们分析昭王南征、解读相关铜器铭文，进而探讨西周南土的发展过程提供了可靠基点。

安州六器之中甗铭文：

① 李学勤：《由新见青铜器看西周早期的鄂、曾、楚》，《文物》2010 年第 1 期；湖北省文物考古研究所、湖北随州市博物馆：《湖北随州市叶家山西周墓地》，《考古》2012 年第 7 期。

王令中先省南国，贯行，埶应在曾。史儿至，以王令曰："余令女使小大邦，厥又舍女芻量，至于女麐(庸)小多邦。"中省自方、邓、湔(汎)、鄴邦，在鄂师畾(次)。白买父乃用厥人戍汉中州，曰叚、曰旐。厥人鬲廿夫。厥贮粦言曰：贮□贝。日传肆(劭)王□休。肆肩有羞。余□□[illegible]，用作父乙宝彝。(《释文》949)

此铭文主要内容是中奉王命省视南国。贯行意为打通行道，埶读如艺，训治。应一般释为居。埶应，通常释为设立行宫。中省视南国并为昭王设立行宫，表明中此行的性质：为昭王南征作准备。此行宫在曾，表明曾为昭王此次南征的重要基地。

中完成在曾设立行宫的任务后，接到史儿所传达的周王命令，要他去巡视"小大邦"，当即南土诸国，所巡视之地有方、邓、湔、鄴等。需要说明的是，这并不是中省视南国的行进路线，而是中以曾为基地的巡视范围，此巡视范围透露了西周南土的许多重要信息，对西周时期的南方政治地理研究颇为重要，因此需作较详细的考察。

邓有河南邓县(今邓州市)和湖北襄阳北两说，但据石泉先生考证，古邓国所在应为今湖北襄阳北之邓城遗址，① 石考论据精审，可从。

方，唐兰以为即方城，② 学者多从之，但中国历史博物馆藏西周中期士山盘铭文中提及士山奉周天子(共王)命向鄀、荆、方、大且、履、六子等诸侯征召职贡，③ 因此方当为国名。方地所在，从中甗铭文来看与邓邻近，从

① 石泉：《古邓国、邓县考》，《古代荆楚地理新探》，武汉大学出版社 1988 年版，第 105~126 页。

② 唐兰：《西周青铜器铭文分代史征》，中华书局 1986 年版，第 287 页。

③ 关于士山盘铭文，学界多有讨论，参见朱凤瀚：《士山盘铭文初释》，《中国历史文物》2002 年第 1 期；黄锡全：《士山盘铭文别议》，《中国历史文物》2003 年第 2 期；晁福林：《从士山盘看周代"服"制》，《中国历史文物》2004 年第 6 期；董珊：《谈士山盘铭文的"服"字义》，《故宫博物院院刊》2004 年第 1 期；连劭名：《中国历史博物馆新藏青铜器铭文考释》，《东南文化》2005 年第 4 期；陈英杰：《士山盘铭文再考》，《中国历史文物》2004 年第 6 期。按："方"字为黄锡全先生考释。

士山盘铭文来看又与鄀邻近。鄀，《左传》僖公二十五年："秋，秦、晋伐鄀，楚斗克、屈御寇以申、息之师戍商密。"杜预注："鄀本在商密，秦、楚界上小国，其后迁于南郡鄀县。"①此秦楚交界处大致在今陕东南至豫西南一带。商密的具体地望，据徐少华考证在今淅川县西北的寺湾古城。② 方既与邓、鄀两国邻近，则方当在汉水以北，大致不出南阳盆地的范围内。

淍，唐兰先生以为当即朝。《汉书·地理志》有南郡朝阳县，在河南邓县(今邓州市)东南，③ 但黄锡全认为此字当释为"汎"，即汎水，此水入汉处在今襄阳西，谓之"汎口"，启尊铭文记启从王南征，在"汎水上"，可与之互证，④ 黄说可从。

汎下一字过去多缺释，黄锡全释为"翏"。翏，即蓼，蓼有东、西二蓼，西蓼在今河南唐河县南，即古飂国；东蓼在今河南固始县，黄锡全以为当系前者，⑤ 即西蓼。但李裕杓以为河南固始处淮水上游地区，而昭王派中与静省视南国并安排南征的行宫，不可能到淮河上游，故不从黄释。⑥ 这里首先要说明的是，黄说是以"翏"为唐河县的西蓼，并非固始县的东蓼；其次，中巡视南国是以曾为据点，他是在曾地接到"使小大邦"的命令，所巡视的各地与昭王南征荆楚有关但不应限于征楚荆。据㝬甗铭文，在南宫伐反虎方之年(此年即中省视南国之年)，周王命㝬出使繁，繁即繁阳，在今河南新蔡

① 《左传》僖公二十五年，《春秋经传集解》，上海古籍出版社 1988 年版，第 356、357 页。

② 徐少华：《鄀国铜器及其历史地理研究》，《江汉考古》1987 年第 3 期；徐少华：《〈水经注·丹水篇〉错简考订——兼论古析县、丹水县的地望》，《中国历史地理论丛》1988 年第 4 期。

③ 唐兰：《西周青铜器铭文分代史征》，中华书局 1986 年版，第 287 页。

④ 黄锡全：《"安州六器"及其有关问题》，氏著《古文字与古货币文集》，文物出版社 2009 年版，第 98~99 页。

⑤ 黄锡全：《"安州六器"及其有关问题》，氏著《古文字与古货币文集》，文物出版社 2009 年版，第 99 页。

⑥ 李裕杓：《新出铜器铭文所见昭王南征》，朱凤瀚主编：《新出金文与西周历史》，上海古籍出版社 2011 年版，第 279 页。

北。① 李裕杓已指出繁阳在西周时代极为重要，与“金道锡行”有关，可能是南方的铜锡等战略资源输入中原的要道。② 学者早已推测江南地区是商周时期最主要的铜料供应基地。③ 这是商周时代南方政治地理的一个重要背景。因此昭王十六年同时派中省视南国和𢦚出使繁，恐非无因，当与昭王经营南方的目的有关，即夺取南方的铜锡资源。而薪蔡之繁阳与固始之东蓼相距甚近，东蓼在繁阳东南约直线距离 90 公里处。那么昭王南征前命中省视与铜锡资源有关的东蓼并非不可能。固始距随州也较近，因此中以曾为基地所省视诸地及于东蓼是有可能的。如果结合𢦚出使繁与中省视南国在同一年发生，东蓼可能性还大于西蓼。

“在鄂师次”表明中省视南国结束后所率军队驻扎在鄂。西周早期的鄂国在今随州以西的安居羊子山附近，与设有昭王行宫的曾国相距仅 25 公里。而行宫设在曾国可能与曾为姬姓，与周王室关系密近有关。2013 年在叶家山 M111 大墓中出土一件铜方座簋，系曾侯犺为其父南公所作的祭器，南公即南宫，屡见于西周金文，为周初重臣，黄凤春等据此考证曾国为南公之后④，并进一步考证南公即周初大臣南宫适，为周之同姓⑤。

“汉中州”，唐兰先生释为汉水中的沙洲，但张亚初认为当作“汉、中、州”，安州六器的作器者“中”即“汉、中、州”之中，是以人名为国名，地在今随州均川。⑥

安州六器之中觯铭文：

---

① 孙庆伟：《从新出𢦚甗看昭王南征与晋侯燮父》，《文物》2007 年第 1 期。

② 李裕杓：《新出铜器铭文所见昭王南征》，朱凤瀚主编：《新出金文与西周历史》，上海古籍出版社 2011 年版，第 277 页。

③ 华觉明、卢本珊：《长江中下游铜矿带的早期开发和中国青铜文明》，《自然科学史研究》1996 年第 1 期。

④ 黄凤春、胡刚：《说西周金文中的“南公”——兼论随州叶家山西周曾国墓地的族属》，《江汉考古》2014 年第 2 期。

⑤ 黄凤春、胡刚：《再说西周金文中的“南公”——二论叶家山西周墓地的族属》，《江汉考古》2014 年第 5 期。

⑥ 张亚初：《论鲁台山西周墓的年代和族属》，《江汉考古》1984 年第 2 期。

王大省公族于庚振旅。王锡中马，自㒞(厉)侯，四騝。南宫贶，王曰“用先”。中埶王休，用乍(作)父乙宝隮彝。(《释文》6514)

这篇铭文大概是昭王第一次南征归来后庆功所作。庚即唐，唐国旧有随州唐县镇和河南唐河县二说，石泉先生经详细考证后认为春秋时期的唐国当在今河南唐河县，① 至于西周早期的唐国所在，目前尚不便断言，但对昭王南征来说，随州一带属前线基地，南阳盆地则是后方，昭王南征获胜归来后大省公族，因此唐仍以在南阳盆地一带的可能性为大。铭文记载昭王在唐地大省公族，赐给中来自厉侯的四匹良马，此厉国在随州北。

安州六器之中方鼎二、三铭文：

唯王令南宫伐反虎方之年，王令中先省南国，贯行，埶王应在隮真山。中呼归生凤于王。埶于宝彝。(《释文》2751、2752)

这篇铭文表明中省视南国发生在“南宫伐反虎方之年”，与㪤甗铭文载㪤出使繁在同一年。铭文内容是说中先行省视南国，为昭王南征打前站，在两处地点设立行宫。这些内容大体同于中甗，唯设立行宫的地点有异。

设立行宫的地点有两处。铭文中“在”后一字，从弓从矢，为南国地名，是中设立行宫的地点之一。此字原释为“射”，近人改释为夔，夔即今之秭归，但中省视南国时到秭归设立行宫实难想象，终西周一世，汉水以南非周势力范围，更何况秭归深处三峡之中，交通不便，距汉水较为遥远，因此释夔殊为难解。黄锡全则释为夒，古与憂通，即鄾，古地名，在今襄阳西北，见于《左传》桓公九年，为邓国南鄙的边邑，隮真山则是鄾地的一座山，地在汉水北岸与邓城遗址之间。② 徐少华则认为此字仍当释“射”，射、谢、

① 石泉：《从春秋吴师入郢之役看古代荆楚地理》，《古代荆楚地理新探》，武汉大学出版社 1988 年版，第 364~366 页。

② 黄锡全：《“安州六器”及其有关问题》，氏著《古文字与古货币文集》，文物出版社 2009 年版，第 98 页。

序三字古通用，故射即谢，为周之南国，地在今河南省南阳市，西周末年周宣王封王舅申伯于此，谢国南迁于今新野县东的棘阳城遗址。①

安州六器之中方鼎一铭文：

> 唯十又三月庚寅，王在寒𠂤(次)，王令大史贶褔土。王曰："中，兹褔人入事，锡于武王作臣。今贶畀女褔土，作乃采。"中对王休，命𩰬父乙隮。唯臣尚中臣，䷖(七八六六六六)，䷇(八七六六六六)。(《释文》2785)

这篇铭文是叙述昭王第一次南征获胜归来后，在寒次之地开庆功会，大赏群臣，将褔土赐予中作为采邑，中于是作器铭功，记录昭王的赏赐。褔土所在，据上考当在孝感附近。

另一与昭王南征史事有关的是现藏于日本出光美术馆的静方鼎，有铭文如下：

> 佳(唯)十月甲子，王在宗周。令(命)师中眔静省南或(国)，□埶应(位)。八月初吉庚申至，告于成周。月既望丁丑，王在成周大室，令(命)静曰："卑(俾)女(汝)□嗣(司)在曾(曾)、噩(鄂)自(师)。"王曰："静，赐(锡)女(汝)鬯、旂、市、采𦋡，曰用事。"静扬天子休，用乍(作)父丁宝隮彝。②

静方鼎铭文中的人物和史事与安州六器有密切关系，安州六器的器主"中"，一般认为即静方鼎铭中的"师中"。"静"与"师中"奉命视察南国，为昭王建立行宫。任务完成后回到成周，昭王又让"静"去管理曾、鄂两地的军队。

---

① 徐少华：《周代南土历史地理与文化》，武汉大学出版社 1994 年版，第 48、49、51 页。

② 徐天进：《日本出光美术馆收藏的静方鼎》，《文物》1998 年第 5 期；张懋镕：《静方鼎小考》，《文物》1998 年第 5 期。

曾、鄂两国均在今随州附近。

以上铭文资料大体与昭王十六年第一次南征有关，但不能就此认定上述铭文中的地点就是昭王南征的路线。这还要进行具体分析。

由静方鼎铭文可知，第一次南征前，昭王在宗周命中与静省视南国，设立行宫，静返回成周向昭王汇报。这表明南征前昭王已在成周。所设立的行宫，已知静设立一处，静方鼎铭文“南国”下一字，或释为“相”，其地所在，诸家所释不一，且在地理上难以理解，今暂不论。中所设立的行宫，已知有三处，其中在曾国的一处，可以确证无疑是在今随州淅河附近。

至于中方鼎二所记载的另二处行宫，其中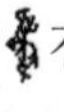有夔、鄸、谢三说，释夔当无可能，鄸、谢二说均有道理。但从字形的角度来说此字既从弓从矢，则以释射最优；从训诂的角度来说射与谢本为一字，射即谢，其理更顺；从地理的角度来说南阳市地处南阳盆地中北部，为南阳盆地之中心，此地位数千年来从无改变，因此昭王南征时在此设立行宫是可能的，且谢地必与中所省视之方邻近，为保障昭王的安全或安排军队驻地而特地巡视方，也可以解释通。综合考虑，当以谢国说较优。至于陴真山，不知其所在，但大体不出南阳盆地至随枣走廊一带。

行宫应为昭王南征时所经地点，且可能有相对长的停留时间。由行宫所在可推知昭王南征的大体路线是从成周出发进入南阳盆地，在南阳盆地北部的谢(今南阳市)短暂停留，然后经随枣走廊抵达曾(今随州淅河)。

结合中所省视诸地来分析，中省视诸地有邓，邓在今之襄阳邓城遗址，此地为西周势力的南部边境据点。邓城以南即汉水，汉水以南非周之疆土。《诗经·小雅·四月》：“滔滔江汉，南国之纪”，诸家解释多有不同，朱凤翰则释“纪”为极，《广韵》：“纪，极也”，是说滔滔江汉乃南国之至。① 此诗作于幽王时，可见终西周之世汉水都是西周南国的极限。邓国作为周在南阳盆地最南端、西周南土最边缘的据点，昭王在南征时途经此地，实地视察并了解王朝南部的边界，然后转东向进入随枣走廊，是有可能的。由此判断

① 朱凤翰：《论西周时期的“南国”》，《历史研究》2013 年第 4 期，第 7 页注 1。

邓为昭王南征时所经过的地点之一。

至于蓼，倾向于固始之东蓼，距“金道锡行”路线上的关键地点繁阳甚近，昭王南征与南方的铜锡资源有极大关系，因此蓼地必与昭王南征有直接的关联。另西蓼是在今河南唐河县南、靠近枣阳的湖阳镇一带，① 此地还有姬姓的唐国，地在唐河县南境，自县城南至湖阳镇之间的唐河以东地，② 唐是姬姓，昭王不去同姓的唐国却去西蓼，于理不通。结合昭王在中与静省视南国的同一年派𣪕出使繁分析，蓼还是以邻近繁阳、在青铜资源输送上有重要意义的东蓼(今河南固始)为宜，此地与昭王南征有重大关系但不在昭王的行军路线上。

二、昭王南征的区域与对象

昭王南征的路线既已确定，是从成周抵达随州，并南下至孝感，则可进一步据此确认其征伐区域。

昭王当是从关中或洛邑出发南下至随州地区，在鄂、曾两国驻扎休整，以此二国为南征的基地。如果昭王南征确曾到达随州并进一步南下至孝感，那么，结合上节对西周早期汉东地区地理景观的复原，就可以确定昭王南征的区域为随州东南方向，涢水以东的地域，包括涢水、澴水、滠水、举水流域。这一片地域紧邻江南的铜矿区，但不在周势力范围内，商代晚期时就已脱离了中原王朝的统治，隔断了商周王朝与江南铜矿区的联系。经过康、昭时期的大力经营后，西周在此也仅有孝感之“禣土”和黄陂鲁台山的“长子”两处孤立据点。鲁台山的“长子”为西周势力在长江中游地区向南扩张的最远点，为康、昭时期西周在南方大力经营的成果，在西周早期南方政治地理中占有重要地位。鲁台山地处江、汉汇流处，与盘龙城相去不远，其在西周南

---

① 徐少华：《周代南土历史地理与文化》，武汉大学出版社 1994 年版，第 55 页。

② 石泉：《从春秋吴师入郢之役看古代荆楚地理》，《古代荆楚地理新探》，武汉大学出版社 1988 年版，第 366 页。

土中的地位和作用当与商代的盘龙城类似。西周在汉东地区的极力开拓至昭王南征达到顶峰，意在恢复商朝时的南方政治地理格局，在江、汉汇流处建立据点并以此为基地控制长江中游广大地区，进而打通"金道"，与江南铜矿区建立直接联系，为西周王朝获取稳定的铜锡资源供给。

至于随州西南方向的大洪山南麓地区和汉江下游沿线，在当时或为荒凉之地，或为湖沼地区，少有为烟，不可能是其征伐区域。

如果从汉江地理的角度，涢水、澴水、滠水流域，均为汉江下游的支流，因此就汉江地理而言，昭王南征的区域也可以说是汉江下游，具体说，是汉江下游河道以北的地区。这一论证与晚期文献记载相吻合。《水经注·沔水中》对昭王殒命之地有较详细的记载：

> 沔水又东迳左桑，昔周昭王南征，船人胶舟以进之。昭王渡沔，中流而没，死于是水。齐、楚之会，齐侯曰：昭王南征而不复，寡人是问。屈完曰：君其问诸水滨。庾仲雍言：村老云：百姓佐昭王丧事，于此，成礼而行，故曰佐丧。左桑，字失体耳。沔水又东合巨亮水口，水北承巨亮湖，南达于沔。沔水又东得合驿口，庾仲雍言：须导村耆旧云：朝廷驿使，合王丧于是，因以名焉。今须导村正有大敛口，言昭王于此殡敛矣。①

以上所言，来自晋庾仲雍所作《汉水记》，这些较晚期的记载属于昭王南征这一重大历史事件所遗留的民间记忆，唐兰对此曾有辨析，认为虽多杂民间传说，但未必没有一些根据，至于具体地望，唐兰谓"沔水即汉水的别称，左桑在今沔阳附近。巨亮湖当即现在的沈湖，其地在孝感西南一百数十里"②。熊会贞则认为左桑、巨亮水口均在今天门县东南，③ 唐、熊两说相去不远，

① 杨守敬、熊会贞：《水经注疏》，江苏古籍出版社1989年版，第2414、2415页。

② 唐兰：《论周昭王时代的青铜器铭刻》，《古文字研究》第二辑，中华书局1981年版，第114页。

③ 参见杨守敬、熊会贞：《水经注疏》，江苏古籍出版社1989年版，第2414页。

虽有差异但在同一区域。天门、沔阳在汉水下游南北，以今汉水河道为界，从区域来说，与上考正合，可见后世传言昭王殒命于汉水下游，并非无因。

确定了昭王南征的路线与区域，还需对南征的对象作详细考辨。① 在传世文献和出土文献中，昭王南征的对象均是“楚”或“楚荆”“荆”。传世文献方面，古本《竹书纪年》：“周昭王十六年，伐楚荆，涉汉，遇大兕。”今本《竹书纪年》：“(昭王)十六年，伐楚，涉汉遇大兕。”“(昭王)十九年春，有星孛于紫微，祭公、辛伯从王伐楚。天大曀，雉兔皆震，丧六师于汉。王陟。”出土文献方面，《令簋》：“唯王于伐楚伯，在炎。”(《释文》4300、4301)《䵼馭簋》：“䵼馭从王南征，伐楚荆，有得，用作父戊宝尊彝。”(《释文》3976)《过伯簋》：“过伯从王伐反荆，孚金，用作宗室宝尊彝。”(《释文》3907)《𨾊叔簋》：“𨾊叔从王员征楚荆，在成周，誨作宝簋。”(《释文》3950、3951)《鼒簋》：“鼒从王伐荆，孚，用作餴簋。”(《释文》3732)《墙盘》：“宏鲁昭王，广能支楚荆，唯寏南行。”(《释文》10175)上述诸有铭铜器除墙盘外均系昭王时器，所叙均系周昭王南征事。② 可见无论传世文献或出土文献，对昭王南征的对象，均指向“楚”或“荆”或“楚荆”。

但楚、荆作为国族概念，并非专指楚国，楚有楚国与楚蛮二义。从“封熊绎于楚蛮”可知楚蛮的历史早于楚国，学者早已指出：“不是因为封了楚子，丹阳一带才被称为楚，而是因为丹阳一带世为楚蛮所居，所封子国因袭该地民族(或地域)名称，取名为楚，因果关系，再明白不过了。”③荆、楚关系经历过复杂的演变，甲骨文中有“楚”无“荆”，西周时始用“荆”来指代楚蛮，带有周人对南方族群的歧视意味。西周晚期以后由于楚国的楚蛮化，周人也开始用“荆”字来指代楚国。东周时期楚蛮消失，于是荆也用指楚国，楚

---

① 关于昭王南征之对象，拙文《周昭王南征对象考》(《人文杂志》2008 年第 2 期)已作过初步分析，本节在此基础上结合最新资料作进一步申论。

② 参见唐兰：《论周昭王时代的青铜器铭刻》，《古文字研究》第二辑，中华书局 1981 年版，第 18~93 页。

③ 何介钧：《关于楚蛮和楚族族源的断想》，《楚文化研究论集》第三集，湖北人民出版社 1994 年版，第 12 页。

人也不介意以荆来自称，于是荆就是楚、楚就是荆，荆、楚互通。① 故“楚蛮”又称“荆蛮”或“蛮荆”。楚国则始于周成王封熊绎，自此始有芈姓楚国。而芈姓部族与“楚”发生交集，始称“楚人”，略早于熊绎受封。据清华简《楚居》，丽季之时，才“抵今曰楚人”。可见芈姓部族有楚人之称始自丽季(《史记·楚世家》称熊丽)。楚蛮与楚国的关系极为复杂：商代时只有楚蛮而无楚国；西周及东周早期，楚国与楚蛮并立，楚国小而楚蛮大，楚国在楚蛮之内；东周时楚蛮尽为楚国所并。由于东周时只有楚国而无楚蛮，人们便下意识地认为文献中的“楚”必是楚国，其实西周时期，楚蛮与楚国共存，尤其是西周早期，楚国极小而楚蛮极大，因此不可简单地以为西周早期的楚即楚国，此时还有广大的楚蛮族群存在。

首先，西周早期，正是西周王朝的鼎盛时期，此时的周人武力强盛，而早期楚国不仅极为弱小，而且在西周的封建体系之内，以如此弱小之楚国对抗正在上升期的西周，殊无可能，不能以西周晚期诸侯离心离德甚至东周时期周天子仅存名义的情形来想象西周早期，昭王南征是尽起六师、倾力南下，此时极为弱小的楚国不可能成为昭王大举南征的对象。其次，初期楚国贫弱之极，可由《楚居》知熊绎初封时穷困到极点，甚至连祭品都备不齐以至于要“窃鄀人之犝以祭”②，而金文资料中昭王第一次南征时获得大量的铜，西周早期的楚国不太可能在短时期内积累起足够多的贵金属。再次，今本《竹书纪年》记载，穆王时楚国犹参与周人的征伐：“(穆王)十四年，王帅楚子伐徐戎，克之。”此时距昭王死于汉水才十四年，表明楚国仍然是在西周政治体系之内。最后，昭王南征之区域据上考在汉东地区，而此地与早期楚国全然无关。

因此，昭王南征楚国颇不可信，学者早已试图给出另外的解释。龚维英、曹建国谓昭王南征对象为殷商遗民③；王光镐认为荆、楚为二国④；张

---

① 参见尹弘兵：《荆楚关系问题新探》，《江汉论坛》2010 年第 3 期。

② 李学勤主编：《清华大学藏战国竹简(壹)》，中西书局 2010 年版，第 181 页。

③ 龚维英：《周昭王南征史实索隐》，《人文杂志》1984 年第 6 期；曹建国：《昭王南征诸事辨考》，《阜阳师范学院学报》2003 年第 5 期。

④ 参见王光镐：《黄陂鲁台山西周遗存国属初论》，《江汉考古》1983 年第 4 期。

正明认为是以地名代族名，泛指长江中游江汉之间的诸多方国和部落①；牛世山也认为昭王南征的对象不是楚国而是荆族，为商周时代江汉地区的土著居民，后来成为楚国的基本族众②。

由上可知，昭王南征的对象不可能是楚国，只能是楚蛮。商周时代的楚蛮人数众多，分布广泛，但只是一些分散的部族，成为昭王侵掠对象的可能性极大。中原地区铜矿资源较为匮乏，而江南地区铜锡矿藏丰富，因此学者认为历史上商周王朝进攻南方的主要目的是为了掠夺南方的铜料。③ 昭王第一次南征时获铜颇丰，前文已述早期楚国不可能有较多的贵金属，而长江北岸的汉东地区与鄂赣铜矿区仅一江之隔，因此楚蛮有条件拥有大量的铜，昭王只有征楚蛮，才能与金文所记南征获铜的情况相吻合。《吕氏春秋·音初》："周昭王亲将征荆蛮"④，亦表明昭王是征楚蛮而非楚国。上文已考昭王南征的区域基本在随州以南、汉水以东的涢水、澴水、滠水、举水流域，这一区域在商代早期就是商人经营的重点区域，商遗址沿涢水、澴水、滠水等河流两岸台地分布，共有 40 余处，⑤ 这些商代遗址的中心即盘龙城。而在盘龙城类型商文化中，存在一类使用红陶器、文化面貌与中原商文化有区别的土著族群，盘龙城废弃后脱离了中原王朝的统治，因此昭王南征的对象应是这一带的土著族群，由盘龙城的土著文化因素延续发展而来，结合文献记载分析即楚蛮或荆蛮，早期楚国则绝无可能在此。

传统说法认为昭王南征的对象是楚国，这一观点忽略了商代时只有楚蛮而无楚国，西周时期则是楚蛮与楚国共存这一历史基础。现在随州地区叶家

① 张正明：《楚史》，湖北教育出版社 1995 年版，第 41 页。

② 参见牛世山：《西周时代的楚与荆》，《古代文明》第 5 卷，文物出版社 2006 年版，第 298~299 页。

③ 参见裘士京：《江南铜研究》，黄山书社 2004 年版，第 6~11 页。

④ 按：今本《吕氏春秋》"荆"下无"蛮"字，据《左传》僖公四年孔颖达《正义》引补。

⑤ 参见熊卜发：《浅谈鄂东北地区古代文化》，《鄂东北地区文物考古》，湖北科学技术出版社 1995 年版，第 1~10 页；熊卜发：《鄂东北地区古代文化发展序列概述》，湖北省孝感市博物馆、熊卜发等编：《鄂东北考古报告集》，湖北科学技术出版社 1996 年版，第 1~15 页。

山和羊子山的重大考古发现，使我们得以有把握地复原西周早期汉东地区地理景观，并以此为基础，论证昭王南征的区域在汉东地区，其对象是这一地区尚未臣服于周的楚蛮族群。

三、汉江下游地理环境与昭王“涉汉伐楚”

另一个问题是昭王南征的区域是否为“汉南”。古本《竹书纪年》：“周昭王十六年，伐楚荆，涉汉，遇大兕。”京师畯尊铭文亦明确记载昭王伐楚时曾涉汉：

> 王涉汉伐楚，王又奊工(功)，京自(师)畍(畯)克斤，王𢑚(赉)贝，用乍(作)日庚宝障(尊)彝，𢐗。①

很多学者据此认为，昭王的征伐区域是在汉江以南，其对象是汉江以南的楚国。②

前文已提到，早商和中商时期，商人以盘龙城为据点，其势力伸展至长江中游的广大地区，长江以南也有商人势力存在。③ 然自盘龙城废弃后，中原王朝失去对长江中游地区的统治，导致中原王朝对南方地理缺乏了解，周昭王十六年第一次南征时，曾“涉汉，遇大兕”，此次南征曾抵达孝感，因此昭王所涉之“汉”只能是孝感以南的汉江下游河道，当为汉江下游分支河道中最靠北的一条，因此昭王第一次南征时的“涉汉”，当是进入汉江下游分支河

---

① 李学勤：《由新见青铜器看西周早期的鄂、曾、楚》，《文物》2010 年第 1 期；吴镇烽：《京师畯尊释文补正》，复旦大学出土文献与古文字研究中心网站(http://www.gwz.fudan.edu.cn/SrcShow.asp?Src_ID=1908)，2012 年 7 月 26 日。

② 参见李学勤：《由新见青铜器看西周早期的鄂、曾、楚》，《文物》2010 年第 1 期；湖北省文物考古研究所、随州市博物馆：《湖北随州市叶家山西周墓地》，《考古》2012 年第 7 期。

③ 张昌平：《夏商时期中原与长江中游地区的文化联系》，《华夏考古》2006 年第 3 期。

道之中，确切地说是汉江下游湖沼地区，不能笼统说是“汉南”。至于昭王在汉江中所遇的“大兕”，难以确解。因此据“涉汉伐楚”可知昭王南征时，确曾深入汉江下游湖沼地区。

而西周早期周人在汉东地区的中心是随州地区，这一带至少有鄂、曾、厉三个较强的诸侯。随州以南是楚蛮分布区，周势力只能以据点的形式存在，就是孝感的“福土”和黄陂鲁台山的“长子”，此外几乎全是楚蛮的势力范围。昭王南征对象当是楚蛮而非楚国。楚蛮有可能在周人的严厉打击下进入汉江下游的湖沼地带躲避，昭王的大军因追击楚蛮而深入汉江下游，至有“涉汉”之举。甚至有可能是楚蛮族群凭借自己对汉江地理的了解引诱昭王进入汉江下游，而周人不明南方地理与气候变化，在湖沼地区深入过远、停留过久。以下试从汉江下游地理环境角度分析昭王南征。

古本《竹书纪年》提到昭王十九年“天大曀，雉兔皆震，丧六师于汉”①。《说文》：“曀，阴而风也。从日，壹声。诗曰：‘终风且曀。’”②《尔雅·释天》：“阴而风为曀。”③《释名·释天》则云：“曀，翳也，言云气掩翳日光使不明也。”④从《说文》《尔雅》的解释来看，“曀”当指阴天大风天气。《释名》的解释则有所不同，认为“曀”是指阴云天气。清段玉裁改《说文》“阴而风”为“天阴沈也”，注曰：“各本作阴而风也。今正。考《开元占经》引作‘天地阴沈也’，《太平御览》引作‘天阴沈也’……《小尔雅》：‘曀，冥也。’曀主谓不明。”⑤由此看来，所谓“曀”，或指阴云天气，或指阴天大风天气，总之不离“阴云”气象。《纪年》为周朝史官所撰，这一年在关中地区曾发生大范围长时间的阴云天气，阴云密布则降水必多，秦岭一带也有可能发生较大降

① 方诗铭、王修龄：《古本竹书纪年辑证》(修订本)，上海古籍出版社2005年版，第46页。

② (汉)许慎撰，(宋)徐铉校定：《说文解字》，中华书局1963年版，第138页下。

③ 《尔雅注疏》，李学勤主编：《十三经注疏》标点本，北京大学出版社1999年版，第171页。

④ (东汉)刘熙撰，(清)毕沅疏证，王先谦补：《释名疏证补》，中华书局2008年版，第19页。

⑤ (清)段玉裁：《说文解字注》，上海古籍出版社1988年版，第305页下。

水。秦岭地区是汉江上游，如有大量降水就会导致汉江洪水的猛烈暴发，而对汉江水文和地理所知有限的周人此时却正停留在汉江下游的洪泛区，面临洪水的极大威胁一无所知。不然，康、昭时期正是西周的鼎盛时期，昭王南征时是六师尽出，带着西周全部的精锐，其对手楚蛮族群虽然人数众多，但并不强大，没有形成统一的政治势力。如果没有某种特殊的不可抗力因素，单以楚蛮之力，是不可能让昭王全军覆没的。

从时间来看，据作册诸器铭文记载，昭王十九年五月时，昭王还在厈地。厈地所在，唐兰先生晚年认为在陕西凤翔，① 卢连成认为在汧渭之间，今宝鸡、凤翔、眉县交界处，② 尹盛平则认为是在丰邑附近，③ 但总之是在关中。卢连成据此考证，昭王十九年直到五月时，昭王还在厈地为南征作准备，南征的时间当在夏末秋初。④ 另令簋铭文记载："唯王于伐楚，伯在炎。唯九月既死霸丁丑，作册夨令尊宜于王姜。"(《释文》4300、4301)目前一般认为令簋为昭王时器，所记"伐楚"为昭王十九年之事，⑤ 可见是年九月时昭王正在南征，与卢考正合。结合自然地理考察，汉江流域上游偏北，下游偏南，在季风气候条件下，一年有两次较为集中的降雨：春夏季节暖湿气流北上，降雨带自南而北，下游先降雨；秋冬季节冷空气南下，降雨带自北而南，则是上游先降雨。昭王十九年第二次南征是在夏末秋初，这已非常接近汉江流域的秋汛季节，而秋雨是从北而南，如果上游降雨较多，则必然形成秋季洪水，而周人对汉江水文的这一特点很可能毫无了解。昭王南征既已达孝感地区，则"汉南"当为汉江下游湖沼地区，秦岭地区大量降水，下游不可能及时知悉，如果对汉江水文没有充分的了解，就不可能知道汉江下游会在

---

① 参见唐兰：《西周青铜器铭文分代史征》，中华书局 1986 年版，第 252 页。

② 参见卢连成：《厈地与昭王十九年南征》，《考古与文物》1984 年第 6 期。

③ 参见尹盛平：《西周史征》，陕西师范大学出版社 2004 年版，第 130 页。

④ 参见卢连成：《厈地与昭王十九年南征》，《考古与文物》1984 年第 6 期。

⑤ 唐兰：《论周昭王时代的青铜器铭刻》，《古文字研究》第二辑，中华书局 1981 年版，第 73～82 页；王光镐：《商代无楚》，《江汉论坛》1984 年第 1 期；彭裕商：《西周青铜器年代综合研究》，巴蜀书社 2003 年版，第 257、258 页。

当地无大量降水的情形下出现洪水。若昭王大军于秋冬时节在汉江下游洪泛区停留过久，是有可能在毫无察觉的情形下面对汉江秋季洪水，当发现洪水来临、陷入险境时为时已晚。

综上所述，周昭王两次南征，均是以汉东地区为主要目标，其南征区域则为随州以南。昭王南征之对象应为商周时期活跃在南方、尚未臣服于周的楚蛮部族，而非周初封建的芈姓楚国，楚蛮与楚国二者不可混为一谈。其行军路线是从关中至成周，经南阳盆地的谢国南下至南阳盆地南缘、汉水北岸的邓国，但昭王并未从汉水中游一带渡汉水南下，而是折向东行，经随枣走廊至随州地区，以此地的曾、鄂二国为南征的前进基地，曾国还设有昭王的行宫，曾、鄂两国在南征中起了极为重要的作用。

今武汉地区的黄陂鲁台山遗址为西周经营南土时向南发展的最远点。但由于南征失败，六师尽没，昭王本人也殒命于汉水中，导致随州以南的西周据点只维持了很短的时间就被放弃，周势力退回到随州地区，周人试图仿效商人在江汉之汇建立据点，以控制南方广大地区的意图失败。此后随着淮夷的兴起，淮夷成为周人的生死大敌，淮夷甚至一度威胁成周，西周与淮夷的战争成为西周中后期的主轴，于是周人在南方再未发动较大的攻势。在淮夷成为西周主要外敌的情形下，南土地区维持了相对安静的局面，江汉土著族群吸收了西周文化之后其发展水平得到了较大提升，并南下开发自后石家河文化中断之后长期荒芜的江汉核心区，最终为楚国在江汉地区的崛起准备了条件。

第三节　早期楚国的地理空间体系

早期楚国甚为弱小，熊绎受封建芈姓楚国时，文献记载说“封以子男之田”，楚武王回忆熊绎受封往事，亦曰：“乃以子男田令居楚”,① 楚国的爵

① 《史记》卷四十《楚世家》，中华书局1982年版，第1691、1695页。

称在周爵中是最低等级的子男，且熊绎于受封时未得分器（事见《左传》昭公九年），岐阳之会时不得与盟（事见《国语·晋语八》），这些均表明初期的楚国位卑而国弱。初封时的楚国如此卑弱，其地域也必然很小，诸书皆言楚国初封时地仅五十里，《史记·十二诸侯年表》谓："齐、晋、秦、楚其在成周微甚，封或百里或五十里。"《史记·孔子世家》载楚令尹子西曰："且楚之祖封于周，号为子男五十里。"①两周之际至春秋早期，"若敖、蚡冒至于武、文，土不过同"，杜预注："方百里为一同，言未满一圻。"②由于早期楚国如此弱小，因此可能只有一个居邑，即《史记·楚世家》所称熊绎"姓芈氏，居丹阳"。

由于早期楚国可能只有一个居邑，那么早期楚国居地和早期楚都丹阳实为一地。对于丹阳地望，学术界争议极大，至今未有一致的意见，而且从已发表的清华简《楚居》来看，其详记历代楚君居地，但并无"丹阳"之名，也就是说，楚国没有"丹阳"、早期楚都也不称"丹阳"，对此问题后文再详加辨析。但"丹阳"之名既是传世文献中对早期楚都的称呼，其中也必然包含了早期楚国的地理空间信息，因此我们在此暂仍沿用"丹阳"之名来指代早期楚都及其所在的地理空间体系。

具体而言，早期楚国及其所居之"丹阳"并不是一个悬在半空中的孤立地点，而是一个特定地理空间体系的组成部分，且是这一地理空间体系的中心点。在这个体系中，除了楚国所居的都邑"丹阳"外，还有一系列相互关联的地理空间，主要有丹山或丹水、荆山、沮漳、江汉等，这些相互关联的地理空间组成了楚国的地理空间体系，而这一地理空间体系与丹阳的关系，也成为丹阳地望争议的焦点之一。主丹淅说者，往往以丹水作为论证丹阳地望的首要自然地理依据；主枝江说者，则以沮漳来作为丹阳地望的首要自然地理

---

① 《史记》卷四十《楚世家》，中华书局 1982 年版，第 509、1932 页。

② 《左传》昭公二十三年，《春秋经传集解》，上海古籍出版社 1988 年版，第 1504、1506 页。

依据。在此情形下，我们有必要对楚国的自然地理空间体系作一番系统的清理，理清其形成与变迁过程，并对这一地理空间体系与“丹阳”的关系作全面考察。而这一考察的成果，有助于我们从楚国地理空间体系的形成与变迁过程来推定早期楚国居地，从而澄清某些疑点。

一、楚国自然地理空间体系的形成过程

首先，与丹阳有关联的地理空间应为丹山或丹水，丹阳之名，当由丹山或丹水而来，按古代习俗，山南水北谓之阳，① 古地名多有依山水方位而以“阳”命名者，因此在丹阳的地理空间体系中，须有丹山或丹水，这是丹阳地理空间体系中的第一要素，否则丹阳就成了无本之木、无源之水，没有丹山或丹水作为依据的丹阳地名不可能是原生的，而只能是后起的、次生的。

在传世文献中，最早居丹阳的是鬻熊。据《世本·居篇》载：“楚鬻熊居丹阳，文王徙郢。”②《史记·天官书》：“秦、楚、吴、越，夷狄也，为强伯。”唐张守节《正义》：“楚子鬻熊始封丹阳。”③检索文献，凡言鬻熊居丹阳者，皆不言及荆山、沮漳、江汉等地。由此看来，如传世文献所言不误，鬻熊时已居丹阳，但鬻熊丹阳较为单纯，是一个相当简单的地理空间体系，则其得名当由丹山或丹水而来，就是位于丹山之南或丹水之北的某一居民点。由此推测，鬻熊之时，丹阳仅与丹山或丹水相关联。

到熊绎之时，文献中的丹阳开始与荆山相关联。《史记·楚世家》：“熊绎当周成王之时，举文、武勤劳之后嗣，而封熊绎于楚蛮，封以子男之田，

---

① 《穀梁传》僖公二十八年：“水北为阳，山南为阳。”《春秋穀梁传注疏》，李学勤主编：《十三经注疏》标点本，北京大学出版社 1999 年版，第 149 页。

② 《左传》桓公二年孔颖达《正义》引，《春秋左传正义》，李学勤主编：《十三经注疏》标点本，北京大学出版社 1999 年版，第 150 页。

③ 《史记》卷二十七《天官书》，中华书局 1982 年版，第 1344、1345 页。

姓芈氏，居丹阳。”①可知熊绎受封时，仍居丹阳，也就是说，熊绎封地当仍在丹山丹水之间。但值得注意的是，熊绎时的丹阳开始与荆山有了联系，《左传》昭公十二年载楚右尹子革之言：

> 昔我先王熊绎，辟在荆山。筚路蓝缕，以处草莽，跋涉山林，以事天子。唯是桃弧、棘矢，以共御王事。②

可知熊绎是既居丹阳又辟在荆山。可见熊绎时，丹阳的地理空间体系或已有了移动或扩展，开始与荆山联系起来，此时的丹阳当仍在丹山丹水之间，但附近有了荆山。

西周晚期楚熊渠在位时，楚国的地理空间体系又有了进一步的扩展，开始与江汉联系起来，《史记·楚世家》载：

> 当周夷王之时，王室微，诸侯或不朝，相伐。熊渠甚得江汉间民和，乃兴兵伐庸、杨粤，至于鄂。熊渠曰：“我蛮夷也，不与中国之号谥。”乃立其长子康为句亶王，中子红为鄂王，少子执疵为越章王，皆在江上楚蛮之地。及周厉王之时，暴虐，熊渠畏其伐楚，亦去其王。后为熊毋康，毋康早死。熊渠卒，子熊挚红立。挚红卒，其弟弑而代立，曰熊延。③

可见熊渠时楚国的地理空间体系可能已发生了移动或扩展，与“江汉”或“江上”发生了关联。不过，《史记·楚世家》此段叙述，错讹颇多，李守奎先生综合《楚居》《史记·楚世家》《史记·三代世表》《帝系》《古史考》校正，指出

---

① 《史记》卷四十《楚世家》，中华书局1982年版，第1690、1691页。

② 《左传》昭公十二年，《春秋经传集解》，上海古籍出版社1988年版，第1156、1357页。

③ 《史记》卷四十《楚世家》，中华书局1982年版，第1692页。

《史记·楚世家》所载熊渠三子，实为祖孙三代。熊渠之子在《楚居》中写为“畬䢼”，即文献中的熊康、熊毋康或熊翔，熊挚为熊康之子、熊渠之孙非熊渠之子，《史记·楚世家》中的熊渠之子熊挚红，实为误把红（亦即康、毋康）与熊挚父子当兄弟，挚红为“挚”的误书。[①] 熊渠之“中子红”，应为熊康，实为熊挚之误写，至于熊渠少子执疵，李家浩已指出“执”盖涉“挚红”之“挚”而衍，“疵”即“熊延”。[②] 因此李守奎先生认为熊渠三子之说不存在，那么，《史记》中熊渠封三子为三王的记载就完全不可信了。

今按：虽然熊渠三子并不成立，封三子为王亦不可信，但三王之封地当非乌有之事。句亶、鄂、越章三地，或为西周晚期熊康、熊挚、熊延活动地区，并曾与西周及南土诸侯发生了较激烈的冲突，至周厉王时，周势力一度复振，在周势力的压迫下，楚国因畏惧而主动退缩。因此在后世留下了熊渠及其后三代在江汉地区扩张势力、到处征伐的历史记忆，故我们仍可依此来探讨西周晚期时楚国的活动区域与地理空间体系。

虽然熊渠征伐及封三子为王（熊康、熊挚、熊延活动地区）涉及的地名很多，但这些地方“皆在江上楚蛮之地”，而熊渠得以兴兵征伐的基础也是他“甚得江汉间民和”，可见其基地当在“江汉间”，由此看来，熊渠时“江汉”或“江上楚蛮之地”成为楚国地理空间体系的组成部分。

另外，沮、漳二水亦与荆山有关联，《汉书·地理志》南郡临沮县原注：“《禹贡》南条荆山在东北，漳水所出。”[③]《水经》卷三十二《漳水》：“漳水出临沮县东荆山”；《沮水》：“沮水出汉中房陵县景山”。郦道元注：“沮水出汶阳郡沮阳县西北景山，即荆山首也，高峰霞举，峻竦层云。《山海经》云：‘金玉是出，亦沮水之所导。’故《淮南子》曰：‘沮出荆山。’”杨守敬疏：“沮

① 李守奎：《根据〈楚居〉解读史书中熊渠至熊延世序之混乱》，《中国史研究》2011年第1期。

② 李家浩：《包山竹简所记楚先祖名及其相关的问题》，《文史》第42辑，中华书局1996年版。

③ 《汉书》卷二十八上《地理志上》，中华书局1962年版，第1566页。

作雎，景山为荆山首，则与荆山连麓而异名，虽二山，实一山也。”①清齐召南《水道提纲》：“《禹贡》荆州之荆山在(南漳)县西北八十里，漳水之所出，即今之清凉河也。”②可知漳水出自荆山，沮水则出自荆山之首的景山，而荆山、景山则为连成一片的大山区，因此沮、漳二水亦与荆山存在空间关联性。

但结合楚史来看，沮、漳二水与楚国发生关联，成为楚国地理空间体系的有机组成部分，是相当晚的事。文献中沮、漳与楚国相关联，见于《左传》哀公六年：

> 初，昭王有疾。卜曰：“河为祟。”王弗祭。大夫请祭诸郊。王曰：“三代命祀，祭不越望。江、汉、睢、章，楚之望也。祸福之至，不是过也。不穀虽不德，河非所获罪也。”遂弗祭。③

江、汉、沮、漳之名，又见于新蔡葛陵楚简甲三11、甲三24：

> 昔我先出自颛顼，宅兹沶(沮)章(漳)，以选(徙)迁处。

新蔡葛陵简甲三268：

> □及江、灘(汉)、沶(睢、沮)、漳，延(遂)至于瀤(淮)。是日就祷楚祧：老嫜、祝[融]……④

---

① 杨守敬、熊会贞：《水经注疏》，江苏古籍出版社1989年版，第2695页。

② (清)齐召南：《水道提纲》卷十三《入江巨川三·汉水》，早稻田大学藏清乾隆四十一年传经书屋刻本，第11页。

③ 《左传》哀公六年，《春秋经传集解》，上海古籍出版社1988年版，第1741页。

④ 新蔡简甲三：11、24释文，除原释外，何琳仪、董珊均有考释，见何琳仪：《楚都丹阳地望新证》，《文史》2004年第2辑；董珊：《新蔡楚简所见的“颛顼”和“雎漳”》，简帛研究网(http://www.jianbo.org/admin3/html/dongshan01.htm)，2003年12月7日。今从董释。

葛陵楚墓的墓主坪夜君成，为楚昭王之子坪夜君子良的后代。可见楚人在春秋战国时期，向以江、汉、沮、漳连称，作为楚国或楚国核心区所在自然地理空间的代称。

但“江、汉、雎、章，楚之望也”这一地理空间体系不大可能形成于楚国初封之时，因为江、汉、沮、漳的范围相当大，几乎涵盖了整个鄂西地区，而楚国初封时不过一弹丸小国，地域有限，因此江、汉、沮、漳之地作为楚国地理空间代称，这一楚国自然地理空间体系应是楚国疆域发展到一定阶段、一定程度时才形成的。楚昭王的时代，已是春秋晚期，此时楚国以郢为都，则江、汉、沮、漳的地理空间体系，应是楚国都郢时期形成的。楚国始都郢的年代，最早可以上溯至春秋早期楚武王的时代。① 如以“江、汉、沮、漳”在楚国始封之时就已存在，则丹淅说与枝江说皆不可通。以丹淅说而论，则丹淅流域无沮、漳，这一难题无论如何也无法解决，最近主张枝江说的学者，正是因丹淅地区无沮、漳而认为丹淅说不可信；② 以枝江说而论，枝江一带距汉水相当遥远，而楚国初封时疆域甚小，丹阳如在枝江，固然可与今之沮、漳河联系起来，也可与荆山相联系，但却难以与汉水相联系，以枝江为基点，要想将今沮、漳与汉水联系起来，则楚国疆域必得从沮、漳河流域直达汉水，如此才能跨江连汉，将“江、汉、沮、漳”连接起来，以初封时极为弱小的楚国恐怕难以做到。单以“江汉”而论，楚国要到熊渠时才能出现在“江汉间”，因此从楚国历史发展过程来考察，江、汉二水或江汉地区与楚国发生交集，江汉成为楚国的主要活动地区，最早也只能追溯到熊渠的时代，但难以追溯至熊绎初封时。至于沮、漳何时进入楚国的地理空间体系，史无

① 楚都迁郢的具体时间有文王、武王二说，传统说法一般据《史记》之《楚世家》和《十二诸侯年表》及《汉书·地理志》认为文王始都郢，另一说则据《世本·居篇》和杜预《春秋释例·氏族谱》认为楚武王时已徙郢，自清代以来，宋翔凤、童书业等学者均主武王说，石泉先生通过一系列的比较研究，认为楚武王晚年迁郢当更可凭信。参阅石泉：《楚都何时迁郢》，《古代荆楚地理新探》，武汉大学出版社 1988 年版，第 352~353 页。

② 牛世山：《西周时期的楚与荆》，《古代文明》第 5 卷，文物出版社 2006 年版；董珊：《新蔡楚简所见的“颛顼”和“雎漳”》，简帛研究网（http://www.jianbo.org/admin3/html/dongshan01.htm），2003 年 12 月 7 日。

明载，但沮、漳河流域作为楚人重地，从沈尹戌之言来看，当可追溯至西周末年若敖、蚡冒之时，此时已是楚以丹阳为都的末年。可见沮、漳并非丹阳地理空间体系的初始组成部分，至少不是丹阳地理空间体系的第一要素，甚至也不是基本要素。沮、漳更有可能是郢都地理空间体系的基本要素，因此在探索丹阳地望时，可以不考虑沮、漳的问题。

由上梳理可知，西周春秋时期，楚国的自然地理空间体系是一个动态的、变迁的、发展的过程。鬻熊出现在历史上时，所居当仅止于丹山丹水之间，故后人名其居地曰丹阳。熊绎受封时，所居之地虽仍名丹阳，但与荆山发生了关联，因此熊绎居地当已发生了变动，虽仍名丹阳，但可能已迁至荆山脚下。到熊渠时，楚国与江汉或江上楚蛮之地发生了关联，江汉地区成为楚国地理空间体系的一部分，这一地理空间的范围要比以前的丹阳或荆山之地要大得多。范围广大的江汉或江上楚蛮之地，成为楚国的势力范围。春秋早期以后，楚国又与沮、漳二水发生关联，于是春秋战国时期江、汉、沮、漳之地成为楚国核心区自然地理空间的代称。

二、鬻熊丹阳与熊绎丹阳的自然地理空间

由上文分析可知，鬻熊丹阳具有以下特点：

第一，鬻熊丹阳必得在丹山丹水之间，丹山丹水是鬻熊丹阳的第一地理要素，若无丹山丹水作为依托，则不可视为鬻熊始居之丹阳。与楚丹阳有关的丹山或丹水有二处。一处就是今之丹江，古称丹水，发源于秦岭地区的凤凰山南麓，今陕西商州市西北地区，东南流，在湖北境内入汉水，为汉水最长支流。二为今巴东县的丹山，又鄂西长阳县境亦有丹水，为清江支流。

第二，鬻熊丹阳当与荆山无关，因此鬻熊丹阳在定位时，无须考虑荆山的问题。

第三，鬻熊丹阳亦应与沮、漳无关，沮、漳并非鬻熊丹阳的必要地理要素，因此鬻熊丹阳亦无须考虑沮、漳的问题。

第四，据文献记载，鬻熊曾为“文王师”，与周人建立了较为紧密的政治联系，鬻熊子孙亦因此得以服役于周室，为周人的大业奔走，后来熊绎终因此功劳而得以受封为诸侯。① 因此鬻熊丹阳当与周京较为邻近。

满足了这几个条件，我们就可以为鬻熊丹阳确定大致的区域范围。按之楚丹阳诸说，只有商县说最符合鬻熊丹阳的地理条件，而长阳县的丹水可以肯定与早期楚国无关，至于巴东县的丹山，一方面，随着三峡地区考古发掘与研究的进展，秭归说已在考古学上被否定，另一方面，今巴东一带距关中过于遥远，且有高山深壑为之阻隔，亦可以确定与早期楚国的活动明显不合。

商县一带最符合鬻熊丹阳的地理条件，可从以下几方面来确认。第一，商县一带在丹水流域，有丹水可以作为地名上的原始依据。第二，鬻熊丹阳可能与荆山并无关联，因此商县附近无荆山的问题并不构成鬻熊丹阳的否证。第三，鬻熊丹阳亦与沮、漳并无关联，因此商县附近无沮、漳的问题亦不构成鬻熊丹阳的否证。第四，商县一带与周京最为邻近，石泉先生认为，“丹江流域与关中平原联系最为近便的地带，是位于今陕南商县(旧称商州)附近的丹江上游河谷平原，由这里往西北，溯丹江上源，经蓝关，越过秦岭(这一带山势较平缓，是古来交通要道之一)，就到达关中平原的蓝田县境；更往西北不远就是西周初年的都城丰—镐(在今西安市西)”。不仅如此，在丹江上游的西面，今商县西北、西南以至东南的商洛镇一带，有多处的楚山、楚水，在楚山、楚水的东北方丹江上流北部(偏东)，还有荆水。荆、楚二水入丹江处，相去不过二十五里，商州城则正位于这一段丹江的河湾之中。正在“丹水之阳”，在考古方面，此地分布着大量的古遗址，有较发达的古代文化，考古学文化面貌与关中平原有密切的联系，自然条件也较为优良，是丹江上游河谷平原中面积较大、生产条件较好的地方，最早的丹阳当在此地。② 故知鬻熊丹阳当在丹江上游地区，今商县附近。第五，鬻熊丹阳

① 参拙著《鬻熊史事解析》，《江汉论坛》2008年第5期。

② 石泉、徐德宽：《楚都丹阳地望新探》，《江汉论坛》1982年第3期；又载《古代荆楚地理新探》，武汉大学出版社1988年版，第186~190页。

为商代遗存，而丹江上游一带正有大量的商代遗址，具备了从考古学上探索丹阳的前提条件。

熊绎丹阳的特点则是既“居丹阳”又“辟在荆山”。由此，熊绎丹阳应满足两个基本条件：一是熊绎丹阳仍在丹山丹水之间；二是熊绎丹阳在荆山附近。也就是说，熊绎丹阳是在丹水流域的荆山附近。

那么丹水流域是否有荆山呢？回答是肯定的。石泉先生据《山海经·中山经》：“荆山之首曰翼望之山，湍水出焉。东流，注于淯。……凡荆山之首，自翼望之山至于凡山，凡四十八山，三千七百三十二里。”考证丹淅之汇附近的今邓县与内乡县间，湍河以西，不长的交界地带，亦有荆山，“这应是比南漳西北的古荆山还要古一些的荆山”①。

由此看来，熊绎丹阳与鬻熊丹阳或已不在一处，可能已由武关以内的丹江上游迁至下游的丹淅之汇附近。又据楚灵王时右尹子革之言，熊绎是“辟在荆山。筚路蓝缕，以处草莽，跋涉山林，以事天子。唯是桃弧、棘矢，以共御王事”②。可知熊绎不仅是“辟在荆山”，还“以处草莽”，这表明熊绎的居地是一块新开发的地区，需从头开始建设家园，如果是鬻熊故居，则芈姓族人居住已久，其居邑必有相当规模，不当有“以处草莽”之事。不仅如此，楚人在称颂熊绎事迹时还说熊绎是“跋涉山林，以事天子”，却从未说鬻熊、熊丽、熊狂“跋涉山林”，这似可理解为熊绎封地已离周京较远，故熊绎服事周室，须往来于丹江下游的封地与关中，路途较远，以至有“跋涉山林”之事，这当是熊绎丹阳已由鬻熊所居的丹江上游迁往丹江下游之故。

三、熊渠时楚国的自然地理空间

到了西周晚期熊渠的时代，“江汉”或“江上楚蛮之地”成为楚国自然地

① 石泉：《楚都丹阳及古荆山在丹、淅附近补证》，《古代荆楚地理新探》，武汉大学出版社1988年版，第204~208页。

② 《左传》昭公十二年，《春秋经传集解》，上海古籍出版社1988年版，第1357页。

理空间体系的组成部分，这是继熊绎之后楚国自然地理空间的一次重要扩展，也是一次重要的变迁。

熊渠的活动地域是“江汉”或“江上楚蛮之地”，这一地理空间是一个相当大的范围，也是较为容易确定的。

细审《史记·楚世家》有关熊渠的记载，其谓熊渠“甚得江汉间民和”，其征伐地区及其后楚国的重要活动地区，“皆在江上楚蛮之地”。可见“江上”与“江汉”同义，“江上”即“江汉”。由此进一步讨论，此“江上”之“江”即与“汉”连称，则不当指长江或兼指长江与汉水。

第一，楚国的地理空间是从丹江上游而下游而江汉逐步移动或扩展的，鬻熊时当在丹江上游，熊绎时在丹江下游的丹淅之汇，熊渠时始与江汉相联系，也就是楚国地理空间有一个逐步向南的移动过程，因此从地理空间的关联性来判断，熊渠时的“江汉间”或“江上楚蛮之地”，应与丹江下游的丹淅之汇相邻，而丹淅之汇以南的“江汉间”，应为汉水中游，而非长江。

第二，熊渠的时代处于周夷王、厉王之时，在西周史上属于西周晚期前段，而江汉核心区自后石家河文化解体后，夏商时期完全不见新石器时代屈家岭—石家河文化时期的繁荣景象，原来屈家岭—石家河时代较为边缘的鄂东北至鄂东一线成为开发的重点，盘龙城成为夏商王朝在长江中游地区的统治中心，湖北地区的夏商时代考古遗址主要集中在盘龙城周围及鄂西沿江地带，江汉核心区则是一片荒凉，江汉地区的古代文化发展在石家河文化之后出现中断现象，鄂西地区(江汉平原西部及鄂西山区)直到楚文化兴起之前都十分萧落，只有零星遗址分布。① 到西周早期时，不但江汉核心区较为荒凉，而且商代时有一定程度发展的汉东、汉北地区，由于中商晚期以后商势力的全面撤退，其开发亦有所倒退。商势力退出江汉地区后，汉水东北受中原文化影响、作为中原文化边缘和附属的地区，只有一些较为落后的部族居

① 王润涛：《鄂西古代文化浅识》，王光镐主编：《文物考古文集》，武汉大学出版社 1997 年版。

住和生活，主要是楚蛮、百濮等土著族群，[1] 这些土著族群的发展水平远不及中原王朝。

西周早期时，江汉平原核心地带还是一片荒凉的景象，江汉核心区的重新开发是从西周中期开始的，西周中期时有一支新的考古学文化进入了襄阳—大洪山以南的江汉核心区，原来新石器时代屈家岭—石家河文化核心区重新得到开发，江汉平原的地理景观有了重大转变，不再是夏商至西周早期时的荒凉景象。这一支考古学文化，张昌平称为真武山类遗存。[2] 真武山遗址位于邓城对面的汉水南岸，是目前所见汉水以南最早的周代遗存，年代可早至西周中期。[3] 同类遗存广泛分布在襄宜地区，主要有宜城郭家岗[4]、宜城肖家岭[5]、宜城桐树园[6]等遗址所出西周晚期至春秋早期遗物。再往南，在鄂西地区、江汉平原西南部，沙市周梁玉桥遗址发现有少量西周器物，年代为西周晚期[7]，松滋博宇山遗址有少量西周遗存，年代可到西周晚期[8]，江陵张家山遗址[9]、荆南寺遗址[10]、梅槐桥遗址[11]等，均出有少量西周晚期

---

[1] 张硕、尹弘兵：《楚蛮的考古学观察》，《中国文化研究》2011 年第 3 期。

[2] 张昌平：《试论真武山一类遗存》，《江汉考古》1997 年第 1 期。

[3] 湖北省文物考古研究所、襄樊市博物馆：《湖北襄樊真武山周代遗址》，《考古学集刊》第九集，科学出版社 1995 年版。

[4] 武汉大学历史系考古教研室、湖北省宜城市博物馆：《湖北宜城郭家岗遗址发掘》，《考古学报》1997 年第 4 期。

[5] 湖北省文物考古研究所、宜城县博物馆：《湖北宜城县肖家岭遗址的发掘》，《文物》1999 年第 1 期。

[6] 湖北省文物考古研究所、宜城县博物馆：《宜城桐树园遗址发掘简报》，《江汉考古》1996 年第 1 期。

[7] 沙市市博物馆：《湖北沙市周梁玉桥遗址试掘简报》，《文物资料丛刊》第 10 辑，文物出版社 1987 年版。

[8] 荆州地区博物馆：《湖北松滋博宇山遗址试掘简报》，《文物资料丛刊》第 10 辑，文物出版社 1987 年版。

[9] 陈贤一：《江陵张家山遗址的试掘与探索》，《江汉考古》1980 年第 2 期。

[10] 荆州博物馆：《荆州荆南寺》，文物出版社 2009 年版。

[11] 湖北荆州地区博物馆、北京大学考古系：《湖北江陵梅槐桥遗址发掘简报》，《考古》1990 年第 9 期。

遗物，此外，潜江龙湾遗址①、当阳杨木岗遗址②、当阳磨盘山遗址③等，亦出有少量西周晚期遗物。在汉东地区，钟祥六合遗址出土西周中期遗物④，天门土城遗址有西周中晚期遗物⑤，天门笑城遗址原为新石器时代城址，西周晚期重新得到利用⑥。

关于真武山类遗存的文化性质，张昌平作了较为全面的论述。在考古学文化基本面貌上，真武山类遗存以春秋早期为界大体可划分为两大阶段，前段陶器以夹砂红陶为主，鬲占绝大多数，其他器类有红陶缸、罐、豆、盆、甗等，但数量较少，器形中以瘪档鬲的长期流行最有特色。这一阶段文化与典型的周文化表现出较多的联系。春秋早期以后泥质灰陶比例增大，器类中鬲、盆、豆、罐均较常见，器物特点与楚文化同期器风格一致，到春秋中晚期时已可明确划入楚文化范畴。在文化属性上，首先真武山类遗存与周文化存在密切联系，是在典型周文化的基础上发展起来的，主要器类均见于关中周文化，器形也有直接联系，西周时期器物形态的变化与关中有相当程度的同步性，器物种类和器物形制则较宗周地区略显单调，应是地方文化与中心地区的差异。其次，真武山类型遗存保留了一些商代江汉地区土著文化因素，如红陶缸是长江中游商文化的典型器物，源于屈家岭—石家河文化，是长江中游夏商时期最为流行的一种器物，西周中期时，红陶缸仍有相当数量，此后才逐渐消失。陶系以红陶为主，同时期中原文化则以灰陶为主，春

① 湖北省潜江博物馆、湖北省荆州博物馆：《潜江龙湾——1987—2001年龙湾遗址发掘报告》，文物出版社2005年版。

② 湖北省博物馆、武汉大学历史系考古专业：《当阳冯山、杨木岗遗址试掘简报》，《江汉考古》1983年第1期。

③ 宜昌地区博物馆：《当阳磨盘山西周遗址试掘简报》，《江汉考古》1984年第2期。

④ 荆州地区博物馆、钟祥县博物馆：《钟祥六合遗址》，《江汉考古》1987年第2期。

⑤ 荆州地区博物馆：《湖北荆门、钟祥、京山、天门四县古遗址调查》，《文物资料丛刊》第10辑，文物出版社1987年版。

⑥ 湖北省文物考古研究所、天门市博物馆：《湖北天门笑城城址发掘报告》，《考古学报》2007年第4期。

秋早期以后才有改变，陶系的差异是因为陶器烧制技术的不同，实际上是社会习俗的延续。但真武山类遗存中保留的是江汉地区商代文化中的土著因素，商文化因素本身几乎荡然无存。最后，真武山类型文化是在周文化基础上发展起来的，但有显著的地方性，由于制陶技术的差异导致陶系与关中周文化明显不同。陶器形制也与关中地区的原形有一望而知的区别，到春秋早期时开始脱离周文化模式向楚文化方向发展，至春秋晚期已是确定无疑的楚文化。在空间分布上，真武山类遗存具有越往南越晚的特点。可见真武山类遗存是周文化向南传播至襄阳地区而形成的一支地方文化，其早期发展与周文化有密切的关系，它在发展过程中继续向南发展，吸收地方因素，最终形成已知的楚文化。①

真武山类遗存的性质及其时空分布表明，从西周中期开始，在南土诸侯影响下接受了周文化的江汉土著族群，开始从汉北汉东地区南下开发江汉平原核心区，而且这一波开发是由北向南的，真武山类遗存越往南越晚的特点，正是这一波受周文化影响的族群由此向南开发江汉核心区的反映。熊渠的时代仅是西周晚期前段，江汉核心区的重新开发才刚刚开始，在这一波南下开发的浪潮中，熊渠作为其中的一员进入以襄宜平原为中心的汉水中游地区是顺理成章的，但要越过襄宜平原直达鄂西的长江沿岸，是不合理的。

不仅如此，周人对长江的地理认知也有一个过程。周人崛起于关中，从关中进入江汉地区，当是走丹江河谷通道，即后世之武关道，因此周人对长江水系的认识必然是沿丹江进入汉水，由汉水进入长江。若周人对长江水系的认识是这样形成的，则在周人的地理认知中，恐怕汉水才是长江之正源。石泉先生已指出古文献中的“江”并不是长江的专称，古沂水、淮水、汉水及荆楚地区某些河流古亦称“江”，尤其《史记》中的“江上”或“江汉”连称，实皆专指汉水。② 而江字的本义，《说文解字》：“江，从水工声。”《释名》：

---

① 张昌平：《试论真武山一类遗存》，《江汉考古》1997年第1期。

② 石泉：《古文献中的“江”不是长江的专称》，《文史》第6辑，中华书局1979年版；收入氏著《古代荆楚地理新探》，武汉大学出版社1988年版；又收入唐晓峰、黄义军编：《历史地理学读本》，北京大学出版社2006年版。

“江，公也，诸水流入其中公共也。”可知“江”字本义为诸水所汇的大水，南人谓大水皆为“江”，所谓“南江北河”，因此“江”实为南方河流之共名，①而古汉语中大共名前置为常见情形，语法上谓之倒装语，故《史记·楚世家》所云“江汉”、当如石泉先生所言，并非兼指长江与汉水，而是专指汉水，实为汉江之倒语。而“江上”也非指长江，而是周人所认识的南方大水——“汉江”。可见熊渠时代的“江汉间”或“江上楚蛮之地”，均在汉水中游一带，“江汉”“江上”，皆专指汉水。赵逵夫先生亦谓：“先秦时代常常江汉连称，是古人亦以汉属南方。司马迁不知三王的封地究竟在何处，故以‘江上楚蛮之地’一语概言之。他又说熊渠‘甚得江汉间民和’。可见在司马迁的概念中，‘楚蛮之地’也包括汉水流域在内。”②

第三，从文献记载来看，熊渠所伐的是庸、杨粤、鄂，其封三子为王的地区为句亶、鄂、越章。前文已指出熊渠三子不成立，封三子为王亦不可信，但文献所涉及地名当可有助于考察熊渠时楚国地理空间体系。

古庸国，据文献记载应在今湖北竹山县，叶植进一步考定庸国早期居地在鄂西北的汉水沿岸，鄂西北山区竹山县的庸是庸国在楚人进攻下败退的结果，早期的庸国在丹江口市西北至郧县一带。③ 而熊渠所伐的鄂国，现已知西周早期的鄂国在随州安居附近，④ 但西周晚期时发生了鄂侯驭方叛乱，据《禹鼎》铭文记载，鄂侯驭方在周王征伐淮夷归去后率南淮夷、东夷反周，侵伐周之南国、东国，引起周王的极大愤怒，下令彻底消灭鄂侯驭方，“勿遗寿幼”，遣主帅武公率西六师、殷八师伐鄂，部将禹则率领武公私属徒御一

① ［美］张洪明著，颜洽茂、邓风平译：《汉语“江”词源考》，《浙江大学学报》2005年第1期。

② 赵逵夫：《屈氏先世与句亶王熊伯庸》，《文史》第25辑，中华书局1985年版。

③ 叶植：《试论楚熊渠称王事所涉及到的历史地望问题》，《楚文化研究论集》第四集，河南人民出版社1994年版，第401页。

④ 张昌平：《论随州羊子山新出噩国青铜器》，《文物》2011年第11期；朱继平：《考古所见楚对鄂东铜矿的争夺与控制》，《中国历史文物》2010年第6期；傅玥、高旭旌：《从羊子山M4青铜器群看西周鄂国的地望》，《楚文化研究论集》第九集，上海古籍出版社2011年版。

举攻下鄂都，俘虏了鄂君御方，因而作器铭功，鄂国也因此受到沉重打击。禹鼎的年代，有夷王、厉王、孝王三说①，徐少华先生则结合器物形态和相关史实断为夷王②。一般认为鄂国就此覆灭。2012年又在南阳夏饷铺发现了鄂国贵族墓地，时代初步推断为西周晚期晚段。③ 南阳西周晚期鄂国墓地的发现表明，周厉王时鄂侯驭方叛乱被西周扑灭后，西周在南阳另置了一个鄂国，从夏饷铺M19出土"鄂侯作孟姬媵壶"来看，④ 南阳鄂国应为姬姓，而随州鄂国为姞姓，⑤ 因此南阳鄂国当是西周伐灭姞姓鄂国后将鄂国余民封于姬姓宗亲并移置于南阳。而熊渠的年代正在周夷王、厉王之时，因此熊渠所谓的"伐庸、杨粤，至于鄂"，或不尽不实，应是趁鄂侯驭方叛乱被西周大军扑灭后其兵锋曾及于此，而南阳之姬姓鄂国或与楚国图谋鄂国故地及余民有关，故熊渠时的鄂或应为随州之鄂。

此外，夏饷铺墓地和南阳鄂国还为楚国的鄂君和汉代南阳西鄂县找到了来源。另学术界还有东鄂说，谓鄂国在今湖北鄂州，但朱继平已指出，鄂州之东鄂是由南阳盆地的西鄂迁过来的，公元前301年的垂沙之役，楚国惨败，尽失南阳盆地和方城之地，原居"西鄂"的楚人及鄂君族人或在故地失于韩后，迁居于江南的今鄂州一带，因地随人迁之故，形成后世的"东鄂"。⑥ 另从考古学的角度考察，今鄂东南一带的西周时期考古学文化面貌，迥异于以鬲、盂、豆、罐为主要特征的西周时期的早期楚文化遗存，此类遗存可能

---

① 厉王说见徐中舒：《禹鼎的年代及其相关问题》，《考古学报》1959年第3期；孝王说见唐兰：《西周青铜器铭文分代史征》，中华书局1986年版；夷王说见郭沫若《两周金文辞大系图录考释》考108(科学出版社1957年版)和刘翔《周夷王经营南淮夷及其与鄂之关系》(《江汉考古》1983年第3期)。

② 徐少华：《鄂国铜器及其历史地理综考》，《考古与文物》1994年第2期。

③ 崔本信、王伟：《南水北调中线工程南阳夏响(饷)铺鄂国贵族墓地发掘成果》，《中国文物报》，2013年1月4日，第8版。

④ 河南省文物局南水北调文物保护办公室、南阳市文物考古研究所：《河南南阳夏饷铺鄂国墓地M19、M20发掘简报》，《江汉考古》2019年第4期。

⑤ 崔本信、王巍、曾庆硕：《南阳夏饷铺墓地与周代噩国的变迁》，《江汉考古》待刊。

⑥ 朱继平：《"鄂王城"考》，《中国历史文物》2006年第5期。

与杨越有关。① 因此西周时期，鄂东南一带应为越人所居，此地未见有与楚文化或早期楚文化相关的考古学遗存，因此熊渠足迹不得远至鄂东一带，更不可能越过长江，直到春秋中期以后，楚人才开始进入鄂东地区。②

熊渠征伐的另一地点杨粤，唐司马贞作《索隐》时已不知其确切地点，只笼统地说："地名也。"现代学者试图加以解释，其说皆有一定道理，然细考《史记》之文，杨粤当是一个具体地名而非地名兼族名。作地名兼族名讲时，一般是指笼统区域概念兼笼统的族名概念，在此概念上，《史记》均作"杨越"而不作"杨粤"，又江、汉、沮、漳之地并不是越文化的分布地区，春秋中晚期以后尤其是楚灭越后，才有少量的越文化因素进入楚核心区。因此熊渠所伐之杨粤非是既作族名又作地名的杨越，而只能是汉水中游的一个具体地名。③

勾亶所在，《史记集解》引张莹曰："今江陵也。"但未知何据，现代学者普遍不认可张莹之说，赵逵夫④、黄锡全⑤、叶植⑥、段渝⑦等学者均认为句亶与庸国有关。至于越章，学者多以为即吴师入郢时所经过的豫章，但具体地望，学者争议颇多，石泉先生则通过对吴师入郢的行军路线及军事地理形势的考证与分析，认为吴师与楚师夹汉之豫章，当在汉水中游附近，亦即《水经注·淯水》所记淯水下游（今白河）左（东）岸、近汉水之豫章大陂一带。⑧

由上分析可知，熊渠征伐范围及其熊渠时代的楚国活动地区，均在汉水

① 刘玉堂：《杨越与楚国》，张正明主编，张胜琳副主编：《楚学论丛》，《江汉论坛》专刊，1990年。

② 朱继平：《鄂东楚文化的历史进程与特征》，武汉大学硕士学位论文，2005年。

③ 叶植：《试论楚熊渠称王事所涉及到的历史地望问题》，《楚文化研究论集》第四集，河南人民出版社，1994年，第399~401页。

④ 参赵逵夫：《屈氏先世与句亶王熊伯庸》，《文史》第25辑，中华书局1985年版。

⑤ 黄锡全：《楚地"句亶""越章"新探》，《人文杂志》1991年第2期。

⑥ 叶植：《试论楚熊渠称王事所涉及到的历史地望问题》，《楚文化研究论集》第四集，河南人民出版社1994年版，第404页。

⑦ 段渝：《西周时代楚国疆域的几个问题》，《中国史研究》1997年第4期。

⑧ 石泉：《楚都丹阳地望新探》及《从春秋吴师入郢之役看古代荆楚地理》，均载《古代荆楚地理新探》，武汉大学出版社1988年版，第191、360页。

中游地区。

综合以上分析可知，楚国的地理空间体系是一个变动、变迁与发展、扩大的过程，不是从一开始就有的。鬻熊时期，芈姓部族居住在丹山丹水之间，故其地名曰丹阳，鬻熊时期的丹阳与荆山、江汉、沮漳等无关。熊绎受封时，仍在丹山丹水之间，但迁到了荆山脚下，此时荆山开始成为楚国地理空间的组成部分。熊渠时楚国大力在楚蛮中扩张势力，于是汉水中游地区加入楚国的地理空间体系。春秋早期以后，沮漳流域又成为楚人的根本重地，于是“江、汉、睢、章”成为“楚之望也”。

由这个地理空间体系的变迁来看，鬻熊之时，楚国当在丹江上游的商县一带，这里距周京最近。熊绎受封时，楚国可能在丹江下游的丹淅之汇处附近，这里有最古的荆山。西周晚期熊渠以后，楚国开始涉足江汉或江上，汉水中游地区成为楚国的势力范围，此时的丹阳或已迁至江汉或江上楚蛮之地的汉水中游地区。春秋早期以后，沮、漳河流域成为楚国的根本重地。至此，江、汉、沮、漳的地理空间体系才最后形成。

第三章　楚地族群与早期楚文化研究

当芈姓祝融居于中原时，其族群属性为华夏，且是华夏核心成员。南迁进入南阳盆地及汉水中下游地区后，与南方的各种土著族群为伍，其族群环境与文化环境皆发生了根本性的改变，由于身处南方土著族群及其文化之中，其族群与文化属性也因此而改变。在族群上，芈姓祝融成为南方楚蛮之一员，也由此而被称为“楚人”。在文化上，芈姓脱离中原文化区进入南方文化区后，也必然为南方文化所同化。而且，文化也是族群属性的最重要标识，杞国之所以被姬姓诸侯目为东夷，正是因其“用夷礼”，其风俗、语言、服饰均夷化，而礼俗、语言、服饰等综合起来即所谓的文化，当外来族群在这些方面全部与土著族群趋同时，无论其外部认同还是内部的自我认同，都会与土著合一。

因此，芈姓祝融进入南方后的发展，就要综合考虑南方地区的族群分布与文化性质。在文化上，长江中游地区自后石家河文化中断后，中原夏商王朝的文化传入，在中原中心之下，长江中游地区的北部成为中原王朝和中原文化的边缘地区，其地方文化成为中原文化的地方类型。随着夏商王朝的南下，北方文化传入南方，与原有文化因素相融合，形成了一种新的土著文化，这种土著文化整体上是在中原夏商周文化的影响下形成的，但因其地域特点、原有文化传统的影响等因素，又与纯正的、中原王朝核心区的文化有较大不同。而随着中原王朝的更替，南方土著文化也随之同步更新。就西周时期而言，随着周克商，周文化替代商文化，南方文化也随之从商文化的地方类型过渡到周文化的地方类型。西周时期长江中游地区的地方文化与楚文化有直接的渊源关系，而这种渊源关系也成为探索早期楚都、研究早期楚国与文化的重要领域。

第一节　从华夏到楚蛮——芈姓祝融的族群变迁

楚国是由上古时代的祝融部族分支芈姓季连所创立的国家，因而楚史有一个从楚族到楚国的发展过程，楚族起源也由此成为楚史与楚文化研究上的一大重点。楚族起源早期曾众说纷纭，有西来说、北来说、东来说与土著说等。近几十年来，随着考古材料，尤其是大量出土文献的面世，为楚族源研究提供了一系列新资料，学者结合传世文献与出土资料对楚人的族源与流变等作了大量的研究，学术界对楚族源问题有了基本一致的认识，北来说逐渐成为主流。① 现在学术界已基本认同楚人源于祝融八姓之一的芈姓季连一支，祝融一族及其后裔祝融八姓原居于中原，后来逐步南迁，进入江汉之地，最终受周封立国，始建楚国于楚蛮之地。

祝融不仅居于中原，而且祝融部族及其后裔祝融八姓与中原王朝有密切关系，是无可置疑的华夏核心族群。但楚族进入江汉地区之后，楚国却被视为蛮夷，西周初年，“成王盟诸侯于岐阳，楚为荆蛮，置茅蕝、设望表，与鲜牟守燎，故不与盟”②。此为春秋时晋大夫叔向之言，表明在周人的视野中，不仅西周时期的楚国，甚至春秋时已成为“超级大国”，与晋国争夺中原霸权的楚国，也被以“蛮夷”视之。而楚人自己亦不惮以蛮夷自称，西周时的楚君熊渠就说：“我蛮夷也，不与中国之号谥。”③因此芈姓一族的族群属性，就有一个变迁的过程，由华夏变成楚蛮。

以往讨论楚先祖及楚族起源，多是着眼于居地及其迁徙，但弱势族群在作长程迁徙并跨越不同文化区时，其族群属性必然会发生变化，如著名的杞国，原为夏禹后裔，是正宗的华夏，商周两代时因活动在山东地区，与东夷

① 黄莹：《出土文献与楚族起源研究》，《中原文物》2015 年第 4 期。

② 《国语》卷十四《晋语八》“叔向论务德无争先”章，上海古籍出版社 1978 年版，第 466 页。

③ 《史记》卷四十《楚世家》，中华书局 1982 年版，第 1692 页。

为伍，文化上亦向东夷看齐，于是被周人视为东夷，《左传》僖公二十七年："杞桓公来朝，用夷礼，故曰子。"杜预注："杞，先代之后，而迫于东夷，风俗杂坏，言语衣服有时而夷，故杞子卒，传言其夷也。"①因此族群迁徙带来的族群属性变化，是考察上古国族迁徙的重要方面。同样，族群属性的变化，亦是反向考察国族迁徙的重要途径，当某一族群的族群属性发生重大变化时，并不可以等闲视之，因为这可能是族群居地发生变化、族群经历长程迁徙后适应自然与人文环境的结果。

更进一步说，夏商西周时期中原及江汉地区的族群、文化与政治环境，是楚族、楚国与楚文化的起源及早期发展的生成环境，考察楚族、楚国与楚文化的生成环境，对于深入研究楚族、楚国与楚文化的起源及早期发展，具有重要意义。

一、上古时代的族群划分

讨论楚族的族群属性，需要先从上古时代的族群划分开始。20 世纪 20—40 年代，现代史学初创时期，学者即开始关注此问题。蒙文通《周秦民族史》(1927—1935 年)和傅斯年《夷夏东西说》(1931 年)，以及徐旭生《中国古史的传说时代》(1939—1941 年)，均讨论上古时代族系的空间分布。蒙文通的工作最早，他通过分析周秦时代少数民族的迁徙，将周秦时代的部族分为江汉、海岱、河洛三系。② 傅斯年把黄河流域的先秦部族分为东西二系，以夏、周为西系，商、夷为东系。③ 徐旭生则将上古时代的居民划分为华夏、东夷、苗蛮三大族团，以此来重构"中国古史的传说时代"。④ 徐说最

① 《左传》僖公二十七年，《春秋经传集解》，上海古籍出版社 1988 年版，第 364 页。

② 蒙文通：《古史甄微》，《蒙文通文集》第五卷，巴蜀书社 1999 年版。

③ 傅斯年：《夷夏东西说》，氏著《民族与古代中国史》，河北教育出版社 2002 年版(原刊《中研院历史语言研究所集刊》外编第一种《庆祝蔡元培先生六十五岁论文集》，1934 年)。

④ 参徐旭生：《中国古史的传说时代》第二章《我国古代部族三集团考》，广西师范大学出版社 2003 年版。

晚，但因与考古学文化区系高度吻合，故影响最大，得到学术界广泛认同。

三大集团及其分布地域和考古学文化区系的对应关系大体如下：

黄河中游地区是华夏集团的分布地区。华夏是上古先民最为重要的一支，华夏集团的演变构成了中国早期历史的主体，以后成了中国和中国人的代称，其内部又分为炎帝、黄帝两大系统，后两系统合而为一，是为华夏。在考古学文化区系上，以中原为核心的黄河中游地区在新石器时代是前仰韶文化—仰韶文化—中原龙山文化—二里头文化的起源、形成和发展地区。

黄河下游以泰山为中心的海岱地区，主要是山东及苏皖北部和河南东部，是东夷集团的分布地区。东夷集团分太昊和少昊两支，蚩尤也属东夷集团，是东夷集团的军事首领，这一大部族自上古起即与华夏集团有密切关系，因此东夷有部分加入华夏集团。在考古学文化区系上，山东及苏皖北部地区是一个以泰沂山系为中心的独立地理单元，与中原和江淮地区有黄河和淮河作为自然阻隔，因此山东地区的史前文化自成体系，文化谱系为北辛文化—大汶口文化—山东龙山文化—岳石文化，整个的山东地区新石器时代文化均属东夷远古文化系统。①

在长江中游地区，今湖北、湖南、江西及河南西南部，上古时代为古三苗所居，徐旭生称为苗蛮集团，以伏牛、外方诸山脉为北界与华夏集团为邻。② 以江汉平原为核心的长江中游地区是彭头山、大溪、边畈文化—屈家岭文化—石家河文化的起源与发展之区，徐旭生考定的苗蛮集团地域，与屈家岭文化和石家河文化的分布范围大致相合，其盛衰亦基本同步，故学术界普遍认为，考古学上的屈家岭文化、石家河文化即三苗所创造的文化遗存。③ 三

① 严文明：《东夷文化的探索》，《文物》1989 年第 9 期。

② 徐旭生：《中国古史的传说时代》，广西师范大学出版社 2003 年版，第 76 页。

③ 俞伟超：《先楚与三苗文化的考古学推测》，《文物》1980 年第 10 期；李龙章：《江汉新石器文化族属考》，《江汉考古》1988 年第 2 期；张绪球：《长江中游新石器文化概论》，湖北科学技术出版社 1992 年版，第 318~323 页；孟华平：《长江中游史前文化结构》，长江文艺出版社 1997 年版，第 240~244 页；何介钧：《长江中游新石器时代文化》，湖北教育出版社 2004 年版，第 467 页。

苗衰微后，其后裔改宗中原文化，仍在江汉地区生活、繁衍，形成了夏商时代的楚蛮族群，并在中原文化的强烈影响下创造了夏商时代江汉地区的土著文化。①

上古时代族群与居地的同一性很强，族地纽带相对坚韧，族名往往也是地名，族群概念同时也是地域概念。徐旭生先生早年就指出："古人所用地名、氏族名、个人名，常常不分。"因此治上古时代的历史，"必须注意土地名、氏族名、个人名的常相合一，然后爬梳纠纷的史实才能比较容易"②。所以上古史的研究中，需特别注意上古时代的族名同时也是地名，因此华夏、东夷、三苗、荆楚这些族群概念同时也是地域概念，还是文化概念，理清这一点，然后才能对祝融及其后裔的族群属性有更为清晰的理解。

华夏一词，首先是族群概念。最早见于《尚书·武成》："华夏蛮貊，罔不率俾。"③《左传》襄公二十六年："楚失华夏。"④华夏又称为诸夏，《左传》僖公二十一年："以服事诸夏。"⑤又可简称为华或夏，《左传》定公十年："裔不谋夏，夷不乱华。"⑥华夏作为族群，起源于远古时代黄河中游地区的炎黄部落集团，经历复杂的融合与变迁，由部落而国家，率先在中原地区建立起夏、商、周三代王朝，在由部落而国家的过程中，民族开始形成，到西周时，夏、商、周三族已初步融为一体，有了共同的族称（夏、中国），共同的地域观念（禹绩、夏区），共同的祖先观念（黄帝为共同始祖），共同的经济特征和文化特征，形成了有共同自我认知的族群共同体，到春秋时期就形

① 尹弘兵：《禹征三苗与楚蛮的起源》，《武汉科技大学学报》2011 年第 2 期。

② 徐旭生：《中国古史的传说时代》，广西师范大学出版社 2003 年版，第 40 页。

③ 《尚书正义》，李学勤主编：《十三经注疏》标点本，北京大学出版社 1999 年版，第 292 页。

④ 《左传》襄公二十六年，《春秋经传集解》，上海古籍出版社 1988 年版，第 1062 页。

⑤ 《左传》僖公二十一年，《春秋经传集解》，上海古籍出版社 1988 年版，第 321 页。

⑥ 《左传》定公十年，《春秋经传集解》，上海古籍出版社 1988 年版，第 1675 页。

成了稳定的华夏民族。① 需要指出的是，在上古时期，作为族群概念，华夏是与四夷相对的，华夏居于中原，夷狄居于四方。华夏与夷狄是不相兼容的。近代以来的学者，在研究传说时代时，溯及源头，将华夏民族之远祖的炎、黄两大族系称为华夏集团。②

其次，华夏又是地域概念。上古时代，在人类文明出现之前，地球上是没有人名、族名与地名这些东西的。至文明初起之时，人类认识开始发端，人群有了自我认识，由是有了族群名称，而族群所居之地以其族名称之，于是才有了地名，因此族名在上古时代同时也是地名，此情形谓之族地合一。由于族名也是地名，因此华夏不但是族群概念，同时也是地域概念。上古时代的华夏地域，徐旭生先生作过较详细的考证："华夏集团发祥于今陕西省的黄土原上，在有史以前已经渐渐地顺着黄河两岸散布于中国的北方及中部的一部分地方。"③王玉哲先生认为："黄、炎集团是北方的部落，居留之地，西到陕、甘，东与东夷部落交错，南与苗蛮部落为邻。"④因此作为地理概念，华夏即中原。进入夏代，华夏在族群上指夏王朝诸族，在地理上则较为确定，指今河南省中部、西部及山西省南部⑤，1959 年徐旭生调查夏墟，即是以豫西、晋南地区为目标，著名的二里头遗址即是此次考察的成果⑥。在考古学文化上，二里头文化之二里头类型和东下冯类型，大体与文献所载夏核心区一致。更进一步说，华夏在地理上指三代王朝的核心区域。可见华夏在地理上即中原，在最狭窄的含义上指以嵩山为核心的今河南省中部和西部地区及山西南部。

---

① 王鍾翰主编：《中国民族史》，武汉大学出版社 2012 年版，第 138 页。

② 徐旭生：《中国古史的传说时代》，广西师范大学出版社 2003 年版，第 43 页。

③ 徐旭生：《中国古史的传说时代》，广西师范大学出版社 2003 年版，第 55 页。

④ 王玉哲：《中华远古史》，上海人民出版社 2003 年版，第 129 页。

⑤ 关于夏核心区，诸多学者均作过探讨，其结论大体一致，参王玉哲：《中华远古史》，上海人民出版社 2003 年版，第 155 页；邹衡：《夏商周考古学论文集》（第二版），科学出版社 2001 年版，第 232 页；孙淼：《夏商史稿》，文物出版社 1987 年版，第 108～111 页；李民：《夏商史探索》，河南人民出版社 1985 年版，第 48 页。

⑥ 徐旭生：《1959 年夏豫西调查"夏墟"的初步报告》，《考古》1959 年第 10 期。

三苗和荆楚也是如此，上古时代的三苗和夏商时期的荆楚，也同时具有族群和地域的双重含义。作为族群概念，西周以前、夏商时期的“楚人”“荆楚”，非指芈姓楚国，而是指古三苗的后裔楚蛮，西周时期，熊绎建国于楚蛮之地，因此西周时期的“楚”，则是兼指楚国与楚蛮，到东周时期由于楚国的兴起，楚蛮尽为楚国所并，因此东周里的“楚”，作为族群概念是指楚国之人。作为地域概念，夏商时期的“楚”是指楚蛮所居之地，夏商时代的楚地范围，大致仍在古三苗的范围之内，居住在原来江汉文化区的边缘地区，从考古学文化和古籍记载两方面来考察，商代楚地应为汉东地区和鄂豫陕交界地区。①

二、季连的族群属性

前文已指出，季连是楚族的直系先祖，出自上古时代的祝融部族，祝融则出自更为远古的帝颛顼高阳，《史记·楚世家》叙楚之远祖曰：

> 楚之先祖出自帝颛顼高阳。高阳者，黄帝之孙，昌意之子也。高阳生称，称生卷章，卷章生重黎。重黎为帝喾高辛居火正，甚有功，能光融天下，帝喾命曰祝融。共工氏作乱，帝喾使重黎诛之而不尽。帝乃以庚寅日诛重黎，而以其弟吴回为重黎后，复居火正，为祝融。吴回生陆终。陆终生子六人，坼剖而产焉。其长一曰昆吾；二曰参胡；三曰彭祖；四曰会人；五曰曹姓；六曰季连，芈姓，楚其后也。②

可见季连为楚族直系先祖，祝融则为楚族远祖。此楚先祖谱系亦见于楚人之自称，战国时的屈原，为楚之同姓，其自叙先祖曰：“帝高阳之苗裔兮，朕

① 刘玉堂、尹弘兵：《楚蛮与早期楚文化》，《湖北大学学报》2010年第1期；尹弘兵：《商代的楚蛮与西周初年的楚国》，《华夏考古》2013年第1期。

② 《史记》卷四十《楚世家》，中华书局1982年版，第1689~1690页。

皇考曰伯庸。”屈原之皇考伯庸，饶宗颐曰：“‘皇考’，即‘太祖’，原与楚同姓，则原之皇考，当亦楚之太祖，诚无疑也。伯庸者何人，以予考之其殆祝融乎!”“是融盖楚先。其名本单称曰融。‘融’‘庸’音同、字通，《路史·后纪》(四)‘祝融’，字正作‘祝庸’。‘伯’者，爵名，庸之‘伯庸’，犹‘鲧’之称‘伯鲧’，禹之称‘伯禹’。‘伯’字于古当训大。”①长沙子弹库帛书祝融之“融”字写作“螗”,② 清王引之《经义述闻》亦曰：“庸与融同”,③ 可见伯庸即祝融。《左传》僖公二十六年所楚人指责夔子之言：“夔子不祀祝融与鬻熊。楚人让之，对曰：‘我先王熊挚有疾，鬼神弗赦而自窜于夔。吾是以失楚，又何祀焉?’”④夔子国为熊挚之后，为芈姓别枝，楚人以其不祀祝融与鬻熊责之，可见祝融确为楚族共同的祖先。《左传》昭公二十二年又载楚灵王之言：“昔我皇祖伯父昆吾，旧许是宅。”⑤昆吾为陆终六子之长，季连则为陆终幼子，故楚灵王称昆吾为皇祖伯父，亦楚族出自祝融之证。此外楚先祖谱系亦见于《国语·郑语》《大戴礼记·帝系》及《世本》等传世文献，可见祝融确为楚人之远祖。又祝融之义，汉贾逵训云：“祝，甚也；融，明也。”⑥

更为重要的是，出土的包山楚简、葛陵楚简和望山楚简完全证实了这一楚先祖世系：

举祷楚先老僮(童)、祝矗(融)、媸(鬻)酓(熊)各一牂。包山 217

举祷楚先老僮(童)、祝矗(融)、媸(鬻)酓(熊)各两羖。包山 237⑦

---

① 饶宗颐：《楚辞地理考》，商务印书馆 1946 年版，第 7~9 页。

② 字形见《江汉考古》1985 年第 1 期所附帛书图。说见李学勤：《谈祝融八姓》，《江汉论坛》1980 年第 2 期。

③ (清)王引之：《经义述闻》卷二十“服物昭庸采饰显明文章比象周旋序顺”条，江苏古籍出版社 2000 年版，第 482 页。

④ 《左传》僖公二十六年，《春秋经传集解》，上海古籍出版社 1988 年版，第 361 页。

⑤ 《左传》昭公十二年，《春秋经传集解》，上海古籍出版社 1988 年版，第 1357 页。

⑥ 《左传》昭公二十九年孔颖达《正义》引，《春秋左传正义》，李学勤主编：《十三经注疏》标点本，北京大学出版社 1999 年版，第 1507 页。

⑦ 湖北省荆沙铁路考古队：《包山楚墓》，文物出版社 1991 年版。

□……举祷楚先老童、祝䧓(融)、媸(鬻)酓(熊)各两牂。……□ 葛陵甲三188、197

□……就祷楚先老嫜(童)、祝[融]。葛陵甲三268①

□先老禮(童)、祝[融]、媸(鬻)酓(熊)各一牂。望山120+121②

简文中的老童，即《史记·楚世家》中的卷章，裴骃《集解》引谯周曰"老童即卷章"，可见楚先祖出自中原，上古时期为中原华夏集团核心部族，已是不刊之论。

祝融与夏的关系更为紧密，是夏王朝的重要支柱。祝融部族形成之初，即与夏有特殊关系，周内史过曰："昔夏之兴也，融降于崇山"，韦昭注："融，祝融也。崇，崇高山也。夏居阳城，崇高所近。"此处崇高即嵩高，后世之嵩山，在今河南登封县北。③ 此言又见于《竹书纪年》："夏道将兴，草木畅茂，青龙止于郊，祝融之神降于崇山。"④祝融部族与夏王朝关系至为密切，在后世的记忆中被视为夏王朝得以建立的关键因素。又祝融为重黎、吴回、陆终三人共有的名号，⑤ 陆终之后，祝融部族枝分为六，即文献中的陆终六子，季连即为陆终幼子，六子中又别分二支，上古时代的祝融部族最终演化为庞大的祝融族团，总称为祝融八姓。夏代时祝融族团不仅与夏共始，而且与夏同终。夏代开国即得到祝融集团大力支持，夏初时昆吾即因善于制陶而在夏王朝中颇受重用，夏代后期，昆吾更主持夏政，成为夏朝后期的支柱力量，最后昆吾与夏桀同以乙卯日而亡。可见祝融作为虞夏时期的核心部族当无疑问。

① 河南省文物考古研究所：《新蔡葛陵楚墓》，大象出版社2003年版。

② 湖北省文物考古研究所：《江陵望山沙冢楚墓》，文物出版社1996年版。望山一号墓所出120、121号竹简，整理者认为应连读。

③ 徐元诰：《国语集解》，中华书局2002年版，第29页。

④ 方诗铭、王修龄：《古本竹书纪年辑证》(修订本)，上海古籍出版社2005年版，第208页。

⑤ 王光镐：《楚文化源流新证》，武汉大学出版社1988年版，第17、18页。

祝融之居地亦在中原核心区。前文已分析指出，新郑附近早年为祝融故居。祝融一族后来支系繁衍，分布很广，但祝融各支早期居地及初期活动区域可考者大致在今河南省中部的新郑周围。至于祝融八姓后来的分布，李学勤、徐少华皆考定位于黄河中游地区。①

由此可知祝融部族及其后裔祝融八姓，均为华夏核心部族，居住在中原文化核心区，上古时代即为华夏集团中的重要成员，并与夏王朝有特殊关系，为夏王朝之中坚。

祝融故居在新郑，季连的居地文献失记，但清华简《楚居》有详细记载。根据前文所考，《楚居》所载季连初降之地的騩山，正在新郑附近。因此季连部族的早期活动地区当在今河南省新郑为核心、嵩山山脉至伏山山脉之间的河南省中部地区。

但在夏商易代的过程中，祝融各支遭到商人的严重打击。商汤灭夏，首当其冲的即是祝融八姓中的昆吾及韦、顾，《诗经·商颂·长发》："韦顾既伐，昆吾夏桀"，郑笺："韦，豕韦，彭姓也。顾、昆吾，皆己姓也。三国党于桀恶。汤先伐韦、顾，克之。昆吾、夏桀则同时诛也。"②进入商代，祝融各族不再有夏代时的繁盛状况，季连在传世文献中被称为"中衰"，应当是祝融集团受到了商人之打击。③ 故进入商代后，季连在中原王朝中不再具有核心部族的地位。

在《楚居》的记载中，季连在商代晚期时的主要活动，是在汌水、方山一带见到"盘庚之子"，并追求其女"比隹"：

---

① 李学勤：《谈祝融八姓》，《江汉论坛》1980年第2期；徐少华：《论祝融八姓的流变及分布》，湖北省考古学会选编：《湖北省考古学会论文选集(三)》，《江汉考古》增刊，1998年。

② 《毛诗正义》，李学勤主编：《十三经注疏》标点本，北京大学出版社1999年版，第1459页。

③ 徐少华：《论祝融八姓的流变及其分布》，湖北省考古学会选编：《湖北省考古学会论文选集(三)》，《江汉考古》增刊，1998年；张万高：《简论芈姓祝融的南迁及相关问题》，《江汉考古》1988年第2期。

（季连）见盘庚之子，处于方山，女曰比隹，秉兹率相，詈冑四方。季连闻其有聘，从，及之盘，爰生緹伯、远仲。婋徜徉，先处于京宗。

盘庚即著名的商王盘庚。《楚居》所载季连在商代晚期时的各居地皆不见于史籍，难以确考，但季连既曾“见盘庚之子”，并为与其联姻而辗转，则可由“盘庚之子”的身份可知，此时的季连必活动在商核心区内，具体而言即晚商文化殷墟类型的分布范围内，可知终季连之世，季连一族始终居住、活动在传统的中原文化区。

由是可知，楚之先祖，不仅远祖祝融为上古时代华夏集团的核心部族，且与夏王朝有密切关系，夏代时祝融族团各支亦为夏王朝重要支柱，其直系先祖季连在虞夏两代亦是华夏核心族群。但夏商易代后祝融八姓遭到重大打击，季连部族也由此失去了华夏核心族群的地位，但并未离开中原文化和中原王朝核心区。终季连之世，其族群属性皆为华夏。

三、芈姓南迁后的族群属性

季连及其同族各支均为华夏核心族群，即使是夏商易代给祝融族团造成严重打击也未能改变这一点。但芈姓祝融南迁后，其族群属性发生了变化，由华夏变成楚蛮。春秋时晋大夫叔向即称“楚为荆蛮”①，而楚人亦公然自称“我蛮夷也”②。可见芈姓族群的南迁导致了其族群属性发生变化。而楚人何时由华夏变成楚蛮，清华简《楚居》为我们提供了最早的线索：

丽不从行，溃自胁出，妣戳宾于天，巫咸赅其胁以楚，抵今曰楚人。

① 《国语》卷十四《晋语八》“叔向论务德无争先”章，上海古籍出版社1978年版，第466页。

② 《史记》卷四十《楚世家》，中华书局1982年版，第1692页。

丽即丽季。据此段《楚居》所叙，芈姓祝融至丽季（亦即《史记·楚世家》之熊丽）时，才与“楚”发生交集，芈姓一族才有了“楚人”之称。

要正确理解这一段《楚居》简文，先要把“楚”的含义弄清楚，然后才能对相关问题有正确的认识。“楚”在文献中的含义如下：

首先，楚可指楚木，楚木为某种野生林木，此用法多见于《诗经》。《诗·风·汉广》：“翘翘错薪，言刈其楚。”郑笺：“楚者，杂薪之中尤翘翘者。”①其他尚有《唐风·葛生》“葛生蒙楚，蔹蔓于野”，《唐风·绸缪》“绸缪束楚，三星在户”，《秦风·黄鸟》“交交黄鸟，止于楚”，《王风·扬之水》“扬之水，不流束楚”，《小雅·楚茨》“楚楚者茨，言抽其棘”等。可见楚是一种分布很广的野生林木，主要分布在南方，北方个别地区可能亦有。

其次，楚可特指中原某些地区，多见于春秋经传，如《春秋》隐公七年：“戎伐凡伯于楚丘以归”，《左传》僖公二年：“诸侯城楚丘而封卫焉”，《左传》襄公十年：“宋公享晋侯于楚丘”，《左传》昭公二十二年：“王师军于京楚”。② 据王光镐考证，这些楚丘、京楚，皆在中原地区。③ 其中楚丘有二处，一为隐公七年、襄公十年之楚丘，杜预注谓在“济阴成武县西南”，《读史方舆纪要》卷三十三“山东四·曹州曹县”条下有楚丘城，地在曹县东南四十里，春秋时在曹国与宋国之间，④ 此为山东之楚丘；另一楚丘即春秋时卫国为狄灭后所迁之楚丘，地在今河南滑县。至于京楚，为王子朝之乱时子朝所居，其地当在今洛阳附近。这些楚丘、京楚，皆在中原，而这些地方以楚为名，可能与楚木有关，为中原地区的楚木丛生之地。

再次，楚可指楚蛮。楚蛮是商周时代的南方居民，古三苗的后裔，三苗

---

① 《毛诗正义》，李学勤主编：《十三经注疏》标点本，北京大学出版社 1999 年版，第 54~55 页。

② 《春秋》隐公七年，《左传》僖公二年、襄公十年、昭公二十二年，《春秋经传集解》，上海古籍出版社 1988 年版，第 40、237、866、1488 页。

③ 王光镐：《商代无楚》，《江汉论坛》1984 年第 1 期。

④ （清）顾祖禹：《读史方舆纪要》卷三十三“山东四·曹州曹县”条，中华书局 2005 年版，第 1575 页。

灭亡后在南方形成一个新的族群，其族源属南方的苗蛮集团。① 楚蛮之得名，或因其居于南方楚木丛生之地。夏商西周时期，楚蛮相当活跃，文献中记载商汤、武丁均曾征伐荆蛮，周成王封熊绎为诸侯，其建国之地即在楚蛮地区。西周晚期，楚熊渠称雄江汉，其活动地区"皆在江上楚蛮之地"。春秋早期，楚国在江汉地区大肆扩张，将江汉地区的各种土著居民及小国、还有周代的南土诸侯尽数征服，整合成为统一的楚民族，楚蛮从此消失，不见于史籍。但楚蛮的历史早于楚国，楚国则是在楚蛮之地发展起来的，后来楚通荆，故楚蛮又称荆蛮，但文献中一般多见荆蛮而少见楚蛮，如《诗经》屡有"荆"和"蛮荆"之称，《国语》《史记·吴世家》《史记·齐世家》《汉书》《竹书纪年》等均称荆蛮，《左传》昭公二十六年载周王子朝奔楚，遣使告于诸侯曰"兹不穀震荡播越，窜在荆蛮"②，唯《史记·楚世家》称为楚蛮。

最后，楚可指芈姓楚国。但此义的出现却是最晚的，按诸史籍，周成王之时，封熊绎为诸侯，自此始有芈姓楚国。

楚国始于西周初年，但初封时的楚国很小，其封地仅五十里，楚令尹子西曾说："且楚之祖封于周，号为子男五十里"，《史记·十二诸侯年表》亦曰："齐、晋、秦、楚其在成周微甚，封或百里或五十里"③，直到春秋早期，楚地尚"土不过同"，杜预注："方百里为一同，言未满一圻"④。可见楚国初封时仅是一很小的诸侯。楚国迅速强大，奄有南方之地，是春秋早期以后的事。而在周成王封熊绎之前，只有楚蛮而无楚国。

---

① 对于楚蛮族源的讨论，可参张正明主编：《楚文化志》，湖北人民出版社 1988 年版，第 5 页；张正明：《楚史》，湖北教育出版社 1995 年版，第 52 页；伍新福：《荆蛮、楚人与苗族关系新探》，《求索》1988 年第 4 期；刘玉堂：《夏商王朝对江汉地区的镇抚》，《江汉考古》2001 年第 1 期。

② 《左传》昭公二十六年，《春秋经传集解》，上海古籍出版社 1988 年版，1542 页。

③ 《史记》卷四十七《孔子世家》、卷十四《十二诸侯年表》，中华书局 1982 年版，第 1932、509 页。

④ 《春秋左传正义》，李学勤主编：《十三经注疏》标点本，北京大学出版社 1999 年版，第 1439 页。

由此可知，丽季支系出现之时，尚未有芈姓楚国。因此《楚居》所言“抵今曰楚人”之“楚人”，不可想当然理解为“楚国之人”，而芈姓一族，此前亦与“楚”毫无交集，无楚人、楚族之称，自丽季支系出现时起，芈姓祝融始与“楚”产生交集，芈姓一族始有“楚”之名号。

丽季支系出现时与芈姓一族发生交集的“楚”，首先可以明确的是，此“楚人”是族群概念。其次可以确认的是，因此时尚无芈姓楚国，故此处的“楚人”，只能是指夏商时期“居国南乡”的“楚蛮”。亦即丽季支系出现之时，芈姓祝融的族群属性由华夏变成了楚蛮。

四、芈姓祝融族群属性变化的原因与意义

综上可知，以丽季为界，芈姓祝融的族群属性发生了根本性的改变：丽季以前，夏商时期的芈姓祝融是华夏核心族群，商代时芈姓祝融虽然极为衰微、处境艰难，但也没有离开中原文化核心区，且经过努力与商王室联姻成功，其族群属性仍是华夏，但丽季之后，芈姓祝融的族群属性却从华夏旧族转变成为南方楚蛮，成为楚蛮族群中的一员。此一改变的原因及其意义，值得深入探讨。

首先，丽季的年代是商末。我们已经知道，终季连之世，直到晚商时期(殷墟时期)，芈姓祝融都居住在中原文化核心区，并与商王室联姻。但鬻熊时期，芈姓祝融却与周人建立了政治联系，《史记 · 楚世家》记载鬻熊(穴熊)与太颠、闳夭、散宜生、辛甲大夫等周初重臣投奔周文王，为文王师。由于鬻熊(穴熊)与周人建立了政治联系并事奉周室，芈姓祝融因此得以进入周人的政治体系，为周人的灭商大业奔走服事。周原甲骨中留下了商末周初时周楚关系颇为紧密的记录：“曰今秋楚子来告父后哉”；“其微、楚□氒尞，师氏受尞”。① 熊绎受封时，以“文、武勤劳之后嗣”而受封，所谓“文武勤劳”当是指熊绎之父祖在商末周初周人灭商的大业中勤劳王事。周成王举行

① 陕西周原考古队：《陕西岐山凤雏村发现周初甲骨》，《文物》1979 年第 10 期。

岐阳之会，熊绎虽不得以正式身份与盟，但亦曾参与，在会中负责守燎，①这可能是其父(熊狂)、祖(熊丽)所留之职。春秋时楚灵王曾声称楚君熊绎“与吕级(齐太公之子丁公)、王孙牟(卫康叔子康伯)、燮父(晋唐叔之子)、禽父(周公之子伯禽)并事康王”②。虽然这可能有些后世楚人的自我吹嘘，周初时熊绎的地位是肯定不能与齐、鲁、晋、卫这些西周最重要的同姓与姻亲诸侯并列的，但这些历史记忆至少可以说明，商末周初时鬻熊(穴熊)及其子孙与周室关系密切，芈姓首领频繁往来关中并在关中参与西周的重大政治活动。因此学者普遍认为，商末周初之时，鬻熊(穴熊)一族的居地应在靠近关中的丹江上游地区。③ 这表明，鬻熊(穴熊)继为芈姓首领之后，芈姓祝融发生了迁徙，从中原迁徙至靠近关中、与周人比邻而居。

其次，从历史背景上来看，商末时政局极为动荡。鬻熊在文献中留下的是智者形象，由此推测鬻熊有较高的文化素养，在当时的时代，能有这种高级文化素养的，很有可能是地位相当高的商贵族，因此鬻熊的身份颇有可能是与微子、比干同级别或稍低的高级商贵族。而商末帝辛(殷纣)统治时期，商朝统治集团内部矛盾极为尖锐，史载帝辛醢鬼侯、脯鄂侯、囚西伯：“昔者，鬼侯、鄂侯、文王，纣之三公也，鬼侯有子而好，故入之于纣，纣以为恶，醢鬼侯。鄂侯争之急、辨之疾，故脯鄂侯。文王闻之，喟然而叹，故拘之于牖里之库，百日而欲舍之死。”④类似记载亦见于《史记·殷本纪》及《史记·鲁仲连邹阳列传》。而且在帝辛的统治下，不仅鄂侯、九侯这样的外姓诸侯，即使是纣之亲族微子、比干、箕子，亦不能保全，以致“微子去之，

① 《国语》卷十四《晋语八》“叔向论务德无争先”章，上海古籍出版社 1978 年版，第 466 页。

② 《左传》昭公十二年，《春秋经传集解》，上海古籍出版社 1988 年版，第 1356 页。同类记载又见于《史记·楚世家》。

③ 石泉、徐德宽：《楚都丹阳地望新探》，《江汉论坛》1982 年第 3 期，又载《古代荆楚地理新探》，武汉大学出版社 1988 年版，第 186~190 页。

④ 《战国策》卷二十《赵策三》“秦围赵之邯郸”章，上海古籍出版社 1985 年版，第 707 页。

比干谏而死，箕子为之奴”①。在这种形势下，大批殷贵族逃亡，“殷内史向挚，见纣之愈乱迷惑也，于是载其图法，出亡之周”②，“太师疵、少师彊抱其乐器奔周”③。故后人论当时的形势有云：“纣之为主也，劳民力、夺民财、危民死，冤暴之令，加于百姓，潜毒之死，施于天下，故大臣不亲，小民疾怨，天下叛之而愿为文王臣者，纣自取之也。”④鬻熊(穴熊)的情形或与之类似，在商末的政治动荡中因其商贵族的身份得以进入芈姓祝融成为部族首领。而且，商末的动荡不仅是商朝内部，帝辛醢鬼侯、脯鄂侯、囚西伯，亦表明商末的动荡不仅是商王室的内部矛盾，而是弥漫于全社会，在商朝加强对诸侯势力的打击下，鬻熊于是率族人离开中原故居，辗转迁徙至丹江上游。

最后，商末时芈姓祝融的迁徙是较长距离、跨越了文化区的大迁徙。一个较为弱小的族群进行这种长程迁徙时，必然要脱离原有的自然、人文与社会环境，而进入一个完全陌生的新环境，这必然导致迁徙中的人群要设法适应新的环境，通常这意味着改变其原有的生活习俗，而向当地土著居民早已形成的生活习俗看齐。杞的经历，正是商周时期因跨文化区的长程迁徙导致族群属性发生变化的例证。而且，不仅是弱势族群为避祸而迁徙会导致族群属性发生变化，强势族群长程迁徙并长期居住在与原居地差异较大的地区，亦会导致其生活习俗发生变化，这种变化一般是向当地土著居民的习俗看齐。如秦末天下大乱，秦龙川令赵佗据岭南自立建南越国，秦灭之时，赵佗称南越武王，至汉初高帝十一年时，汉廷遣陆贾使南越，“贾至，尉佗魋结箕踞见贾”⑤。赵佗的表现，已完全是越人习俗。⑥ 赵佗的南越国主要是依

① 程树德：《论语集释》，《新编诸子集成》，中华书局1990年版，第1247页。

② 《吕氏春秋》卷十六《先识》，陈奇猷：《吕氏春秋新校释》，上海古籍出版社2002年版，第955页。

③ 《史记》卷四《周本纪》，中华书局1982年版，第121页。

④ 《管子》卷二十《形势解》，黎翔凤撰，梁运华整理：《管子校注》，中华书局2004年版，第1172页。

⑤ 《汉书》卷四十三《陆贾传》，中华书局1962年版，第2111页。

⑥ 黄留珠：《从龙川令到南粤王》，氏著《秦汉历史文化论稿》，三秦出版社2002年版，第267页。

靠岭南地区的中原移民所建，但在生活习俗上却不得不向当地土著居民看齐，在赵佗还在世时，短时间内就已被当地土著所同化。国外亦有同样例证，欧洲的第一保加利亚王国的情形亦与之类似，保加利亚本为突厥人的一支保加尔人联合当地的斯拉夫人所建，保加尔人在政治上起主导作用，但因其人数甚少，不久之后，保加尔人便改操斯拉夫语，为斯拉夫人所同化，但保加利亚这个名称则保留了下来。① 南越国和第一保加利亚王国都是少数的深化人民统治多数的浅化人民，但长期与当地土著杂居后，亦导致生活习俗全面土著化。这种由深化人民移居浅化人民中导致深化人民向浅化人民看齐的情形，徐旭生早已有明确论述："梼杌是从深化人民出去，跑到浅化人民中间去做首领，祝融大约也是同类的人物。他虽然出于另外的集团，但是由于他到苗蛮集团中做首领，苗蛮自然受他的影响，而他及他的后人的风俗习惯大部分也要同化于苗蛮，也是一种不可免的情形。"②

《楚居》记载穴熊继为芈姓首领后，"穴熊迟徙于京宗，爰得妣䖒，逆流哉水，厥状聂耳，乃妻之，生侸叔、丽季。"这"逆流哉水"一句，其实也包含了芈姓祝融族群开始迁徙的信息。至丽季时"抵今曰楚人"一句，则表明芈姓祝融族群的族群属性发生了变化，与"楚"发生了交集。而芈姓祝融族群属性的变化，是远距离迁徙导致的结果，因此芈姓祝融族群从华夏变成楚人，还具有芈姓一族离开中原故地开始迁徙历程的意义。在族地合一的情形下，族群属性的变化同时也意味着居地的变化，在地理上的意义就是芈姓祝融族群离开中原进入楚地，而芈姓祝融族群进入楚地与楚蛮为伍，其必然的后果是芈姓祝融族群的土著化，这大概是一种必然的情形。由于进入楚地与"楚人"为伍，导致其生活习俗向楚地土著居民看齐，于是始有"楚人"之称。也就是说，"楚人"这一族称表明，无论是外部的认知还是芈姓祝融族群的自我认知，芈姓祝融族群都不再是华夏，而是楚地的"楚人"。"楚人"这个称呼对芈姓祝融族群来说，不仅是他称，也是自称，不仅是外部认同，也是内部

① 刘明翰主编：《世界通史·中世纪卷》，人民出版社 2004 年版，第 146~147 页。
② 徐旭生：《中国古史的传说时代》，广西师范大学出版社 2003 年版，第 75 页。

的自我认同。这清楚表明芈姓祝融族群的族群属性已由中原的华夏族群变成了南方的土著楚蛮族群，成为南方楚蛮中的一员。

进一步申论，丽季的时代虽已非常接近楚人的信史时代，但毕竟还处于传说时代的架构中，因此丽季虽然在《楚居》中明记为穴熊之子，但亦不可径直理解为个人，而是族称。由于丽季并未脱离穴熊部族另立，因此丽季的真实含义应该是穴熊部族内部的支系。在《楚居》中，作为穴熊之子的𠭯叔、丽季与作为季连之子的緹伯、远仲，应该是穴熊时期芈姓祝融族群内部的四大支系。而且从《楚居》的记载来看，丽季支系可能是芈姓祝融族群中土著化时间较早、程度也较为彻底的一支，是芈姓部族内部因与土著楚蛮有较多联系而最先"楚化"的一支。传世文献中也谓"昔者楚熊丽始讨此睢山之间"①，睢山即沮山，睢山所在，学者虽有不同看法，但用否定的观点来作排除法，睢山在古文献中，与中原全然无关，其地皆在汉水流域②。这也表明熊丽(丽季)的活动是在汉水流域，而汉水流域正是楚蛮活动地域，所谓"江上楚蛮之地"。当丽季成为穴熊继承者后，芈姓祝融族群也完全楚化，整个芈姓部族，无论是外部认同还是内部的自我认同，都是真正的"楚人"——楚蛮之人。芈姓祝融族群的土著化或楚蛮化，至此完成。

可见芈姓祝融一族不是一开始就有楚人之称的，芈姓祝融族群与楚发生交集，由华夏变成楚人，是丽季以后才有的情形，是部族迁徙的结果。

第二节　西周时期楚国与楚文化的族群环境

西周时期，周人在商末以来经营南方的基础上，于汉水流域封建诸侯，大量的西周诸侯进入南方，与南方原有的土著族群杂居，形成了西周的南

① 《墨子》卷五《非攻下》，(清)孙诒让：《墨子间诂》，中华书局2001年版，第153页。

② 张正明、喻宗汉：《熊绎所居丹阳考》，张正明主编，张胜琳副主编：《楚学论丛》，《江汉论坛》专刊，1990年；王光镐：《楚文化源流新证》，武汉大学出版社1988年版，第280~376页；罗运环：《楚国八百年》，武汉大学出版社1992年版，第85页。

土。西周的大部分时期，芈姓楚国都极为弱小，仅是西周南土诸侯中很不起眼的一支。

西周在宗法制度下建构国家，宗法制度是按亲缘关系的远近来确定其在政治体系中的地位，后世总结为"殷道亲亲，周道尊尊"①。因此西周时期楚国在南土所处的人文环境，不仅要考虑政治地理分布，更要考虑西周宗法体制下的政治地位所决定的特殊的族群环境。

周代南土为数众多的国、族，按与西周关系的远近，大抵可分为西周诸侯、江汉小国、土著族群这几类。西周诸侯皆有周之封爵，是西周政治体系中的成员，享有西周王朝所赋予的政治权利，其政治地位高于无西周封爵的土著国族。江汉小国则是土著族群中受西周文化的影响、发展较快，仿效西周制度而自行建国者，但并未有西周封爵，并不受西周王朝的承认。土著族群则是南方土著中发展程度较低者，多以分散的状态存在，未有君长，尚未进入国家文明发展阶段。

而西周诸侯按与周室关系的远近，还可分为周之同姓与姻亲和异姓诸侯两类。西周时期，这些国族大力开发江汉地区，尤其是从西周中期开始，西周诸侯和江汉土著陆续进入江汉腹地，初步改变了夏商两代江汉核心区的荒凉景象，为楚国在江汉地区的兴起打下了基础。

一、周之同姓与姻亲诸侯

西周以同姓为尊，重要诸侯皆周之子孙，姬姓诸侯占了周初封国的大部分，所谓"封建亲戚以蕃屏周"②。西周制度中，异姓诸侯的地位低于同姓，鲁隐公十一年(前712年)，滕薛两国在鲁国争长："十一年春，滕侯、薛侯来朝，争长。薛侯曰：'我先封。'滕侯曰：'我，周之卜正也。薛，庶姓也，我不可以后之。'公使羽父请于薛侯曰：'君与滕君辱在寡人。周谚有之曰：

① 《史记》卷五十八《梁孝王世家》，中华书局1982年版，第2091页。

② 《左传》僖公二十四年，《春秋经传集解》，上海古籍出版社1988年版，第345页。

山有木，工则度之；宾有礼，主则择之。周之宗盟，异姓为后。寡人若朝于薛，不敢与诸任齿。君若辱贶寡人，则愿以滕君为请。'薛侯许之，乃长滕侯。"①可见异姓为后乃周之通则。但异姓诸侯中的周之姻亲诸侯，与周王朝有密切的联系，其政治地位要高于普通的异姓诸侯。这样，在西周王朝的统治下，周王室、周之同姓与姻亲诸侯形成了紧密的政治与文化联合，构成了西周族群结构的核心层，在西周的诸侯体系中，同姓与姻亲诸侯的政治地位是最高的。

江汉地区的周之同姓诸侯，即史籍所常称的"汉阳诸姬"。汉阳诸姬，见于《左传》僖公二十八年所载晋大夫栾贞子之言："汉阳诸姬，楚实尽之。"②汉阳诸姬的分布范围，清人易本烺《春秋楚地答问》谓："西自汉水以东，南自汉水以北，东至光、黄，北至于淮、汝。"③今人也颇有持此说者，谓汉阳诸姬的分布范围包括汉江流域和淮水流域④，《左传》桓公六年载斗伯比之言："汉东之国，随为大"⑤，可知随为"汉阳诸姬"之首。故"汉阳诸姬"当为汉东地区的一系列姬姓诸侯之统称，其地域范围应为汉淮之间，以随为首，核心地域应为随枣走廊一带。

随州擂鼓墩一号墓发掘后，随州地区的古曾国为世人所知，然此曾国不见于文献，却与文献记载中的随国有高度的重合性，因此曾国与随国的关系及曾国的族属问题受到学者的高度关注，是为"曾随之谜"。李学勤先生首倡曾随一国说，谓曾国即随国⑥，后又依据1979年随州义地岗季氏梁墓地出土的"穆侯之子，西宫之孙，曾大工尹季怡之用"和"周王孙季怡孔臧元武元用戈"两件有铭铜戈，对曾国即随国说又作了进一步的申述，并提出曾国为姬

① 《左传》隐公十一年，《春秋经传集解》，上海古籍出版社1988年版，第55页。
② 《左传》僖公二十八年，《春秋经传集解》，上海古籍出版社1988年版，第374页。
③ （清）易本烺：《春秋楚地答问》，清光绪刻《湖北丛书》本，第1页。
④ 杨东晨、杨建国：《汉阳诸姬国史述考》，《学术月刊》1997年第8期。
⑤ 《左传》昭公六年，《春秋经传集解》，上海古籍出版社1988年版，第88页。
⑥ 李学勤.：《曾国之谜》，《光明日报》，1978年10月4日。

姓，与周王室有较近的血缘关系①。其后石泉②，舒之梅、刘彬徽③，何浩④等多位学者，分别从各个不同方面对曾、随为一国异名说作了进一步的补充论证。但亦有大批学者认为曾国并非随国。2011年随州叶家山曾国墓地发掘后，给曾国研究带来机遇，引起了曾国研究的高潮，曾国的族属及曾随关系等在学界长期争论而未有一致结论的问题，得到学界的热烈讨论。黄凤春力主西周早期的曾与战国早期的曾是同一个国家，曾为姬姓。⑤ 很多学者亦认为叶家山墓地所见西周早期的曾侯、曾国与此前这一地域出土的大量东周曾国铜器属于同一国族，为姬姓。⑥ 但叶家山墓地中含有较多的商文化因素，如叶家山墓地出很多带日名与族徽的青铜器，墓葬东西向，头向东、有腰坑等，甚至有许多铜器就是商器，这些与周文化墓葬明显不同，因而不少学者对曾国的族属有不同看法，认为曾国并非姬姓。

关于叶家山墓葬中的商文化因素问题，周人不用日名和周人不用族徽说的提出者张懋镕先生曾作过较全面的解释，指出西周早期时周贵族也有使用日名和族徽的现象，叶家山墓地的族徽、日名铜器或来自赠予，或来自掠夺，也不排斥是两种文化相融后的产物，所以不能简单地根据族徽、日名铜器来判断墓葬族属，占主流地位的曾侯自作器以鼎、簋、甗为主，显示了周人重食文化的新风尚。⑦

---

① 李学勤：《论汉淮间的春秋青铜器》，《文物》1980年第1期；李学勤：《续论曾国之谜》，张正明主编，张胜琳副主编：《楚学论丛》，《江汉论坛》专刊，1990年。

② 石泉：《古代曾国—随国地望初探》，《武汉大学学报》(哲学社会科学版)1979年第1期。

③ 舒之梅、刘彬徽：《论汉东曾国为土著姬姓随国》，《江汉论坛》1982年第1期。

④ 何浩：《从曾器看随史》，《江汉考古》1988年第3期。

⑤ 黄凤春、陈树祥、凡国栋：《湖北随州叶家山新出西周曾国铜器及相关问题》，《文物》2011年第11期。

⑥ 李学勤等：《湖北随州叶家山西周墓地笔谈》，《文物》，2011年第11期；张懋镕：《谈随州叶家山西周曾国墓地》，《出土文献》第三辑，中西书局2012年版；王恩田：《随州叶家山西周曾国墓地的族属》，《江汉考古》2014年第3期。

⑦ 张懋镕：《周人不用族徽、日名说的考古学意义——从随州叶家山西周曾国墓地谈起》，《四川文物》2014年第4期。

2014 年湖北省文物考古研究所发表了随州文峰塔一号墓出土的曾侯與钟铭文,① 对认识和解决曾国的始封、族属、曾随关系、周初分封形势、南土诸侯格局及其历史文化演变等一系列学术界长期关注且多有讨论的疑难问题极为重要。曾侯與在铭文中自叙其先祖伯适，就是南公，即曾国始封之君。铭文称“王遣命南公，营宅汭土，君此淮夷，临有江夏”，“遣命南公”之“王”当为周成王，这与文献所载西周初年成王在周公的辅佐下平定三监之乱后，分封太公、周公、召公诸大臣立国于东土的齐、鲁，北土之燕，镇抚诸侯、藩屏王室的情形类似。曾侯與钟铭文还讲述了吴师伐楚，楚国惨败，而曾侯亲自帅师建功，挽救了楚国命运并重新安定了楚王之位的史事：“吴恃有众庶，行乱，西征南伐，乃加于楚，荆邦既扁，而天命将误。有严曾侯，业业厥圣，亲博武功。楚命是静，复奠(定)楚王。”此铭文可与《左传》《史记》所记吴师入郢之后楚昭王奔随，随人保护楚昭王并帮助楚昭王复国的史事相印证。另清华简《系年》也有类似记载“昭王归随，与吴人战于析。吴王子晨将起祸于吴，吴王阖庐乃归，昭王焉复邦”。与《左传》《史记》所载大同小异。可见文献记载中的随国即铜器铭文中的曾国，目前学术界普遍认为曾侯與钟铭文基本可以确定曾、随是一个国家、曾随一国二名、曾即随，曾随之谜至此已可得到基本解决。

此外 2012 年在随州文峰塔墓地的发掘中，又在文峰塔 M21 曾孙邵墓中发现“随大司马嘉有之行戈”②。这是经科学发掘出土的第一件随国铜器，出于曾国墓葬中，为曾即随说增添了又一重要证据。另一件曾侯與钟铭文则载曾侯與自称“余稷之玄孙”，稷即后稷，周人之始祖。此铭文可与早年随州季氏梁出土戈铭曾穆侯之子、西宫之孙季怡又称“周王孙季怡”的史实相印证。叶家山墓地所出青铜器铭文记载曾国始祖为南公，所代表的西周曾国与此前

① 湖北省文物考古研究所、随州市博物馆：《随州文峰塔 M1(曾侯與墓)、M2 发掘简报》、徐少华：《论随州文峰塔一号墓的年代及其学术价值》，并载《江汉考古》2014 年第 4 期。

② 湖北省文物考古研究所：《湖北随州文峰塔墓地考古发掘的主要收获》，《江汉考古》2013 年第 1 期。

发现的大批青铜器所体现的东周曾国一脉相承，前后相继，目前学界已倾向认为曾国始祖南公即商末周初的周室名臣南宫括，为周王室支系所封，属姬姓宗亲。① 因此，作为周之同姓宗亲，曾为南方诸侯之长，其在西周封建体系中的地位与燕、齐、鲁、卫等国类似，而相关铜器铭文亦表现出曾国在昭王南征中有重要地位，且可与传世文献中随(曾)为"汉阳诸姬"之长的说法相印证。

汉阳诸姬中的另一重要诸侯为唐国。西周末年周大夫史伯与郑桓公讨论东方局势时曾说："当成周者，南有荆蛮、申、吕、应、邓、陈、蔡、随、唐。"②韦昭注曰："应、蔡、随、唐，皆姬姓也。"唐张守节《史记正义》引《世本》曰："唐，姬姓之国。"③《左传》哀公十七年所载楚大夫子谷之言："观丁父，鄀俘也，武王以为军率，是以克州、蓼，服随、唐，大启群蛮。"亦将唐与汉阳诸姬之长的随国并列，可见唐国为周之宗室，为"汉阳诸姬"之一。但唐之族姓，另有一说谓唐为尧后，祁姓。唐司马贞《史记索隐》、《新唐书·宰相世系表》及清梁玉绳《汉书人表考》和顾栋高《春秋大事表·列国爵姓及存灭》均持此说，徐少华教授对此已力辩其非，④ 言之成理，其说可从。至于郑樵《通志·氏族略》将姬、祁二姓说并存，貌似公允，实则自相矛盾，碍难成立。田成方更通过唐国铜器中的孟姬湝簋、叔姬作阳伯鼎论证汉淮之唐国确为姬姓，"尧之后祁姓"的说法有误。⑤

南土亦有大量的周之姻亲诸侯，主要为姞姓的鄂国，姜姓的申、吕等国，姞姓、姜姓是周室最重要的通婚对象。

---

① 黄凤春、胡刚：《再说西周金文中的"南公"——二论叶家山西周墓地的族属》，《江汉考古》2014年第5期。

② 《国语》卷十六《郑语》"史伯为桓公论兴衰"章，上海古籍出版社1998年版，第507~523页。

③ 《史记》卷四十《楚世家》，中华书局1982年版，第1716页。

④ 徐少华：《周代南土历史地理与文化》，武汉大学出版社1994年版，第57~59页。

⑤ 田成方：《汉淮地区唐国铜器及其历史地理考论》，《出土文献的世界：第六届出土文献青年学者论坛论文集》，中西书局2018年版。

随州的鄂国即是周室的重要姻亲诸侯。商代时鄂侯与鬼侯、文王并为纣之三公，可见鄂为中原古国，商代时已有较高地位。鄂国地望向有鄂州东鄂和南阳西鄂两说，2007年随州安居羊子山M4出土鄂侯铜器表明西周早期的鄂国在今随州安居一带。① 与随州浙河叶家山曾国墓地直线距离仅25公里，此一分布正好与安州六器之中甗铭文的"在鄂师次"、静方鼎铭文中的"在曾鄂师"相印证。鄂之族姓，台北"故宫博物院"收藏鄂侯簋铭文："鄂侯作王姞媵簋，王姞其万年子子孙永宝。"按周代女名称国及姓的规则，此王姞为鄂侯之女，表明鄂国族姓为姞姓，此器是鄂侯为嫁入周王室的女儿所作媵器，反映了鄂国与周王室通婚的史实。西周时期，姞姓是周王室的重要通婚对象，与姜姓同为周之姻族，《左传》宣公三年："姬、姞耦，其子孙必蕃。"②此器正好与《左传》所载相印证。

西周晚期，南阳盆地还有申、吕二国。《国语·周语中》："齐、许、申、吕，由大姜。"韦昭注："四国皆姜姓也，四岳之后，大姜之家也。大姜，大王之妃、王季之母也。"③可知申、吕二国均姜姓。周代姬、姜两姓世为婚姻，姜姓诸侯是西周王室最重要的通婚对象。申国原在西土，活动于今甘肃与宁夏交界的平凉至镇原以北的古申首之山与申水一带，文献中又称为西申。④ 西周晚期时，因鄂侯驭方叛乱，率南淮夷、东夷反周，侵伐周之南国、东国，给西周造成极大威胁，以至周王愤怒地下令彻底消灭鄂侯驭方，"勿遗寿幼"。鄂侯驭方叛乱虽被扑灭，但西周的南土格局已遭极大破坏，至周宣王时，为稳定"南土"，重建南土政治秩序，改封申国于南阳盆地，是为"南申""使为侯伯"，以"统理南方之国"，谋求"南土是保"。申国南封，《诗·大雅·崧高》有详细描述：

① 随州市博物馆：《随州出土文物精粹》，文物出版社2009年版；张昌平：《论随州羊子山新出噩国青铜器》，《文物》2011年第11期；朱继平：《考古所见楚对鄂东铜矿的争夺与控制》，《中国历史文物》2010年第6期；傅玥、高旭旌：《从羊子山M4青铜器群看西周鄂国的地望》，《楚文化研究论集》第九集，上海古籍出版社2011年版。

② 《左传》宣公三年，《春秋经传集解》，上海古籍出版社1988年版，第548页。

③ 《国语》卷二《周语中》"富辰谏襄王以狄伐郑及以狄女为后"章，上海古籍出版社1978年版，第48、49页。

④ 徐少华：《"文王走(奔)西申"及相关史地考论》，《历史研究》2015年第2期。

亹亹申伯，王缵之事。于邑于谢，南国是式。王命召伯，定申伯之宅。登是南邦，世执其功。

王命申伯，式是南邦。因是谢人，以作尔庸。王命召伯，彻申伯土田。王命傅御，迁其私人。

申伯之功，召伯是营。有俶其城，寝庙既成。既成藐藐，王锡申伯。四牡蹻蹻，钩膺濯濯。

王遣申伯，路车乘马。我图尔居，莫如南土。锡尔介圭，以作尔宝。往近王舅，南土是保。

申伯信迈，王饯于郿。申伯还南，谢于诚归。王命召伯，彻申伯土疆。以峙其粻，式遄其行。

申伯番番，既入于谢，徒御啴啴。周邦咸喜，戎有良翰。不显申伯，王之元舅，文武是宪。①

可见申伯为周宣王之舅，说明周厉王娶于申，其后周幽王亦娶于申，周平王亦为申后所生。

吕国亦姜姓，与申同为四岳之后，原在山西西南部的太岳一带，周宣王时，与申国一同迁于南阳。南阳吕国在申国西面不远处，南阳县西三十里的吕城，当即南阳吕国之所在。② 吕在文献中又称为甫，《崧高》谓“维申及甫(即吕)，维周之翰”。

申、吕南迁之前，今南阳市一带原为谢国，亦为南土重要诸侯。谢国族姓，《世本·氏姓篇》：“任姓，谢、章、薛、吕、舒、祝、终、泉、毕、过。”《姓氏急就篇》：“谢氏，任姓，黄帝之后。鲁有谢息。”③可见谢为任

① 《毛诗正义》，李学勤主编：《十三经注疏》标点本，北京大学出版社 1999 年版，第 1210~1216 页。

② 徐少华：《周代南土历史地理与文化》上编第二章第四节《吕国》，武汉大学出版社 1994 年版。

③ 《世本》秦嘉谟辑本，《世本八种》，中华书局 2008 年版，第 246 页。

姓，黄帝之后，亦中原古国。谢国也是周之姻族，《国语·周语中》："昔挚、畴之国也由大任"，韦昭注："大任，王季之妃，文王之母也。"又曰："姜氏、任氏之女世为嫔妃也。"①是任姓与姬姓既同源又世婚。西周末，周宣王"丧南国之师，乃料民于太原"②，宣王所丧南国之师，可能也包括谢国在内。由于谢国遭严重削弱，于是周宣王迁申、吕于南阳，所谓"式是南邦。因是谢人，以作尔庸"。谢国则南迁至今新野、唐河二县之间、古棘阳之谢城。③

上述周之同姓及姻亲诸侯，大抵分布在南阳盆地至随枣走廊一带，地当汉水东北，当即文献中所谓"汉阳"或"汉东"。"汉阳诸姬"及申、吕、鄂等姻亲诸侯，是江汉地区与西周王朝政治、文化联系最为紧密的族群。

二、周异姓诸侯

周异姓诸侯是指南土地区除姻亲以外的异姓诸侯，主要有邓、鄀、楚、谷、蓼、厉、巴等，诸国大多列名《经》《传》，有周之封爵，在西周王朝有合法的政治地位，与西周王朝之间也有较为密切的政治与联系，在南土的族群环境中，这些异姓诸侯属于西周的政治与文化体系，但与西周王朝的关系不如周之同姓与姻亲诸侯那样紧密。西周时期的楚国，在南土的族群结构中也属于这一类。

邓，周初封国，故地在今襄樊邓城遗址。④《左传》昭公九年："及武王克商……巴、濮、楚、邓，吾南土也。"⑤可见邓在周初即被封于南土，在安州六器等反映昭王南征的铜器铭文中，亦见有邓国，由此可知邓在周代南土

① 《国语》卷二《周语中》"富辰谏襄王以狄伐郑及以狄女为后"章，上海古籍出版社1978年版，第48、49、52页。

② 《国语》卷一《周语上》"仲山甫谏宣王料民"章，上海古籍出版社1998年版，第24页。

③ 徐少华：《周代南土历史地理与文化》上编第二章第五节《谢国》，武汉大学出版社1994年版。

④ 石泉：《古邓国、邓县考》，《古代荆楚地理新探》，武汉大学出版社1988年版。

⑤ 《左传》昭公九年，《春秋经传集解》，上海古籍出版社1988年版，第1320页。

政治地理中有重要地位。鲁桓公七年(前705年)邓侯曾访问鲁国,《春秋》称之为邓侯吾离,虽然《左传》曰"名,贱之也",但称其爵位,则与"汉阳诸姬"中的随、唐等同列,与被贬为夷狄之属的"楚子""巴子""郧人"等区别明显。可见姬姓诸侯虽然因各种原因对邓、谷两国有些鄙视,但仍然是认可邓国的,亦反映出邓国的爵称较高,其在西周的政治地位较为重要,与周室有较为密切的关系。邓国族姓,《左传》记郑庄公、楚武王夫人皆名邓曼,曼通嫚,可见邓国为嫚姓,出土铜器邓孟壶、邓公簋亦证明邓为嫚姓。邓国历史悠久、早年为黄帝部落之盟族,传说时代即在华夏集团中有较高地位,有一定经济、文化发展水平,入周之后被封于南阳盆地南缘,为南土重要诸侯,亦与周王室关系较为密切,传世的邓国铜器较多,以西周中晚期至两周之际最为多见,西周晚期时邓国有自己的历法,可见邓国在文化上当亦有较高水准。①

谷国亦见于《春秋》桓公七年:"夏,谷伯绥来朝。邓侯吾离来朝。"②谷伯绥与邓侯吾离一同前往鲁国访问,《春秋》称其爵名,可知谷国也是有周朝封爵的,虽不及邓国的侯爵,但比楚国的"子男"要高,可见谷国在西周南土中也是有一定政治地位的诸侯。谷国地望,后人多以为在今湖北谷城西北,今人进一步考订在汉水支流南河两岸。③ 其族姓,孔颖达云"不知何姓",郑樵《通志·氏族略二》与罗泌《路史·后纪七》都以谷国为嬴姓,但未知何据。

谷、邓两国较为邻近,政治地位也大抵相当,均高于楚国。两国在文化上也具有相似性,传世和出土的邓、谷两国铜器,均为中原风格,制作水平也较高,④ 反映了两国作为南土重要诸侯的地位与水平。但从陶器遗存的角

① 徐少华:《周代南土历史地理与文化》上编第二章第一节《邓国》,武汉大学出版社1994年版。

② 《春秋》桓公七年,《春秋经传集解》,上海古籍出版社1988年版,第95页。

③ 张正明、刘玉堂:《湖北通史·先秦卷》,华中师范大学出版社1999年版,第266页。

④ 徐少华:《邓国铜器及其历史地理与文化》,《华夏考古》1996年第1期;陈千万:《谷城新店出土的西周铜器》,《江汉考古》1986年第3期。

度，丹淅流域、汉水中游至汉东地区，即文献所谓周代南土地区，西周至春秋早期在陶器遗存上均为南土地方特色，现一般称为早期楚文化。① 邓、谷由于地在南土边缘，密迩荆蛮，大概文化上不免受荆蛮影响，故姬姓诸侯虽然认可其在西周的政治地位，但对之有所轻视。

鄀国，据《世本》记载："鄀，允姓国，昌意降居为侯。"②昌意为黄帝次子，可见鄀是由中原古老部族发展成为国家的，为华夏古国。鄀国至迟在商代晚期已立国，传世和近年出土的鄀国铜器颇多，商代鄀器较为多见，表明鄀国是商代的重要方国，有较高的政治地位和经济文化水平，其首领在商朝世任要职，入周后又受周王室册封。西周时鄀国在丹淅流域。鄀国历史悠久，文化底蕴较为深厚，从出土铜器来看，鄀国铜器的形制、花纹、铭文风格均与中原一致，而且鄀国不用周历，而是用"鄀正"，有自己的历法。③ 综上，鄀国的情形与邓、谷颇为类似情形，虽然鄀国并不在南土边缘，甚至与关中较为接近，作为南土重要诸侯，铜器文化与中原相似，但丹淅流域在陶器文化上为南土地方特色，与春秋以后的典型楚文化有直接的渊源演变关系，目前一般称为早期楚文化。④ 鄀国有自己的一套历法系统，这一点与邓相似。这可能是南土诸侯中发展水平较高、但又与周室关系较远，非姬姓诸侯与周之姻亲诸侯的共同取向。

今随州市东北百余里的殷店一带还有古厉国。⑤ 厉国亦见载于太保玉戈与安州六器，可知古厉国亦为周代南土较重要的诸侯，亦曾参与昭王南征。

---

① 傅玥：《鄂西北西周存与早期楚文化》、高江涛：《河南淅川下王岗遗址西周遗存新发现与早期楚文化问题》，并载罗运环主编：《楚简楚文化与先秦历史文化国际学术研讨会论文集》，湖北教育出版社 2013 年版。

② 《世本·氏姓篇》秦嘉谟辑本，《世本八种》，商务印书馆 1957 年版，第 303 页。

③ 徐少华：《鄀国铜器及其历史地理研究》，《江汉考古》1987 年第 3 期。

④ 高崇文、何晓琳：《试论"过风楼类型"考古学文化》，《江汉考古》2011 年第 1 期；高江涛：《清华战国竹简〈楚居〉中的"夷屯"初探》，杜勇主编：《叩问三代文明——中国出土文献与上古史国际学术研讨会论文集》，中国社会科学出版社 2014 年版。

⑤ 徐少华：《古厉国历史地理考异》，《荆楚历史地理与考古探研》，商务印书馆 2010 年版。

厉国为上古农业的发明者烈山氏之后，《国语·鲁语》记春秋时期鲁国大夫展禽曰："昔烈山氏之有天下也，其子曰柱，能殖百谷百蔬；夏之兴也，周弃继之，故祀以为稷。"①《左传》昭公二十九年记晋太史蔡墨之言："有烈山氏之子曰柱，为稷，自夏以上祀之。周弃亦为稷，自商以来祀之。"②稷是农神，由此可知在夏代以前，农神是烈山氏之子柱，受到普遍的祭祀，夏代以后，周人的始祖周弃取代了柱的农神地位。夏代是中国第一个王朝，其建立伴随着剧烈的动荡，夏朝的建立，既是社会发展的结果，亦是政治、族群与文化大动荡、大重组的结果。烈山氏虽是上古时代农业的发明者，但在此变迁中可能因未能进入夏代的政治架构而被边缘化，失去了农神的地位。但烈山氏的传说仍保留在社会上，其后裔也并未消失。烈山氏之名可能也与农业起源有关，因为农业要开荒，上古时代，开垦荒地要放火烧山，烧去林草之后才能耕种，后世称为"刀耕火种"，这是原始时代的农耕技术。烈山的本意大概就是烧山，《孟子·滕文公上》曰"舜命名益掌火，益烈山泽而焚之"③，《说文·火部》："烈，火猛"，可见烈山即放火烧山。《国语》所载展禽之言，《礼记·祭法》几乎全文引录，但是改"烈山"为"厉山"，改"柱"为"农"，郑玄注："厉山氏，炎帝也，起于厉山，或曰'有烈山氏'。"④《汉书·古今人表》作"列山"、皇甫谧《帝王世纪》则"列山""烈山"同用。上古"烈""列""厉"三字均为月部来纽入声，读音相同，故可通用。《楚辞·招魂》："厉而不爽些"，王逸注："厉，烈也。"⑤可见厉山、列山、烈山是可以通用的。烈山氏虽然在夏代以后失去了农神的地位，但作为上古时期著名的部族，且有发明农业之大功德，其后裔在周代仍有幸存，即随州

① 《国语》卷四《鲁语上》"展禽论祭爰居非政之宜"章，上海古籍出版社1978年版，第166页。

② 《左传》昭公二十九年，《春秋经传集解》，上海古籍出版社1988年版，第1576页。

③ （清）焦循：《孟子正义》，中华书局1987年版，第376页。

④ （清）孙希旦：《礼记集解》，中华书局1989年版，第1204、1205页。

⑤ （宋）洪兴祖：《楚辞补注》，中华书局1983年版，第208页。

古厉国。

唐河县南的湖阳镇，有西蓼国，见于《左传》桓公十一年，曾与随、郧、绞、州等国伐楚而未成。蓼国族姓，早期文献无载，《潜夫论·志氏姓》谓“己姓之嗣飂叔安”①，此己姓蓼国，《汉书·地理志》及颜师古注写作廖、飂，② 其国姓、族名均与飂叔安相同，故宋以后志书谓为己姓蓼国为飂叔安之后。近期学者复据山东出土嬰士父鬲铭文“嬰士父作蓼妃隮鬲”和湖北襄阳出土“蓼子鄬盏”论证西蓼确为祝融八姓中的昆吾后嗣，至晚在两周之际已立国，在春秋早期具备一定的影响。春秋早期以后，蓼国所在的南阳盆地并入楚国，颇受楚文化熏染。楚国占领己蓼城邑以后，在其故地设置湖阳县，其下限不晚于公元前560年。③

巴国，是南土诸侯中较为特殊的成员。巴的历史较为古老，卜辞中即有“巴方”的记载，《华阳国志》亦载巴国曾参与武王伐纣之役，从上引“巴、濮、楚、邓，吾南土也”来看，巴国在周初时即已列名南土诸侯。巴国族属，一般认为，巴国为姬姓，《左传》昭公十三年记楚共王“与巴姬密埋璧于大室之庭”④，按周代妇女称名原则，巴为国名、姬为国姓，则巴姬当为嫁到楚国的巴国之女，可见巴国当为姬姓，《华阳国志·巴志》亦谓“武王既克殷，以其宗姬封于巴”⑤。但武王所封之宗姬，当非周之子孙，只是巴王族与周同源。⑥ 巴国虽于周初即已跻身南土诸侯之林，且为姬姓并与邓、楚邻近，但早期巴国所在的汉水上游陕东南一带，文化上与关中地区有较大差异，而是与四川盆地和三峡地区有较密切的联系，⑦ 在西周政治体系和族群结构

---

① （汉）王符著，汪继培笺，彭铎校正：《潜夫论笺校正》，中华书局1985年版，第413页。

② 《汉书》卷二十八上《地理志上》，中华书局1962年版，第1564、1566页。

③ 田成方：《嬰士父鬲、蓼子鄬盏与己姓蓼国》，《华夏考古》2015年第3期。

④ 《左传》昭公十三年，《春秋经传集解》，上海古籍出版社1988年版，第1373页。

⑤ （晋）常璩著，刘琳校注：《华阳国志校注》，巴蜀书社1984年版，第21页。

⑥ 段渝：《巴人来源的传说与史实》，《历史研究》2006年第6期。

⑦ 赵丛苍：《从考古新发现看早期巴文化——附论巴蜀文化讨论中的相关问题》，《华中师范大学学报》（人文社会科学版）2006年第4期。

中，巴国亦非核心成员，其地位与楚、邓等异姓诸侯较为类似。

三、江汉小国

西周早期以前，江汉核心区是一片蛮荒之地，西周中期以后，才有一支以鬲为核心的考古学文化进入江汉腹地，① 江汉核心区由此重新得到开发。在此过程中，原本是蛮荒之地的江汉核心区出现了一系列的小国，这些小国虽大多列名《经》《传》，但无爵称，可见这些小国并未得到周朝的封爵，非周之封国，当是西周中期以后进入江汉地区的诸多部族中发展水平较高而独立建国者。

这些江汉小国主要有罗、卢戎、鄢、郧、贰、轸、州、麇、权、南巴、庸、绞、夔等国。

罗、卢戎、鄢均为襄宜地区的小国。罗国，《左传》桓公十二年杜预注："罗，熊姓国，在宜城县西山中，后徙南郡枝江县。"②卢戎，公族为妫姓，其臣民则多戎人，故地旧说在今南漳县东北五十里的中庐城，今有学者则改订于襄阳县西的泥嘴镇附近。③ 楚武王四十二年(前699年)，罗与卢戎联军曾大败楚军。鄢，亦襄宜地区的小国，地在今宜城县境。④ 鄢之立国，先秦文献失载，其族姓亦不明，南宋罗泌《路史·国名纪丙》谓其为邔姓，然未知何据，其立国应与鄢水有关，鄢水即夷水，亦即今之蛮河。《左传》桓公十三年："楚屈瑕伐罗，斗伯比送之……及鄢，乱次以济。"杜预注："鄢水，在襄阳宜城县，入汉。"⑤《水经注·夷水》："夷水出自房陵县，东流注之。……其水东南流，历宜城西山，谓之夷溪。又东南迳罗川城，故罗国

① 张昌平：《试论真武山一类遗存》，《江汉考古》1997年第1期。

② 《左传》桓公十二年，《春秋经传集解》，上海古籍出版社1988年版，第111页。

③ 石泉主编：《楚国历史文化辞典》，武汉大学出版社1997年版，第105页。

④ 石泉：《古代荆楚地理新探》，武汉大学出版社1988年版，第118页。

⑤ 《左传》桓公十三年，《春秋经传集解》，上海古籍出版社1988年版，第112、113页。

也，又谓之鄖水。"①

郧国，又作邧或云，其族姓不详。两周之际，郧国曾与楚国联姻，楚君若敖曾娶邧女，楚大夫斗伯比即邧女所生，楚令尹子文亦生于郧。楚武王四十年，郧国曾联合随、绞、州、蓼四国攻楚。郧国地望所在，旧说在安陆，石泉先生则考订古郧国、汉晋云杜县在今湖北京山、钟祥两县之间，② 二者皆在汉东。

贰、轸，均为汉东地区的小国，族姓不详，二国见载于《左传》桓公十一年："楚屈瑕将盟贰、轸。"③

州，亦江汉间小国，族姓不详，其地望所在，杜预以为其国在"南郡华容县东南"，然此说恐非。州国亦见于《左传》桓公十一年："楚屈瑕将盟贰、轸。郧人军于蒲骚，将与随、绞、州、蓼伐楚师。"春秋早期，楚人活动范围尚在汉水中游一带及其以北地区，另从《左传》所记来看，州国当与贰、轸及郧、随、绞、蓼等国邻近，不当在汉水西南。则州国当亦在汉东，去郧、随等国不远。

麇，族姓不明，或说为嬴姓。楚穆王十年，因麇君逃离厥貉之会，遭楚师讨伐。楚庄王三年，麇人曾率百濮叛楚。吴师入郢之役，吴军撤退回国时，吴楚双方曾在麇(此时已入楚为邑)地大战。其地望，或云在今湖北郧县一带，或云在今湖北当阳县境，皆不确。近人则据麇人率百濮叛楚和吴师入郢之役时相关地名考证在今襄樊市东，随枣走廊西口外，今滚河西入唐白河后的唐白河下游东岸。④

权国，江汉间小国，春秋初为楚武王所灭。权之族姓不明，后人或云为

---

① 《水经注》卷二十八《沔水中》，杨守敬、熊会贞：《水经注疏》，江苏古籍出版社1989年版，第2392、2393页。

② 石泉：《云杜、绿林故址新探》，《古代荆楚地理新探》，武汉大学出版社1988年版，第158~173页。

③ 《左传》桓公十一年，《春秋经传集解》，上海古籍出版社1988年版，第105页。

④ 石泉：《从春秋吴师入郢之役看古代荆楚地理》，《古代荆楚地理新探》，武汉大学出版社1988年版，第388、389页；又见石泉：《春秋"百濮"地望新探》，《古代荆楚地理新探·续集》，武汉大学出版社2004年版，第10页。

子姓，其地所在，《左传》庄公十八年杜预注：“权，国名，南郡当阳县东南有权城。”①《水经注·沔水》：“沔水又东，右会权口。水出章山，东南流迳权城北。古之权国也。”②汉晋当阳县，在今荆门市以南，非在今之当阳县，其故址今人据北京大学藏水陆里程简所载当阳至鄢、销、江陵等地的详细里程，考订在今沙洋县岳飞城遗址，③ 地在荆门以南、荆门与荆州之间。则权国当在今荆门东南。

南巴，亦见于《左传》庄公十八年：“及文王即位，与巴人伐申而惊其师。巴人叛楚而伐那处，取之，遂门于楚。”杜预注：“那处，楚地，南郡编县东南有那口城。”④汉晋编县，据唐宋时人的记载，皆云在长林县，唐宋长林县地望，后人解释不一，小有异同，但皆云在今钟祥、荆门之间。⑤ 此巴与汉水中上游之巴应不是同一国。⑥

除江汉腹地外，鄂西北和三峡地区亦有一些小国，或因其与巴、楚、邓、谷等国较为邻近、受其影响而得以独立建国，主要有庸、绞、夔等国，因其并无周朝封爵，故亦将列入江汉小国。

庸为“牧誓八国”之一，曾随周武王伐商至牧野，为依附于周的南方少数民族。庸之族属不明，但《左传》所记来看，庸与江汉土著民族如濮、蛮有较为密切的关系。庸国地望，文献中有较明确的记载，在汉上庸县、魏晋以后的竹山县，今湖北省竹山县。⑦ 但叶植认为，竹山县的庸是庸国在楚人进攻

① 《左传》庄公十八年，《春秋经传集解》，上海古籍出版社 1988 年版，第 171 页。

② 《水经注》卷二十八《沔水中》，杨守敬、熊会贞：《水经注疏》，江苏古籍出版社 1989 年版，第 2 页。

③ 王琢玺：《汉晋当阳县小考》，《历史地理》第三十三辑，上海人民出版社 2006 年版；李润晨：《秦汉当阳补证》，《楚学论丛》第七辑，湖北人民出版社 2017 年版。

④ 《左传》庄公十八年，《春秋经传集解》，上海古籍出版社 1988 年版，第 171 页。

⑤ 《读史方舆纪要》卷七十七“湖广三·荆门州”，“长林废县”及“编县城”二条；《嘉庆重修一统志》卷三百五十二“湖北省荆门直隶州古迹”，“编县故城”及“长林故城”条。

⑥ 石泉：《古代荆楚地理新探·续集》，武汉大学出版社 2004 年版，第 14 页注②及《石泉文集》，武汉大学出版社 2006 年版，第 358 页。

⑦ 参《左传》文公十六年杜预注、《汉书·武帝纪》李贤注，及《续汉志》《括地志》等。

下败退的结果，早期的庸国在丹江口市西北至郧县一带。① 商末时周人所经营之南土及《牧誓》所言周之南方同盟，均应在汉水沿岸地区，不得远至竹山一带的深山中。庸国的文化面貌，以目前的资料来看，汉水中上游地区的古代文化可分为两块：陕南地区的文化面貌与四川盆地较为近似，湖北地区的文化面貌，从辽瓦店子遗址的情形来看，与中原地区较为一致。王然、傅玥对辽瓦店子出土夏商时期遗存进行了系统研究，将其分为三期六段：第一期两段，相当于二里头文化一期，第一段的年代为煤山二期到二里头文化一期早段，二段约为二里头文化一期晚段；第二期一段，其年代约为夏末或夏商之际；第三期三段，为典型商文化遗存，其年代，一段为二里岗上层、二段为中商二期至殷墟一期，三段为商末或商周之际。在文化面貌方面，辽瓦店子夏商遗存第一期以中原煤山文化和二里头文化因素为主，其次为鄂西峡江地区因素和本地因素；第二期时，釜和单耳罐等本地文化因素占主导地位；第三期时有三种主要的文化因素：中原商文化因素、以扁足鬲为代表的本地文化因素和周文化因素，第一段、二段时商文化因素占绝对主导地位，第三段时出现扁足鬲和周文化因素，反映典型商文化退出，本地文化则在商文化的影响下继续发展，并开始受西周文化影响。辽瓦店子遗存从二里岗上层到殷墟一期，都是典型的商文化，直到商文化退出后本地因素才开始发展，至于陕南地区则为宝山类遗存性质。② 这一考古学文化面貌的差异似可说明“牧誓八国”中巴、蜀与庸、濮的差异。巴、蜀当在汉水上游陕南地区及其以南，其文化面貌属四川盆地文化系统；庸与濮在湖北，其文化面貌虽有地方特色，但总的来说，属中原文化系统的江汉地方类型。虽然辽瓦店子遗址未必就是庸，但其地与庸紧邻，就人文地理而言属同一地区，应可反映商代庸国的文化面貌。

---

① 叶植：《试论楚熊渠称王事所涉及到的历史地望问题》，《楚文化研究论集》第四集，河南人民出版社 1994 年版，第 401 页。

② 王然、傅玥：《湖北郧县辽瓦店子遗址夏商时期文化遗存研究》，《石泉先生九十诞辰纪念文集》，湖北人民出版社 2007 年版，第 170~199 页。

绞，为汉水中游的一小国，地在今谷城县境，① 绞在《左传》中称为“绞人”，可能其并未得到周朝的封爵，当非周之封国，绞国的族属亦不明，但从其与庸、谷等国相邻来看，其文化当去谷、邓等国不远，另绞国曾于鲁桓公十一年参与随、州、蓼、郧的伐楚联盟，表明其与汉阳诸姬也有一定的联系。

夔国亦是一个古老方国，卜辞中有“归方”，可见归国于殷商时代即已存在，归即夔，归、夔乃一音之转，一般认为归、夔在今湖北秭归一带，但商代归国似不可能在三峡深山之中。从考古学研究来看，商之势力在南方基本局限于汉水东北，② 商朝以盘龙城为统治长江中游广大地区的据点，沿长江而上至湖北荆州的荆南寺遗址，荆南寺遗址的文化面貌极为特殊，是多种文化因素的混合体，学者认为其性质类似于自由贸易港，但荆南寺的商文化因素是由盘龙城溯江而上传来的，并不是由南襄盆地南下而来，从考古遗存的分布及文化因素来看，夏商两代在南下时均未打通从南襄盆地至今荆州长江沿线的陆上通道。③ 西周晚期以前的归国族姓亦不明，至西周晚期时楚熊渠之孙熊挚因恶疾而卒，其子被熊挚之弟熊延所弑，熊挚的后代因此失去了楚国的君位，④ 可能熊挚的某位后人因此而自窜于夔，代为夔君，是为芈姓夔国，故春秋时夔子国以熊挚为祖。《左传》僖公二十六年：“夔子不祀祝融与鬻熊。楚人让之，对曰：‘我先王熊挚有疾，鬼神弗赦而自窜于夔。吾是以

---

① 石泉：《楚都何时迁郢》，《古代荆楚地理新探》，武汉大学出版社 1988 年版，第 354 页；李海勇：《古绞国地望蠡测》，《江汉考古》1997 年第 4 期。

② 杨权喜：《湖北商文化与商朝南土》，湖北省文物考古研究所编著：《奋发荆楚探索文明》，湖北科学技术出版社 2000 年版，第 115～116 页。

③ 张昌平：《夏商时期中原与长江中游地区的文化联系》，《华夏考古》2006 年第 3 期。

④ 熊挚在《史记·楚世家》中名为熊挚红，误为熊渠之子，今据《楚居》，熊渠之子为熊康（毋康、无康）或熊翔，熊挚实为熊康或熊翔之子，熊渠之孙。参李守奎：《根据〈楚居〉解读史书中熊渠至熊延世序之混乱》，《中国史研究》2011 年第 1 期。又按，李守奎以《楚居》中的旁屽与夔有关，余则倾向于熊挚之后因失去楚国君位而自窜于夔，是为芈姓夔国之来历，故夔子国尊熊挚为祖。

失楚，又何祀焉？’秋，楚成得臣、斗宜申帅师灭夔，以夔子归。”①夔子国在今湖北秭归。考古学上的夔文化，仍在探讨之中。② 但从考古资料及研究成果来看，西周时期三峡地区的考古学文化有自身的特点和发展轨迹，夏商时期，处于强盛时期的三星堆文化向东推进，携带部分川东因素与三峡地区的土著文化结合形成了朝天嘴—路家河文化，商代晚期以后，荆沙平原的周梁玉桥文化解体后部分因素进入西陵峡区，西周早中期，仍为朝天嘴—路家河文化的延续，土著文化因素持续发展，西周晚期开始，以鬲为代表的早期楚文化进入西陵峡区并逐步改变了西陵峡区的文化面貌。③

四、江汉土著民族

西周时期，汉阳诸姬和邓、楚等南土诸侯占有了原为江汉土著民族所居的汉东、汉北之地，西周中期以后，这些江汉土著居民大举进入夏商时期尚是一片蛮荒的江汉腹地。西周时期的江汉土著民族主要为楚蛮、百濮等，为当时江汉地区的主体居民，在长江以南，则主要是百越民族，部分越人可能也分布到了江北。

（一）西周时期的楚蛮

楚蛮为古三苗的遗裔，商周时期在南方发展起来，成为商周时南土的主要居民。楚蛮的族源可追溯至古三苗，传说时代，华夏集团与三苗集团之间曾发生长期的激烈冲突，至禹时，利用三苗发生内乱、遭逢天灾之机大举征伐三苗，取得决定性胜利，三苗从此灭亡，“三苗”“有苗”“苗民”等称谓亦

---

① 《左传》僖公二十六年，杨伯峻：《春秋左传注》（修订本），中华书局 1990 年版，第 440~441 页。

② 徐少华：《夔国历史地理与文化遗存析论》，《中国史研究》2012 年第 2 期；孟华平：《夔文化的考古学证据》，《楚文化研究论集》第六集，湖北教育出版社 2005 年版。

③ 参尹弘兵：《西陵峡区周代考古学文化与早期楚文化》，《考古》2013 年第 4 期。

消失不见，可知三苗作为一个族群已经瓦解，但三苗的遗裔仍在江汉地区生息繁衍。三苗灭亡之后，其余部接受了中原文化，成为中原王朝统治下的边缘族群和中原文化的边缘部分。商周时期，这些南方居民发展成人数众多、有一定势力的集团，但并未形成强大统一的政治体，只是一些分散的居民，文化上也较为落后。这些商周时期的南方居民在后世文献中称荆蛮、蛮荆、楚蛮、荆楚等。作为商周时代的南方居民，楚蛮与中原王朝之间关系颇为复杂，一般来说受中原王朝统治，但叛服无常，又往往成为中原王朝的征伐对象。

夏商时期，汉水两岸在地理环境，考古学文化的分布、面貌、发展序列，与中原的关系等方面有较大的差别。① 汉东、汉北地区与中原地区有较密切的联系，文化面貌较为接近，也较为繁荣。汉南、汉西之地则是人烟稀少，文化面貌以土著文化为主，与中原较为隔膜。汉水成了商周时期江汉地区的人文地理分界线。这种局面，直到东周时期楚国在汉水西南兴起才被打破。另一方面，商代时随着统治中心的北移和中商时期的动乱，商在南方的据点盘龙城被放弃。② 孙卓对商王朝在南方的统治及其势力的进退进行过较全面的考察，指出盘龙城废弃后，商势力从南方全面撤退，商势力退缩至涢水上游，晚商时期中原文化控制的南界基本未过桐柏山和淮河沿线。③ 但中原王朝通过地区贸易等新的经略模式将南方纳入其资源管控的体系之内，而且中原王朝在南方留下了深刻的影响，南方土著文化在青铜铸造、城市营建等方面模仿中原王朝的模式，从而进一步推动了南方地区在文化和政治上的

① 杨权喜：《湖北商文化与商朝南土》，湖北省文物考古研究所编著：《奋发荆楚探索文明》，湖北科学技术出版社 2000 年版。

② 徐少华：《从盘龙城遗址看商文化在长江中游地区的发展》，《江汉考古》2003 年第 1 期。

③ 关于商势力从南方的撤退及中原王朝对周边地区的经略机制、控制模式，商势力撤退后的南北文化关系、晚商时期南方地区的文化格局与中原王朝南方边疆的形成等，最新的全面论述见孙卓：《南土经略的转折——商时期中原文化势力从南方的消退》，科学出版社 2020 年版。

中原化进程。①

商势力北撤后，整个长江中游地区都为地方性文化所覆盖，从族群的角度，即长江中游地区的土著居民脱离了中原王朝的直接统治，但仍在中原文化和中原政治模式的影响下开始新一轮的发展。按孙卓的研究，商势力在江汉地区东部，以盘龙城为中心实现了区域控制，并沿长江向东西展开，而在从辽瓦店子至荆南寺的江汉地区西部(基本在汉水西南)，商势力只能以贸易据点的形式展开，文化面貌上表现为中原文化因素与地方文化因素相互混杂的局面。而“楚”之名称，应为中原王朝对长江中游地区土著居民的称呼，商周两代，中原王朝的直接控制区基本限于汉水东北，因此中原王朝视野下的楚人(长江以北的土著居民)，大抵分布在长江中游的汉水东北地区，主要在鄂豫陕交界地区和汉东地区。商代末期，芈姓祝融离开中原后，正是在这样一种族群环境下转变其自身的族群属性，从华夏变成楚人(楚蛮)。

西周建立后，周势力进入江汉，汉水东北地区夏商时就与中原王朝关系密切，文化上受中原夏商文化影响，文化面貌与中原接近，于是在周人的大力开拓下成为西周的南土。随着周王朝在南方统治的加强，商代楚蛮生活的汉东地区和丹江地区，成为周朝的稳固疆土。

南土诸侯的进入改变了江汉地区的族群与文化结构，西周早期，各诸侯初封时，只能以据点的形式存在，各诸侯大抵只有据点而无疆域。进入江汉的南土诸侯或为姬姓宗亲、或为周之姻亲，或为中原古国，其经济、文化与社会发展水平要远高于已被抛离历史发展主轴的楚蛮等江汉土著族群。因此西周时期的南土族群结构是虽先进但少量的西周诸侯分布在广大的楚蛮族群之中，形成了南土诸侯与楚蛮杂居的局面。

因此西周一代，楚蛮相当活跃，屡见于文献。周初时，周成王封熊绎于楚蛮：“熊绎当周成王之时，举文、武勤劳之后嗣，而封熊绎于楚蛮。”②西

① 张昌平、孙卓：《略论秦统一中国的物质文化基础——以长江流域为视角》，何驽主编：《李下蹊华——庆祝李伯谦先生八十华诞论文集》，科学出版社 2017 年版。

② 《史记》卷四十《楚世家》，中华书局 1982 年版，第 1691 页。

周早期，周昭王南征的主要对象亦当是江汉地区尚未臣服于西周的楚蛮(荆蛮)族群。西周晚期周夷王时，熊渠统治下的楚国一度强大，称雄江汉，“皆在江上楚蛮之地”①。周厉王时，“召穆公帅师追荆蛮，至于洛”②。西周末年，郑桓公与史伯谋东迁，史伯分析东方形势说：“当成周者，南有荆蛮、申、吕、应、邓、陈、蔡、随、唐。”③今本《竹书纪年》：“(宣王五年)秋八月，方叔帅师伐荆蛮。”④《诗经·小雅·采芑》：“蠢尔蛮荆，大邦为仇。方叔元老，克壮其犹。方叔率止，执讯获丑。戎车啴啴，啴啴焞焞，如霆如雷。显允方叔，征伐猃狁，蛮荆来威。”⑤

西周中期以后，随着周朝统治的稳固，南土诸侯也逐步向地缘国家转化，将与其杂居的楚蛮族群逐步纳入其统治之下，亦即各诸侯开始从据点式的城邦国家向地域国家的方向发展。因此南土诸侯的进入与发展必然引发土著的楚蛮族群产生应激反应，一方面，是南土诸侯的发展将楚蛮纳入自己的统治之下，另一方面，在南土诸侯的影响下，江汉地区原有土著族群的政治、经济、文化、社会等各方面都有较大的提升，春秋时期江汉地区出现大量的小国，当是土著族群在南土诸侯影响下发展的产物。而在南土诸侯带来的压力下，部分土著的楚蛮族群进入汉水西南，自后石家河文化解体之后荒芜几达千年的原屈家岭、石家河文化的核心区重新得到开发，从而为楚国在鄂西地区的兴起准备了基础。

进入春秋时期，楚国快速强大，江汉地区的楚蛮尽为楚国所并，齐桓公时，“周室微，唯齐、楚、秦、晋为疆。晋初与会，献公死，国内乱。秦穆

---

① 《史记》卷四十《楚世家》，中华书局1982年版，第1692页。

② 今本《竹书纪年》厉王十四年，方诗铭、王修龄：《古本竹书纪年辑证》(修订本)，上海古籍出版社2005年版，第255页。

③ 《国语》卷十六《郑语》“史伯为桓公论兴衰”章，上海古籍出版社1978年版，第507页。

④ 方诗铭、王修龄：《古本竹书纪年辑证》(修订本)，上海古籍出版社2005年版，第254页。

⑤ 《毛诗正义》，李学勤主编：《十三经注疏》标点本，北京大学出版社1999年版，第646页。

公辟远，不与中国会盟。楚成王初收荆蛮有之，夷狄自置”①。所谓“楚成王初收荆蛮有之”，当是指楚蛮主体被楚国兼并，此后楚蛮作为一个族群不再存在。

（二）百濮

濮是商周时江汉地区很重要的土著居民之一，曾随周武王伐商至于牧野，但濮族的发展水平不高，一直没有形成统一政权，至春秋时濮还是各自“离居”，故又称“百濮”，言其部族之多。濮族与楚国的兴起有重要关联，楚自熊渠进入汉水中游地区后即与濮产生联系，西周末年楚君熊霜死后三弟争立，结果是“仲雪死。叔堪亡，避难于濮。而少弟季徇立，是为熊徇”②。但《史记·楚世家》未将仲雪作为楚世系的一代，清华简《楚居》则明记熊霜之后有熊雪一代，熊雪之后才是熊徇。叔堪，《国语》作叔熊。叔堪在内部斗争中失败，避难于濮之事，《国语·郑语》记作：“夫荆子熊严生子四人：伯霜、仲雪、叔熊、季紃。叔熊逃难于濮而蛮，季紃是立，薳氏将起之，祸又不克。”叔熊奔濮以后，从蛮俗，后文又有蛮芈之称，韦昭注：“蛮芈，谓叔熊在濮从蛮俗。”③亦表明楚国进入汉水中游地区后，与濮产生较多交集。

至于濮的文化面貌，据文献记载可知，濮与中原王朝尤其是西周有较多的联系，西周初年即为周之南土一部，则其文化面貌当与中原商周文化有较多的一致性。商周时期汉水中上游地区（主体在汉水东北，大体在湖北境内，不含陕南安康地区）的文化面貌，正与中原商周文化有较大的一致性，虽有地方特色，但可以确定属中原商周文化的地方变体，由此可见商周时濮在汉水中上游地区当大致不差。

从考古学分析，商周时期，中原王朝的政治与文化势力基本未过汉水，

---

① 《史记》卷三十二《齐太公世家》，中华书局 1982 年版，第 1491 页。

② 《史记》卷四十《楚世家》，中华书局 1982 年版，第 1694 页。

③ 《国语》卷十六《郑语》“史伯为桓公论兴衰”章，上海古籍出版社 1978 年版，第 509~510、514 页。

汉水以南的江汉腹地几乎不见有商代考古遗存，而且汉东与汉西的文化面貌和来源有很大差异，汉东是中原文化占主导地位的区域，汉西则是另一支土著文化，汉东与汉西的土著民族也不同。① 到西周时期，才有一支考古学文化南下进入江汉腹地，这支西周时期分布在江汉腹地的考古学文化现一般称为真武山类遗存，② 是早期楚文化探索的重要对象，因而受到学者的高度关注，濮于西周春秋时期生活在汉水中游地区，其分布地域及存在时间与之相合，则濮或为使用这支考古学文化的居民之一。

百濮生活在汉水中游沿岸地区，与西周晚期到春秋早期的楚国邻近，因其人口较多、又没有形成统一的邦国，同时又与周朝有较密切的联系，在江汉土著中发展水平较高，因而首先成为楚国的兼并对象。东周初年，周室衰微，诸侯并起，楚国也迅速强大起来，楚君蚡冒始启濮，《国语》视为周天子失权、诸侯代兴的标志性事件之一：

> 幽王八年而桓公为司徒，九年而王室始骚，十一年而毙。及平王之末，而秦、晋、齐、楚代兴，秦景、襄于是乎取周土，晋文侯于是乎定天子，齐庄、僖于是乎小伯，楚蚡冒于是乎始启濮。③

蚡冒之时，楚国尚处在“筚路蓝缕，以启山林”的状况，其时楚地尚“土不过同”，在此情形下，蚡冒首先开启濮地，可见濮与楚紧邻，且濮为西周末年叔堪避难之地，则双方必有较为密切的联系。又楚始启濮，《史记·楚世家》所记略有不同，系为楚武王时：

> （楚武王）三十五年，楚伐随。随曰：“我无罪。”楚曰：“我蛮夷也。

① 杨权喜：《湖北商文化与商朝南土》，湖北省文物考古研究所编著：《奋发荆楚探索文明》，湖北科学技术出版社2000年版，第115～116页。

② 张昌平：《试论真武山一类遗存》，《江汉考古》1997年第1期。

③ 《国语》卷十六《郑语》“史伯为桓公论兴衰”章，上海古籍出版社1978年版，第524页。

今诸侯皆为叛相侵，或相杀。我有敝甲，欲以观中国之政，请王室尊吾号。”随人为之周，请尊楚，王室不听，还报楚。三十七年，楚熊通怒曰：“吾先鬻熊，文王之师也，蚤终。成王举我先公，乃以子男田令居楚，蛮夷皆率服，而王不加位，我自尊耳。”乃自立，为武王，与随人盟而去。于是始开濮地而有之。①

熊通为蚡冒之弟，蚡冒死后，熊通弑蚡冒子而代立，是为楚武王。楚武王在位时间长达51年，正是楚国由蛰伏走向崛起的转折时期，检之《春秋》经传，其记楚事始于鲁桓公六年、楚武王三十五年，是年楚侵随。楚武王三十五年、三十七年楚两次侵随。《左传》记其事颇详，然均未言及武王“始开濮地而有之”，则《史记·楚世家》不取《国语·郑语》之言，或有所本，然古代文献对同一事有不同记载，未必是二者必有一误，或有可能是因不同视角而产生的差异。颇疑楚之启濮，始于蚡冒而成于武王。

但楚国此次“启濮”，看来尚处于初级阶段，一是未能将百濮尽数吞并，二是将濮人转化为楚人尚需时间，因此到春秋中期楚庄王初年时，发生了庸率群蛮、麇率百濮叛楚的重大事件。《左传》文公十六年：

楚大饥，戎伐其西南，至于阜山，师于大林。又伐其东南，至于阳丘，以侵訾枝。庸人帅群蛮以叛楚。麇人率百濮聚于选，将伐楚。于是申、息之北门不启，楚人谋徙于阪高。蔿贾曰：“不可。我能往，寇亦能往。不如伐庸。夫麇与百濮，谓我饥不能师，故伐我也。若我出师，必惧而归。百濮离居，将各走其邑，谁暇谋人?”乃出师。旬有五日，百濮乃罢。自庐以往，振廪同食。次于句澨。使庐戢黎侵庸，及庸方城。庸人逐之，囚子扬窗。三宿而逸，曰：“庸师众，群蛮聚焉，不如复大师，且起王卒，合而后进。”师叔曰：“不可。姑又与之，遇以骄之。彼骄我怒，而后可克，先君蚡冒所以服陉隰也。”又与之遇，七遇皆北，唯

① 《史记》卷四十《楚世家》，中华书局1982年版，第1695页。

> 裨、儵、鱼人实逐之。庸人曰："楚不足与战矣。"遂不设备。楚子乘驲，会师于临品。分为二队，子越自石溪，子贝自仞，以伐庸。秦人、巴人从楚师，群蛮从楚子盟，遂灭庸。①

由此看来，直到春秋中期时，楚对百濮的统治尚不稳固，未能完全化濮为楚，因而发生了百濮在麇国率领下趁楚国内外交困之机叛楚的重大事件，楚人甚至一度准备迁都，可见当时内外形势之严重。最后楚人采蔿贾之策，佯攻濮而实攻庸，正如蔿贾所料，楚军出师仅五日，麇及百濮见楚国仍能出兵，便各自散去，解除了麇及百濮的威胁后，楚军便开始攻击庸国，最后灭了庸国。

但濮于此次战役之后，似仍存在，并未完全为楚所并，据《左传》昭公十九年，楚平王时尚"为舟师以伐濮"，此后濮不再见于记载。至春秋晚期楚昭王时，吴师入郢，楚吴两军曾两次在麇地大战，麇国与百濮邻近，《左传》于此役记载颇详，但未言及濮人，当是此时濮人已尽数融为楚人。

综上，濮是楚国较早兼并的江汉土著民族，楚国占有濮地，兼并百濮，将濮人转化成为楚人，是楚国在江汉地区崛起的重要基础。

（三）扬越

越是我国古代华夏或楚人对长江以南地区居民的统称，并非统一的民族或族群。② 因此越之族群，其分布甚广，来源复杂，内部各有种姓，故又称百越。《汉书·地理志》颜师古注引臣瓒曰："自交阯至会稽七八千里，百越杂处，各有种姓。"③林惠祥更明确指出："百越所居之地甚广，占中国东南

① 《左传》文公十六年，《春秋经传集解》，上海古籍出版社1988年版，第507~508页。

② 鲁西奇：《"越"与"百越"：历史叙述中的中国南方"古族"》，台湾《东吴历史学报》2014年第32期。

③ 《汉书》卷二十八下《地理志下》，中华书局1962年版，第1669页。

及南方，如今之浙江、江西、福建、广东、广西、越南或至安徽、湖南诸省。”①百越虽主要居于长江以南，但先秦时期，亦有部分发展到江北。

发展到长江中游以北江汉之地的古越族，即扬越。扬越之名，始见于《战国策·秦策》载蔡泽谓吴起：“南攻杨越，北并陈蔡。”②《史记·范雎蔡泽列传》则作：“南收杨越，北并陈、蔡”，但《史记·孙子吴起列传》记为“南平百越”。③ 春秋战国时期的楚国，在东迁之前，其核心区在江汉之间，今湖北西部。故吴起所平之扬越，当为百越中分布在长江中游地区的部分。扬越之名，《吕氏春秋·恃君览》：“扬汉之南，百越之际”，高诱注：“扬州、汉水之南”，“越有百种”。④ 但刘玉堂认为高注不妥，扬越与扬州(长江下游地区)当无涉，且扬州与汉水并列，文例、文意均不通，因此扬汉当指扬水与汉水，而高诱注“百越之际”为“越有百种”亦不通，实为望文生义，《吕氏春秋》原意当为扬水、汉水以南，为与百越交界地带或百越北部边缘地带。⑤ 吴永章亦认为百越生活的最北界可至汉水之南。⑥ 可见先秦时期部分越人已越过长江，进入汉水流域，生活在汉水、扬水以南地区。而扬越之得名，亦当是因扬水之故。

扬越出现在历史上，最早为西周时期。《史记·楚世家》载熊渠在江上楚蛮之地拓地征伐：“熊渠甚得江汉间民和，乃兴兵伐庸、杨粤，至于鄂。”唐司马贞《索隐》：“有本作‘杨雩’，音吁，地名也。今音越。谯周亦作‘杨越’。”⑦是

---

① 林惠祥：《中国民族史》，商务印书馆1993年版，第111页。

② 《战国策》卷五《秦策三》“蔡泽见逐于赵”章，上海古籍出版社1985年版，第216页。

③ 《史记》卷七十九《范雎蔡泽列传》、卷六十五《孙子吴起列传》，中华书局1982年版，第2423、2168页。

④ 陈奇猷：《吕氏春秋新校释》，上海古籍出版社2002年版，第1331、1337页。

⑤ 刘玉堂：《楚国与扬越》，张正明主编，张胜琳副主编：《楚学论丛》，《江汉论坛》专刊，1990年，第203、204页。

⑥ 吴永章：《楚与扬越、夷越、于越的关系》，《中南民族学院学报》增刊，1986年。

⑦ 《史记》卷四十《楚世家》，中华书局1982年版，第1692页。

粤、越相通，杨粤即杨越，亦即扬越。熊渠活动的“江汉间”或“江上楚蛮之地”之“江汉”“江上”，石泉、赵逵夫诸先生皆以为指汉江或汉水。① 类似情形亦见于其他河流，陈立柱曾指出，古语中大共名往往前置，早期的江其实是南方古语言中河流的共名，故《史记》中的“江淮”实为“淮江”之倒语，即“淮河”之意。② 可见《史记》此处的“江汉”，实为“汉江”之倒语，故“江汉间”或“江上楚蛮之地”，非指长江与汉水，而是专指汉水，具体而言为汉水干流。西周时汉水下游犹是湖沼地带，汉水上游的安康、汉中一带则不可能为楚国核心地区，则“江汉间”“江上楚蛮之地”当指汉水中游两岸地区。因此熊渠的活动地区“江上楚蛮之地”大抵为汉水中游一带。③ 可见熊渠所伐之杨粤，当为位于汉水中下游地区的越人。近人罗香林早已主张：“楚人略地，本循汉水顺流而南，故先庸，后扬越，后至鄂。扬越界庸鄂之间，则其最早地望，当在汉水流域中部。”④或说“其地非汉水中游一带莫属”⑤。越人虽基本在长江以南，但部分越人分布区至江北是可以想象的，且“越”本为华夏或楚人对非夏、楚系统的南方居民之统称。

进一步申说，汉水中游地区原为三苗系统所创造的屈家岭—石家河文化核心区。三苗覆灭后，夏商两代至西周早期均处于荒芜状态，从西周中期开始，在南土诸侯影响下发展水平大大提高的江汉土著民族开始南下开发汉水中游原屈家岭—石家河文化核心区，这一支土著民族在文化面貌上明显与周

① 参石泉：《古文献中的“江”不是长江的专称》，《文史》第6辑，中华书局1979年版；收入氏著《古代荆楚地理新探》，武汉大学出版社1988年版；又收入唐晓峰、黄义军编：《历史地理学读本》，北京大学出版社2006年版。又参赵逵夫：《屈氏先世与句亶王熊伯庸》，《文史》第25辑，中华书局1985年版；又见氏著《屈原与他的时代》，人民文学出版社2002年版。

② 陈立柱：《楚淮古地三题》，《江汉考古》2010年第1期。

③ 参石泉、徐德宽：《楚都丹阳地望新探》，《江汉论坛》1982年第3期；又载《古代荆楚地理新探》，武汉大学出版社1988年版，第190、191页。段渝：《西周时代楚国疆域的几个问题》，《中国史研究》1997年第4期。叶植：《试论楚熊渠称王事所涉及到的历史地望问题》，《楚文化研究论集》第四集，河南人民出版社1994年版。

④ 罗香林：《越族源出于夏民族考》，《青年中国季刊》第1卷第3期，1940年。

⑤ 罗香林：《中夏系统中之百越》，独立出版社1943年版，第106页。

文化有密切关系，是周文化的江汉类型。① 因此西周中晚期开发汉水中游地区的居民是与西周王朝及南土诸侯有密切联系的，周人对这些江汉土著民族是有足够认识的，无论从文化、族源还是政治关系上。西周中晚期由北向南开发汉水中游地区的江汉土著民族与中原王朝和南土诸侯有复杂关系，作为中原王朝和中原文化边缘、附属的江汉土著族群，在文献上称为楚蛮或荆蛮、蛮荆、荆楚。但当这些江汉土著族群开发汉水中游地区后进一步南下时，必然在长江北岸接触到此前周人完全未能认识到的、更南方的、与周人所熟知具有中原文化性质的南方土著族群完全不同的另一类土著族群。此类超出周人认知的、位于楚蛮以南、具有完全不同文化面貌与来源的南方居民，鲁西奇已指出华夏和楚人称其为“越”。自盘龙城废弃后，中原王朝已完全失去了对此类南方土著族群的认识，周人也只是在西周早期一度将其势力向南延伸至长江边上的鲁台山遗址，但随着昭王南征失败，周势力也退缩至涢水上游，从此远离长江。这一类南方族群主要生活在长江以南，但周人和楚国必然是从长江以北沿岸地区开始认识这些与“楚蛮”迥异的南方族群，因此“越”的北界越过长江至汉水中下游地区是完全可以成立的。而扬水作为江汉之间的汊流，正在长江北岸，汉水中下游地区的最南缘，进入汉水中下游地区的楚蛮及踵楚蛮之后南下的楚国，当是在扬水地区接触到了此类与中原系统完全不同的南方族群，并由此形成了对楚蛮以南的南方族群的认识，而将其称为“越”。

扬越之名大概由此而来，汉水中下游地区的南缘由此成了“百越之际”，为百越的最北界。随着楚国逐步占有整个长江中游地区，于是楚国将其南境乃至所有南部土著居民均称为扬越，今湖北东南部的大冶铜绿山铜矿，其开采者，学者认为即扬越先民②，另学者据考古学文化分析，鄂

① 参张昌平：《试论真武山一类遗存》，《江汉考古》1997年第1期。

② 张正明、刘玉堂：《大冶铜绿山古铜矿的国属》，张正明主编：《楚史论丛》初集，湖北人民出版社1984年版。

东地区的两周时期考古学文化，具有明显的古越族文化特征①。而鄂东南一带以鼎式鬲、刻槽足、长方形镂孔豆、附耳甗为特征的商周时期考古学文化，具有鲜明的地方特色，自阳新大路铺遗址发掘后被命名为大路铺文化，这支地方性文化具有长期的矿冶传统，从新石器时代起即开始掌握采矿及金属冶炼、铸造技术。② 大路铺文化年代为晚商至西周中期，主体年代为西周中期，分布集中于鄂东南地区，对外辐射相当有限，整体的文化影响力并不突出，楚文化兴起后其文化传统完全中断，为楚文化所取代。③ 大路铺文化的年代范围、分布地区与矿冶传统，正好与开采大冶铜绿山的古代居民相对应。

到秦汉时期，扬越概念一路往南发展，由西周时用指汉水中游以南的土著族群、东周时用指楚国南境及其以南的土著族群，发展到秦汉时期用指岭南地区的土著居民，故扬越又常与百越混用。吴永章亦主张："扬越是指江汉流域往南经洞庭湖越五岭直达南海这一广阔地区的古代越人。"④

文献中还有夷越的说法，春秋早期楚成王即位后，"布德施惠，结旧好于诸侯。使人献天子，天子赐胙，曰：'镇尔南方夷越之乱，无侵中国。'于是楚地千里"⑤。夷越在楚国南方，与扬越方位大抵相同，于是学者认为夷越即扬越⑥，吕思勉则谓"自淮以北皆称夷，自江以南则曰越"⑦。因楚蛮在文化上和政治上与中原王朝有密切联系，甚至本身就是作为中原王朝附属和

---

① 刘玉堂：《论湖北境内古越族的若干问题》，《民族研究》1987 年第 2 期。

② 湖北省文物考古研究所等：《阳新大路铺》，文物出版社 2013 年版。

③ 罗运斌、陈斌、丁伟：《大路铺文化土著因素的形成与传播》，《江汉考古》2014 年第 6 期。

④ 吴永章：《楚与扬越、夷越、于越的关系》，《中南民族学院学报》增刊，1986 年。

⑤ 《史记》卷四十《楚世家》，中华书局 1982 年版，第 1697 页。

⑥ 刘玉堂：《扬越与楚国》，张正明主编，张胜琳副主编：《楚学论丛》，《江汉论坛》专刊，1990 年，第 210 页。

⑦ 吕思勉：《中国民族史》，东方出版社 1996 年版，第 233 页。

边缘而存在的，而楚蛮南下以后所接触到的更南方的土著族群，其在中原话语系统中的称呼显然是“夷越”或“越”。

可见“越”应为西周时代中原体系之外的南方土著居民，一般位于长江以南。但在长江中游地区，中原势力是以汉水为界的，至西周中期以后，受西周及南土诸侯统治的江汉土著族群，开始南下开发汉水中下游地区，突破汉水这一夏商至西周早期的南北分界线进一步向南发展，直抵长江岸边，开始接触中原系统视野之外的南方土著居民。这类基本在中原视野之外的南方居民，在周、楚话语下称为“越”，而扬水作为汉水以南的江汉间的一条汉流，由此成了“百越之际”。

而楚国从熊渠时起进入汉水中游地区，在“江汉间”或“江上楚蛮之地”开拓，因此与扬水以南、长江北岸的土著居民发生接触，由于越人的社会发展水平较楚蛮、百濮等更低，因此扬越被楚人大量征服，成为楚人征服的江汉土著民族中很重要的一部分，亦是楚人、楚民族的重要来源。而越文化也大量进入楚文化之中，在楚文化中留下了诸多印迹，如楚文化中有大量的越式鼎，其特征是高足、平底，这种样式的鼎，在战国后期成为楚式鼎的主流。

由上分析可知，西周时期的楚国，是周代的南土诸侯之一，因此周代南土作为楚国成长并发展的人文环境，需要进行全方位的考察。在政治上，周代南土是西周王朝的南部疆域；在文化上，西周时期的汉水东北地区周代考古学文化，是周文化的南方变体，这一类考古学文化与春秋中期以后的典型楚文化有直接的渊源关系，是楚文化的前身，目前一般称为早期楚文化；在族群上，周代的南土，分布着南土诸侯、江汉小国和土著族群三类族群。西周时期的楚国，正是在这样一种特殊的人文环境下稳步发展的，并最终为春秋时期楚国的壮大，打下了基础。

南土诸侯进入江汉地区从根本上改变了南方的人文地理景观。由于南方土著族群的发展水平较低，多数处于较为原始的发展状态，各自离居，未有君长，而南土诸侯或为周室宗亲与姻亲，或为中原旧族，其政治、经济、文化与社会发展水平要远高于江汉地区较原始的土著族群，因此南土诸侯与土著族群的杂居形态必然引发江汉土著族群的应激反应，两者共同作用下形成了有较鲜明江汉地区地域特色的西周时期文化，既属于周文化系统，又深具江汉地区的地域特点，楚国与楚文化正是在这样的人文地理环境下发展起来的。

进一步探讨，夏商时期，南下的中原族群所带来的中原文化与江汉土著族群原有的文化传统既已初步融合，在以盘龙城为中心的地区初步形成了一种兼具南北特色的区域文化，① 其最为核心的因素是出现了一种新形态的炊器——鼎式鬲。南方本无鬲，夏商时期才将北方夏商文化的鬲与江汉地区传统的鼎结合起来，形成了一种新的似鼎非鼎、似鬲非鬲、亦鼎亦鬲的“鼎式鬲”或“鬲式鼎”，这种新式的鬲文化本身兼具南北文化融合的性质，形成后很快在江汉地区扩散开来，成为周代江汉地区的主流文化传统。商势力退出后这一新的土著文化得到了进一步的发展，西周时期与南土诸侯带来的周文化融合，形成了后世楚文化的前身。

所以西周时期的早期楚文化是由包括楚国在内的周代南土诸侯和江汉小国及楚蛮、百濮等江汉土著蛮族共同创造的，而南土诸侯中既有与周室关系最为紧密的姬姓诸侯和周之姻亲诸侯，亦有与周室关系稍远一些的异姓诸侯，西周时期早期楚文化的主体当是江汉间诸小国和楚蛮、濮等江汉土著蛮族，楚国属于西周时期的异姓诸侯，与邓、鄀、谷等国同列，仅是南土诸侯和早期楚文化中很小的一支。但春秋早期以后，随着楚国的迅速强大，楚国成了这一支考古学文化的继承者，主导了这一支考古学文化的发展，将早期楚文化发展成了东周时期的典型楚文化。而楚国与楚文化的高度发展，也将江汉地区各种来源不同的居民融合成了楚人这一新型的族群。

---

① 高崇文：《从夏商时期江汉两大文化因素的源流谈楚文化起源》，《楚文化研究论集》第三集，湖北人民出版社 1994 年版。

第三节 早期楚文化初析

楚文化的起源问题曾长期困扰学术界，一直是楚文化研究的热点，也是楚文化研究的难点，长期以来，众说纷纭，悬而未决。20世纪，学者对这一问题进行了大量的探讨。近年来，随着考古发现与研究的逐步深入，早期楚文化的研究也取得了相当多的成果，在江汉地区发现了较多的早期楚文化遗存，特别是近年来为配合南水北调工程而进行的考古调查与发掘，在丹江库区发现了一些有关楚文化起源的新线索，引起了学术界的极大关注。本节拟在学者已有探讨和目前考古发现与研究的基础上，对早期楚文化作一些初步的探讨。

一、江汉地区的早期楚文化遗存

在考古学上，楚文化的典型特征形成于春秋中期前后，目前尚未见到早于春秋中期的楚式青铜器，但与楚式青铜器并存的一批具有楚文化特征的陶器，则可上溯至西周时期甚至更早。这些与典型楚文化有直接渊源关系的陶器遗存，目前学术界一般称之为早期楚文化。这组陶器以鬲为核心，以鬲、盂、豆、罐或鬲、盆、豆、罐为基本组合。鬲很有特点，器形上是北方的鬲与南方的鼎结合而成，似鼎非鼎、似鬲非鬲，又被称为“鼎式鬲”或“鬲式鼎”，与商式的分裆鬲和周式的瘪裆鬲区别明显，一般为联裆或弧裆，空足很浅、甚至略有略无，高柱足，足跟与器身分开制作，俗称此制法为二次包制，学界称之为楚式鬲。① 陶系则多为红陶或红褐陶，少部分为灰陶，一般饰绳纹，俞伟超先生称之为“高腿锥足红陶绳纹鬲”②。

就目前所知，联裆鬲起源于鄂东地区，在武汉盘龙城遗址的王家嘴下

① 苏秉琦：《从楚文化探索中提出的问题》，《江汉考古》1982年第1期。

② 俞伟超：《先秦与三苗文化的考古学推测》，《文物》1980年第10期。

层，相当于夏代的文化遗存中，出土有目前最早的联裆鬲，① 已初具楚式鬲的基本特征。由此可知，早期楚文化的时间范围，最早可以追溯至夏，其下限则在楚文化特征形成之前的春秋早期，而其主体部分、也最为学术界所关注的，则是在西周时期。

鄂东和鄂东北地区的早期楚文化遗存是目前最早的。在鄂东的盘龙城遗址，发现有大量的平裆鬲和罐形鼎，据盘龙城报告，盘龙城遗址可分七期，其一期相当于二里头文化二期或三期偏早，最晚的第七期则相当于二里岗上层二期晚段，盘龙城遗址的罐形鼎主要见于盘龙城一期至三期，大致为二里头文化时期，平裆鬲和联裆鬲则在盘龙城七期遗存中都有发现。② 从器形上看，盘龙城的罐形鼎和平裆鬲、联裆鬲明显是由鼎与鬲融合而来，是鬲与鼎的结合形态，一般为夹砂红陶或夹砂红胎黑陶、黑灰陶，锥足较高，有很浅的足窝，二者的区别很小，几可忽略。发掘报告将器底略下弧者称为罐形鼎、将器底略上凹或平底者称为平裆鬲，后又出现联裆鬲。由这些特征可知，这类罐形鼎和平裆鬲、联裆鬲是由南方的鼎与北方的鬲融合而成，为南北文化融合的产物，是鬲与鼎融合的最初形态，可称之为“鼎式鬲”或“鬲式鼎”。由于刚开始融合，所以鬲与鼎高度近似，称之为鬲或鼎仅是考古工作者根据考古类型学上鬲与鼎的形态特征强行加以划分的结果。这种陶鬲亦见于鄂东南的阳新大路铺遗址，大路铺遗址商代遗存中的 A 型鬲亦是此类鼎式鬲，其特征亦是夹砂褐红陶、联裆、高锥足，饰绳纹，与盘龙城的平裆鬲和罐形鼎如出一辙。③ 蕲春毛家咀遗址，年代为西周初年，许多器物保留有殷末的风格④，另在毛家咀遗址西 600 米处，发现有铜器窖藏⑤，该铜器窖藏

① 王光镐：《楚文化源流新探》，武汉大学出版社 1988 年版，第 151~153 页。

② 湖北省文物考古研究所：《盘龙城——1963—1994 年考古发掘报告》，文物出版社 2001 年版。

③ 湖北省文物考古研究所、阳新县博物馆：《阳新大路铺遗址东区发掘简报》，《江汉考古》1992 年第 3 期。

④ 中国科学院考古研究所湖北发掘队：《湖北蕲春毛家咀西周木构建筑》，《考古》1962 年第 1 期。

⑤ 湖北黄冈市博物馆、湖北蕲春县博物馆：《湖北蕲春达城新屋塆西周铜器窖藏》，《文物》1997 年第 12 期。

应是从属于毛家咀遗址的，年代为商末，其中的盂方鼎，作器者盂，为殷王文丁之子、帝乙的兄弟①，学者认为毛家咀遗址的性质为商亡后南逃于此的殷王族成员的遗存②。毛家咀遗址所出陶器，共同的特点是皆为柱足，按其形制，有分裆柱足鬲、联裆柱足鬲、平裆柱足鬲三种，其中平裆柱足鬲明显是从夏商时期的平裆高锥足鬲发展而来。此类融合南北文化的陶器遗存被创造出来后体现了强大的生命力，到西周时期，更进一步与周文化结合起来。黄陂鲁台山所出西周早期遗物中，年代较早的Ⅱ式鬲明显具有周文化的瘪裆、锥足风格，较晚的Ⅲ式鬲则已变为柱状足，裆部虽仍为瘪裆，但开始向弧裆发展。③ 在鄂东北的大悟吕王城遗址，西周早期陶鬲亦多具周文化风格，与沣西较为一致，但吕王城 T2⑦：160，已初具楚式小口鬲作风，较晚的吕王城 T2⑥：147、T2⑤B：118，虽仍为瘪裆，但已与楚式鬲风格较为一致。④ 武汉新洲阳逻的香炉山遗址分为南北两区，其南区第 2 层和北区第 11 层属商代遗存，南区商代遗存年代为二里岗上层，北区大体为殷墟时期，但南、北两区商代遗存文化面貌迥异，南区商代遗存文化面貌与中原接近，北区则与香炉山早周遗存有相似性，以红陶为主，部分器物与早周同类器难以区分，西周时期，周文化进入，锥足瘪裆鬲出现并演变为柱足鬲，最后在西周晚期出现楚式鬲。⑤ 武汉放鹰台遗址西周遗存，年代大抵为西周早中期，文化面貌与大悟吕王城、黄陂鲁台山、新洲阳逻香炉山等属同一类型，而与

---

① 李学勤：《谈盂方鼎及其他》，《文物》1997 年第 12 期。

② 程平山：《蕲春毛家咀和新屋塆西周遗存性质略析》，《江汉考古》2000 年第 4 期。

③ 黄陂县博物馆、孝感地区博物馆、湖北省博物馆：《湖北黄陂鲁台山两周遗址与墓葬》，《江汉考古》1982 年第 2 期。

④ 孝感地区博物馆：《大悟吕王城重点调查简报》，《江汉考古》1985 年第 3 期；熊卜发：《大悟吕王城遗址》，熊卜发编著：《鄂东北地区文物考古》，湖北科学技术出版社 1995 年版；熊卜发：《鄂东北地区两周时期陶器分期与文化特征初探》，熊卜发、李端阳、涂高潮编：《鄂东北考古报告集》，湖北科学技术出版社 1996 年版。

⑤ 香炉山考古队：《湖北武汉市阳逻香炉山遗址考古发掘纪要》，《南方文物》1993 年第 1 期。

香炉山遗址最为接近，所出鬲、甗、盆、盂、豆、罐，为早期楚文化基本组合，器型亦大体相类，鬲足采用包制方法，这是楚式鬲的基本特征之一，CaⅢ式陶鬲，夹砂褐陶，圆唇、束颈、弧裆，柱足较高，与真武山、郭家岗等地所出陶鬲器型风格一致，C型侈口折壁豆盘亦与真武山较为一致，Aa型鬲(T3②：1)造型奇特，上部为直口、带盖、管状冲天流，下部为分裆稍平，柱足较高，与江汉地区周式鬲较为一致，应是南北文化交融的产物。① 罗田庙山岗遗址西周遗存，年代约为西周中晚期，陶系以夹砂红陶和红褐陶为主，器类有鬲、甗、罐、瓮、缸、盂、钵、豆等，纹饰以绳纹为主，与均县朱家台和大悟吕王城西周遗存关系密切，鬲分大口和小口两类，均为长方体、卷沿、侈口、弧裆、柱足较高，A型鬲有较明显的瘪裆风格、并有扉棱，B、C型鬲则为弧裆微瘪型，与襄宜地区出土的早期楚式鬲一致。② 汉川乌龟山亦出有少量西周晚期遗存，文化面貌与上述遗存基本一致。③ 上述鄂东及鄂东北地区西周时期遗存都有一个共同特点，就是有较为明显的来自北方的姬周文化与江汉土著文化融合的趋势。

丹江流域亦有较为广泛的早期楚文化分布，丹江上游地区，商南县过风楼遗址是目前极受关注的遗址，所出西周遗存年代约为西周中期，其陶器特征与关中周文化相去甚远，而与江汉楚文化有较为明显的亲缘关系，另东龙山、巩家湾、陈塬等遗址亦有类似遗存，年代大抵为西周中晚期。④ 丹江下游地区，淅川下王岗遗址西周早期遗存大抵与沣西无异，但其中的Ⅳ式鬲，

---

① 湖北省文物考古研究所：《武昌放鹰台》，科学出版社2003年版。

② 湖北省文物考古研究所、黄冈地区博物馆、罗田县文物管理所：《湖北罗田庙山岗遗址发掘报告》，《考古》1994年第1期。

③ 湖北省文物考古研究所：《汉川乌龟山西周遗址试掘简报》，《江汉考古》1997年第2期。

④ 杨亚长、王昌富、曹玮：《近年来陕西境内新发现的楚文化遗存》，《楚文化研究论集》第五集，黄山书社2003年版；张天恩：《丹江上游西周遗存与早期楚文化关系试析》，氏著《周秦文化研究论集》，科学出版社2009年版。

侈口、圆唇、鼓肩、收腹，联裆圆柱状足，与早期的楚式鬲颇有类似之处。① 均县朱家台遗址西周遗存出有较典型的楚式陶鬲和较完整的鬲、甗、盆、罐、豆组合，② 文化面貌和年代与真武山、郭家岗等遗址所出西周晚期遗存基本一致。郧县辽瓦店子遗址的发掘，提供了关于楚文化起源的重要线索。

襄宜地区发现的早期楚文化遗存较多，汉水以南年代一般较晚，基本为西周中期以后的遗存。襄樊真武山遗址年代可早至西周中期，③ 宜城郭家岗遗址年代可早至西周晚期偏晚或两周之际，④ 由于地处楚文化核心地区，两遗址的两周时期遗存序列完整，陶器组合齐全，其西周至春秋早期遗存与春秋中期以后的典型楚文化陶器遗存有直接的逻辑演变关系，故通常被学术界视为早期楚文化的代表性遗存。钟祥六合遗址出有少量西周时期遗存，陶系以红陶为主，器物组合有鬲、甗、豆、罐、钵、缸等，陶鬲与真武山西周中期陶鬲较为接近。⑤ 汉水东北地区则有年代较早的遗存，枣阳毛狗洞 H1，出土遗物与黄陂鲁台山较为近似，器类以鬲、缸为主，陶系以红陶为主，红陶比重略小于鲁台山，鬲的基本特征是侈口、尖唇、束颈、联裆、裆上内瘪、裆高中等，器形较粗大，截锥足或柱足，年代为西周早期。⑥ 襄樊小马家遗址，年代为西周早中期，其西周早期遗物与关中近似度较高，如鬲为近空袋状分裆柱足，盆为宽沿深腹，均与关中同类器相近，西周中期遗存则明

① 河南省文物研究所、长江流域规划办公室考古队河南分队：《淅川下王岗》，文物出版社 1989 年版。

② 中国社会科学院考古所长江工作队：《湖北均县朱家台遗址》，《考古学报》1989 年第 1 期。

③ 湖北省文物考古研究所、襄樊市博物馆：《湖北襄樊真武山周代遗址》，《考古学集刊》第九集，科学出版社 1995 年版。

④ 武汉大学历史系考古教研室：《湖北宜城郭家岗遗址发掘》，《考古学报》1997 年第 4 期。

⑤ 荆州地区博物馆、钟祥县博物馆：《钟祥六合遗址》，《江汉考古》1987 年第 2 期。

⑥ 襄樊市博物馆：《湖北枣阳毛狗洞遗址的调查》，《江汉考古》1988 年第 3 期。

显具有楚文化特征，出现了二次包制鬲足，以柱足鬲为主，盂一般为外翻沿、圆凸肩，与沣西地区斜折沿、折肩的风格有较大差异，此外陶系中红陶比重较大，鬲、甗、罐等器物较为粗大，这些特征与枣阳毛狗洞 H1 十分接近。① 枣阳周台遗址出有较丰富的西周中晚期至春秋早期遗存，② 其文化面貌与郭家岗、真武山遗址相近而又有自身的特点，主要是陶系中灰陶比例较大，红陶较少，器物组合虽然大体相同，但某些器类更接近于关中，如周台遗址的陶盆与真武山差距较大，其斜折沿、折肩的风格更接近于关中周文化。另河南内乡黄龙庙岗遗址商代晚期遗存中发现有一种二次包制的矮柱足鬲，为该遗址的特征性器物，这类鬲折沿、腹微鼓、深袋足，分裆，裆较浅，截锥足较矮，与枣阳毛狗洞、新洲阳逻香炉山等遗址出土的西周早期的柱足鬲很相似。③

在西陵峡地区，庙坪遗址发现了几件较完整的西周陶鬲，④ 除纹饰为方格纹外，其余特征与真武山、郭家岗等地所出陶鬲基本一致，具有早期楚式鬲的特点，其年代，原报告定为西周中期，此年代明显偏早，应为西周晚期。⑤ 此外，西陵峡区的宜昌上磨垴⑥、秭归柳林溪⑦等遗址，均出土有与早期楚文化有关的周代遗存，这批遗物的年代，大抵为两周之际前后。

---

① 襄樊市文物考古研究所、襄阳区文物管理处：《襄阳黄集小马家遗址发掘简报》，《襄樊考古文集(第一辑)》，科学出版社 2007 年版。

② 襄樊市文物考古研究所、枣阳市文物考古队：《枣阳周台遗址发掘报告》，《襄樊考古文集(第一辑)》，科学出版社 2007 年版。

③ 杨宝成：《论西周时期汉东地区的柱足鬲》，《楚文化研究论集》第四集，河南人民出版社 1994 年版；杨宝成：《内乡县黄龙庙岗商代遗址及战国秦汉墓葬》，《中国考古学年鉴(1989)》，文物出版社 1990 年版。

④ 国务院三峡工程建设委员会办公室、国家文物局：《秭归庙坪》，科学出版社 2003 年版。

⑤ 参尹弘兵：《西陵峡周代考古学文化与早期楚文化》，《考古》2013 年第 4 期。

⑥ 湖北省文物考古研究所：《湖北宜昌县上磨垴周代遗址的发掘》，《考古》2000 年第 8 期。

⑦ 国务院三峡工程建设委员会办公室、国家文物局：《秭归柳林溪》，科学出版社 2003 年版。

在长江北岸，湖北地区的江陵荆南寺遗址出土了鬲、盂、豆、罐的完整组合，年代约为西周晚期，文化性质属典型的早期楚文化。① 另盘龙城出土的平裆鬲与罐形鼎亦见于荆南寺夏商遗存(报告中均称为A型鬲)，但只见于较早的地层中，年代为二里头晚期至二里岗上层一期。② 江陵梅槐桥遗址未见有西周时期地层，但在扰乱层中出土一件完整的陶鬲，鬲体较瘦长，折沿近平、高直颈，肩微弧，瘪高裆，柱足较高，经刮削略呈疙瘩状，③ 与真武山所出西周陶鬲较为近似，年代应为西周晚期。潜江龙湾遗址亦出有西周晚期遗存，陶系以红褐陶和红陶为主，多饰绳纹，陶器有楚式鬲、盂、豆、罐的完整组合。④ 湖南地区亦发现了一些与早期楚文化有关的西周遗存，澧县文家山遗址乙区灰坑出有一鬲一豆，鬲的形态为弧形连裆浅空足，足尖乳突状，拍绳纹，外侧再包制较高的截锥足，束颈卷沿圆唇，这是较典型的楚式鬲形态，稍晚的澧县周家湾、周家坟山遗址则出土了楚式鬲、盂、豆、罐的完整组合。⑤ 岳阳阎家山、骆坪遗址也出土了西周时期的楚式鬲、盂、豆、罐组合。⑥

综上可见，早期楚文化的分布地域，夏商时期仅限于鄂东盘龙城一带，到西周时期，东至鄂东和鄂东北，北至丹江流域，西至西陵峡，南至长江沿岸，基本上涵盖了整个江汉地区。

① 荆州地区博物馆、北京大学考古系：《湖北江陵荆南寺遗址第一、二次发掘简报》，《考古》1989年第8期

② 荆州博物馆：《荆州荆南寺》，文物出版社2009年版。

③ 湖北荆州博物馆、北京大学考古系：《湖北江陵梅槐桥发掘简报》，《考古》1990年第9期。

④ 湖北省潜江博物馆、湖北省荆州博物馆：《潜江龙湾》，文物出版社2005年版。

⑤ 湖南省文物考古研究所等：《湖南澧县商周时期古遗址调查与探掘》，《湖南考古辑刊》第四集，岳麓书社1987年版。

⑥ 岳阳市文物工作队：《湖南省岳阳市郊毛家堰—阎家山周代遗址发掘简报》，《文物》1993年第1期。

二、早期楚文化的时空进程

粗略分析，江汉地区早期楚文化遗存可分为三期：

第一期为夏代及商前期，即二里头文化至二里岗文化时期。主要的代表性遗存有盘龙城外的王家寨、李家嘴等遗址及荆南寺遗址部分夏商遗存。这一时期是早期楚文化的萌芽阶段，也是北方的鬲文化与南方的鼎文化开始融合的时期。陶器遗存以鼎式鬲为代表，已初步具有楚式鬲的基本特征，但鬲与鼎难以区分，空足极浅，似有略无，锥足较高、足为二次包制等，陶系以红陶和红褐陶为主。鄂东地区夏商时期出现的鼎式鬲，虽然还不能称之为楚式鬲，但我们可以确定，这是江汉地区最早的鬲文化，标志着江汉地区陶器遗存面貌的根本性改变，此前江汉地区新石器时代的居民是以鼎为核心来构建整个陶器文化的。如往下联系，这种鼎式鬲与两周时期的楚式鬲有明显的渊源发展关系，可以排出明确的逻辑发展序列，可以视为楚式鬲在江汉地区最早的起源，更进一步说，这种鬲文化是江汉地区的土著民族融合中原文化因素与自身原有文化传统的结果。此外，在盘龙城遗址中，鼎式鬲与鬲式鼎基本上是同时出现，但总的发展方向是向鬲演变，盘龙城的罐形鼎主要盛行于盘龙城一期至三期，相当于二里头文化时期，而平裆鬲的发展则贯穿了整个盘龙城文化，盘龙城二期时又从平裆鬲发展出联裆鬲，延至盘龙城七期。萌芽时期的早期楚文化，器物组合有平裆鬲、联裆鬲、罐形鼎、甗、斝、尊、大口缸、盆等器物，陶系以红褐陶和红胎黑陶为主，陶器部分来源于江汉地区新石器文化，如红陶大口缸，部分来源于中原商周文化，但与中原同类陶器在陶质、陶色和器形上有一些差异，显然是经过了当地土著民族的改造。高崇文认为，这批红陶器是在中原商文化影响下产生的一种新文化因素，本身就体现了两种文化因素。① 这一时期或可称为鼎式鬲时期。

---

① 高崇文：《从夏商时期江汉两大文化因素的源流谈楚文化起源》，《楚文化研究论集》第三集，湖北人民出版社 1994 年版，第 25 页。

第二期为商代晚期至西周早期。代表性遗存有蕲春毛家咀西周遗存、黄陂鲁台山H1、枣阳毛狗洞H1及Ⅰ、Ⅱ式陶鬲、武汉阳逻香炉山北区第11层、河南内乡黄龙庙岗晚商遗存等。这一时期的主要特点，是柱足鬲成为主流。上期的高锥足平裆鬲(鼎式鬲)和联裆鬲本期均发展成为柱足、上期的商式分裆鬲本期亦发展成为柱足分裆鬲，陶鬲的柱足作风成为早期楚文化最重要的特征。从毛家咀遗址来看，商末周初时，平裆柱足鬲、联裆柱足鬲及分裆柱足鬲并存，但到西周早期时，可能是由于强势周文化的影响，平裆鬲消失，分裆鬲也极罕见，截锥足联裆鬲成为主流，并在周文化的影响下出现瘪裆作风。陶系仍以夹砂红陶、红褐陶或夹砂红胎黑陶为主，器型普遍较大。陶器组合为鬲、甗、罐、盆、缸等，尚未出现早期楚文化典型的陶器组合。这一时期的典型特征是高锥足鼎式鬲发展成为柱足鬲(实为截锥足)，虽然就目前资料来看，这一时期尚未出现早期楚文化的典型陶器组合(鬲、盂、豆、罐或鬲、盆、豆、罐)，但柱足鬲的出现，标志着早期楚文化发展到了一个新阶段，因此这一时期是早期楚文化的发展期，以柱足鬲为代表，或可称为柱足鬲时期。

第三期为西周中晚期到春秋早期。主要的代表性遗存有襄樊真武山H36、H39、H85、H79、H81、G3，宜城郭家岗H109、H187，肖家岭H22，荆州荆南寺西周遗存等。这一时期的主要特点：一是柱足鬲发展成为楚式鬲，上一期较短的截锥足发展成较高的圆柱足，虽仍保留周式鬲的瘪裆作风，但已具备楚式鬲的基本特征，与春秋中期以后楚式大口绳纹陶鬲有直接的演变关系，可以认为，这种带瘪裆的红陶绳纹高柱足鬲就是楚式鬲的早期形态，是早期的楚式鬲；二是出现了较完整的鬲、盆、豆、罐或鬲、盂、豆、罐陶器组合，且此组合与春秋中期以后的典型楚文化陶器组合一致。从以上两方面来看，只有到了这一时期，才真正出现了具有成熟器形和完整陶器组合的早期楚文化遗存。因此，这一时期可视为早期楚文化的形成时期，其最具代表性的器物是楚式鬲，又可称为楚式鬲时期(早期楚文化中陶鬲的演变，参见图3-1)。

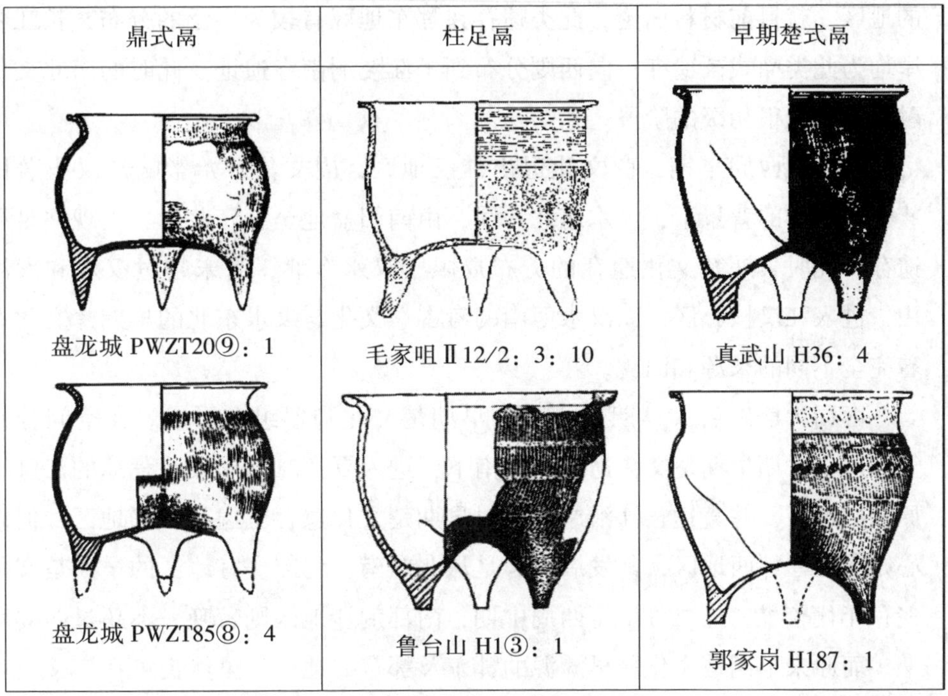

图 3-1　早期楚文化陶鬲演变图

由上简单分析可知，早期楚文化在江汉地区经历了较为复杂的发展历程，其最初的创造者是江汉地区的土著民族，这些江汉土著民族在强势中原文化的统治下，将来自中原的商周文化与自身原有的江汉地区新石器时代的文化传统融合起来，形成了一种新的、具有强大生命力的鬲文化，这一支鬲文化到后来即演变为早期楚文化。夏代至早商，是早期楚文化的萌芽阶段，鬲与鼎开始融合，出现了鼎式鬲或鬲式鼎；晚商至西周早期，是早期楚文化的发展阶段，商末周初时，平裆柱足鬲、联裆柱足鬲和分裆柱足鬲并存，这些器物基本是上期陶鬲的发展形态，至西周早期，带瘪裆作风的截锥足联裆鬲成为主流，柱足成为江汉陶鬲最主要的共性特征；西周中晚期至春秋早期，则是早期楚文化形成时期，出现带瘪裆作风的高柱足红陶绳纹鬲，也就是楚式鬲，并出现了鬲、盂、豆、罐或鬲、盆、豆、罐的完整陶器组合。

在空间结构上，夏商时期，江汉地区的鼎式鬲遗存出现在以鄂东为中心的地区，就目前材料而论，此类遗存在鄂东地区有较为广泛的分布，长江两岸均为此类鼎式鬲遗存，向西则分布到了江陵荆南寺遗址。此时的南北文化融合还处在很初级的阶段。

晚商至西周早期，商文化退出江汉地区，周文化开始影响江汉土著民族。在这样的背景下，汉水东北一线，由南阳盆地至长江北岸，出现柱足鬲遗存。此时早期楚文化遗存的分布局限于汉水东北，尚未越过汉水和大洪山，进入江汉核心区，而汉水西南的考古学文化与汉水东北的早期楚文化有着完全不同的来源和面貌。①

西周中期以后，早期楚式鬲和早期楚文化陶器组合形成。在空间分布上，这一时期早期楚文化遗存大举南下，进入夏商时期尚较为荒凉的江汉平原核心地区，并直达长江沿岸。此时早期楚文化遗存已遍及江汉地区，但重心则明显在鄂西地区，其发展态势是从北向南，北部襄宜地区的早期楚文化遗存年代较早，最早可早至西周中期，南部荆沙地区则较晚，不超过西周晚期。而原来早期楚文化最早渊源的鄂东及鄂东北地区，虽然仍可在广义上归入早期楚文化，但其文化面貌与自身的发展进程明显与鄂西地区较为典型的早期楚文化有了一些差异，在文化面貌上有更强一些的周文化特征，如陶系中灰陶比重远大于鄂西地区，某些器型如盂、盆等类器物更接近于关中。我们推测，出现这种变化的原因，当是由于汉东地区成为西周嫡系的汉阳诸姬封地，而鄂西地区则为楚蛮及其他江汉土著所居，② 故西周中晚期时，汉东地区在文化发展上与鄂西地区拉开了一些距离。

三、江汉地区考古学文化演进与早期楚文化的产生

江汉地区在新石器时代晚期，曾有过发达的人类社会。屈家岭文化和石

---

① 参杨权喜：《湖北商文化与商朝南土》，湖北省文物考古研究所编著：《奋发荆楚 探索文明》，湖北科学技术出版社 2000 年版；杨宝成：《论西周时期汉东地区的柱足鬲》，《楚文化研究论集》第四集，河南人民出版社 1994 年版。

② 刘玉堂、尹弘兵：《楚蛮与早期楚文化》，《湖北大学学报》2010 年第 1 期。

家河文化都是已发展到很高水平的考古学文化。屈家岭文化时期，江汉文化体系曾向北扩张，占有了原属于中原文化系统的汉水中游北部及丹江地区，其文化影响则直到豫中地区。但到了石家河文化晚期，形势逆转，中原文化日益强盛，对石家河文化产生了强烈的影响，石家河文化中出现了大量来自中原文化的因素。由于中原文化因素的大量进入，江汉地区的考古学文化性质发生了质变，其陶器群体已失去石家河文化的共性特征，长江中游地区的本地特征越来越少，除少量因素外，主体部分与石家河文化并无关系，因此考古学界普遍认为，这应是不同于石家河文化的另一支考古学文化。此类遗存，目前考古学界一般称为后石家河文化或三房湾文化。①

后石家河文化只有部分因素源自石家河文化，大部分因素来自同期的中原文化，尤其是煤山文化，因其与煤山文化的密切关系，被考古学者视作“煤山文化江汉地区的一种变体”，其成因是中原华夏文化的南下。②“来自中原的后石家河文化逐渐向长江中游地区渗透，从根本上改变了长江中游地区的传统文化结构。”③后石家河文化是中原文化南下江汉地区后，融合本地部分因素、在当地特定的环境中形成的一种文化类型。目前一般认为，屈家岭文化、石家河文化是三苗创造的文化遗存，在古史传说中，尧、舜、禹所领导的华夏集团与南方的苗蛮集团曾发生过激烈的战争，尧曾与三苗“战于丹水之浦，以服南蛮”④，到了禹时，战争更加激烈，最后禹利用三苗出现内乱、遭逢天灾之机大举进攻，取得决定性胜利，三苗从此衰微，不再见于文献。

后石家河文化是三苗衰微后南下的中原文化与江汉地区的原石家河文化融合的产物。结合文献记载似可推测，这当是禹征服三苗后，迫使三苗居民

① 孟华平：《长江中游史前文化结构》，长江文艺出版社 1997 年版，第 101 页；王劲：《后石家河文化定名的思考》，《江汉考古》2007 年第 1 期。

② 白云：《关于“石家河文化”的几个问题》，《江汉考古》1993 年第 4 期。

③ 孟华平：《长江中游史前文化结构》，长江文艺出版社 1997 年版，第 173 页。

④ 《吕氏春秋》卷二十《召类》，陈奇猷：《吕氏春秋新校释》，上海古籍出版社 2002 年版，第 1369 页。

改宗中原文化。但后石家河文化在夏商时期并未得到持续的发展，江汉地区的考古学文化在后石家河文化之后出现了中断，原来已发展到很高程度的人类社会在江汉地区消失了。夏商时期的江汉地区相当荒凉，夏商遗存在江汉腹地几乎不见，仅有零星的分布，而在原来江汉文化区的边缘地带，则保持了文化发展的连续性，但文化性质发生了变化，不是原有新石器文化的延续发展，而是中原夏商文化的地方变体。

江汉地区的早期楚文化正是在这一背景下产生的，这一类考古学文化因素的创造者显然不是来自中原的夏商移民，而是江汉地区的土著民族，这些江汉土著民族应即古三苗的遗裔，他们在改宗中原文化之后，开始尝试把来自北方的鬲文化与江汉地区原有的鼎文化融铸为一炉，从而创造出了一种新的文化因素。

三苗灭亡之后，继三苗而起的南方民族主要是楚蛮(或荆蛮)，苗与蛮本为一义，学者普遍认为，夏商周三代的楚蛮民族即古三苗的遗裔。由是可知，早期楚文化最初是由楚蛮民族在中原文化的影响下，融合自身原有文化传统创造的。

由上分析可知，早期楚文化的起源与芈姓楚国、楚族、楚人无关。芈姓一族属祝融八姓之一，祝融八姓的分布，学者做过较多研究，从氏族社会后期到夏代末年，“祝融各族所居，东至今山东西部、江苏西北，南未过淮河、方城，西未及关中，而北至山西西南和河南北部，基本未出黄河中游地区”①，此时的芈姓部族与江汉地区完全无关。进入商代，祝融族系各支在夏商鼎革中受沉重打击，芈姓部族的发展亦遭重大挫折，不仅居地不明，连世系也不清楚，“其后中微，或在中国，或在蛮夷，弗能纪其世”②，至商末周文王时，始有季连之后裔曰鬻熊出现在历史上，在商代绝大部分时期，芈姓一族即使已进入江汉地区，也是一微不足道的小部族。可见夏商时

① 徐少华：《论祝融八姓的流变及其分布》，湖北省考古学会选编：《湖北省考古学会论文选集(三)》，《江汉考古》增刊，1998 年。

② 《史记》卷四十《楚世家》，中华书局 1982 年版，1690 页。

期萌芽于鄂东的早期楚文化与芈姓祝融族群毫无关系，此时的早期楚文化是江汉土著民族的文化，文献记载中的楚蛮，可能就是这些江汉土著民族的主体。

从以前的资料来看，西周时期，芈姓楚国建国于楚蛮之地，才与早期楚文化有了联系。据《楚居》所载，芈姓祝融族群自穴熊（鬻熊）晚期或熊丽时期起始有楚人之称，① 此时约在商代末年或商周之际，可见芈姓与楚地及楚地居民产生交集，与早期楚文化发生联系、在文化上具备早期楚文化属性当在商末或商周之际。入周之后，楚国又被封于楚蛮之地，楚始封之地，虽众说纷纭，可以肯定是在江汉地区，也就是说必在早期楚文化的分布范围内。但西周时期，江汉地区分布着为数众多的国、族，其中有汉阳诸姬及申、吕等周之同姓和姻亲诸侯，有邓、谷等周之异姓诸侯，亦有卢戎、罗、贰、轸等江汉小国，亦有楚蛮、百濮等江汉土著民族，芈姓楚国仅是其中很小的一支。西周时期的早期楚文化，是南下的西周诸侯带来的周文化与江汉土著原来的文化融合后形成的，是西周诸侯与江汉土著民族共同创造的。直到春秋早期以后，随着楚国的迅速强大，楚国才成为早期楚文化中的主导力量，并且将早期楚文化发展成为春秋中期以后的典型楚文化。

① 李学勤主编：《清华大学藏战国竹简（壹）》，中西书局2010年版。

第四章　早期楚都研究

在文献记载上，西周时期的楚都名为丹阳，东周时期的楚都名为郢或郢都。因此早期楚都通常是指西周时期的楚都丹阳。西周时期的楚国极为弱小，可能只有一个居邑，因此早期楚都地望与早期楚国居地实为一事。

由于西周时期的楚国文献极为匮乏，因此早期楚国及其居地丹阳，其地望所在长期未能明确，成为楚史上的千年谜团。自楚文化研究兴起以来，学界更从文献、地理、考古、族源等各方面，综合了传世文献、出土文献、考古资料进行了大量的研究，取得了一定的成果，但未能形成较为明确的意见。由于楚都问题不能解决，楚国历史文化研究面临着难以深入的困局。要打破这种困局，需要综合楚先祖、楚文化考古与楚国历史地理来进行全面考察，将楚都、楚文化考古与楚先祖研究综合起来，从已经较为明确的楚先祖开始，从楚先祖的最初居地及其早期迁徙开始进行探讨，逐步深入。

第一节　从中原到江汉——芈姓祝融的早期迁徙历程

经过半个世纪探索，综合了传世文献和出土文献的楚族源研究表明，楚王族直系先祖季连，为上古时代华夏集团中的重要成员祝融后裔，夏代时祝融部族演化为祝融八姓，季连即为祝融八姓之一。

华夏首先是族群概念。前仰韶时代，黄河中游各地区的考古学文化本来是自成系统，各有来源，进入仰韶时代后，仰韶文化获得了高度的发展，在黄河中游地区发展出了较大范围的地域共同性，形成了包含若干个考古学共同体文化的复合体，称为黄河中游“仰韶文化群”或“仰韶群体文化”。① 这当是远古时代黄河中游地区族群整合与发展在考古学文化上的反映，也是华夏集团形成的文化基础。经过夏商周三代的冲突与融合，西周时已形成了有共同自我认知的族群共同体，到春秋时期就形成了稳定的华夏民族。② 近代学者则将传说时代黄河中游地区的古代居民统称为华夏集团。③

其次，上古时代族群概念也是地域概念，因为族群是要有居地或地域分布的，因此华夏也是地域概念。上古时代的华夏地域，徐旭生、王玉哲等皆作过较详细的考证。④ 在地理上华夏即中原，进入夏代，华夏地域可以明确为夏核心区，二里头文化核心的二里头类型和东下冯类型，大体与文献所载夏核心区一致，即今河南省中部、西部及山西省南部。夏商周三代，作为中原王朝，其核心区域即为华夏的地域范围。

但后来的楚国却是兴起于江汉地区，虽然早期楚都丹阳和春秋时期楚郢都的地望至今不明，但楚国核心区在江汉之地却是没有疑问的。因此芈姓祝融有一个迁徙的过程，是从中原辗转进入江汉地区的，最终在江汉地区立足生根，建立起强大的楚国，发展出高度发达的楚文化。

由于传世文献对楚先祖的记载过于简略，出土文献中的相关资料亦颇为零碎，因此楚族源的问题虽已基本解决，但对于楚先祖的迁徙时间、历程及相关问题，学者只能依据有限的资料作一些推测，未能有较为确实的结论。徐旭生早年曾推测，楚“建国于江滨，大约在夏禹征服有苗以后”⑤。何介均亦言：“如果作最保守的推论，芈姓楚族进入江汉地区（丹淅至荆睢山区），

① 中国社会科学院考古研究所：《中国考古学·新石器时代卷》，中国社会科学出版社 2010 年版，第 206~208 页。

② 王鍾翰主编：《中国民族史》，武汉大学出版社 2012 年版，第 138 页。

③ 徐旭生：《中国古史的传说时代》，广西师范大学出版社 2003 年版，第 43 页。

④ 参徐旭生：《中国古史的传说时代》，广西师范大学出版社 2003 年版，第 55 页；王玉哲：《中华远古史》，上海人民出版社 2003 年版，第 129 页。

⑤ 徐旭生：《中国古史的传说时代》，广西师范大学出版社 2003 年版，第 125 页。

不会晚于夏初。至西周成王时建立楚国，其间已在苗蛮中生活了近千年。”①罗运环也认为：“芈姓族的迁徙似乎可以更明确地说发生在夏初以后。”②以上诸说均将楚先祖南迁的时间推断在虞夏之际或夏代初年。李玉洁则认为楚先祖南迁在夏商之际：“祝融部落的一支芈姓季连部落迫于商的威慑，从新郑一带，顺禹县、叶县这条古代的通路逐步南迁到淮水以南、汉水流域和荆山地区……”③顾铁符则主张楚族南迁在商代晚期，推测芈姓族人曾居于祝融故墟附近的“鄢”，晚商帝乙、帝辛时，因中原形势生变，鬻熊便带领其族人南迁于丹淅附近的丹阳。④ 张正明也认为：“楚人是南迁的祝融部落……他们避开殷人锐利的兵锋，大约在商代晚期迁到了豫西南的丹水流域。”⑤

以上意见因缺乏足够的资料，大抵为推测之词。清华简《楚居》发表后，我们即可依据《楚居》所提供的新资料，综合学界已有的研究成果，对芈姓祝融在中原和汉江流域的早期活动及其迁徙历程作一些新的探讨。

一、楚先祖南迁的时间

祝融族团各支早期居地可考者亦大致在今河南省中部的新郑、密县、许昌一带，可能都居住在新郑周围。⑥ 祝融与夏王朝有极为紧密的关系，《国语·周语》有“昔夏之兴也，融降于崇山”的说法，⑦ 将祝融视为夏王朝得以建立的关键因素。进入夏代，祝融部族发展成为以昆吾为核心的庞大族团，是夏王朝的重要力量。夏代后期，夏王室内部混乱，“夏后太康，娱于耽乐，

① 何介均：《关于楚蛮和楚族族源的断想》，《楚文化研究论集》第三集，湖北人民出版社1994年版，第11~23页。

② 罗运环：《楚国八百年》，武汉大学出版社1992年版，第59页。

③ 李玉洁：《楚史稿》，河南大学出版社1988年版，第6页。

④ 顾铁符：《楚国民族述略》，湖北人民出版社1984年版，第18~19页。

⑤ 张正明：《楚史》，湖北教育出版社1995年版，第24页。

⑥ 罗运环：《楚国八百年》，武汉大学出版社1992年版，第57页。

⑦ 徐元诰：《国语集解》，中华书局2002年版，第29页。

不循民事，诸侯僭差，于是昆吾氏乃为盟主，诛不从命，以尊王室”①。昆吾由此主持夏政，成为夏王朝的最重要支柱。可知虞夏之时，祝融及其后裔均为华夏核心族群，居于中原核心区。进入商代，祝融各支因与夏的紧密关系而遭到商朝的打击，不复夏代时的盛况，季连一支也由此失去华夏核心部族的地位，但据清华简《楚居》记载，直到晚商时期，季连还与“盘庚之子”比邻而居并追求其女“比隹”，最终成功与其联姻。盘庚之子作为商王室核心成员，其居地当在商核心区内，季连与其联姻，表明商代晚期时犹居于中原之地，并未南迁。

但穴熊继为芈姓祝融首领，将季连部族变为穴熊部族后，情形看来发生了变化：

> 穴熊迟徙于京宗，爰得妣󠄁戲，逆流哉水，厥状聂耳，乃妻之，生侸叔、丽季。丽不从行，溃自胁出，妣󠄁戲宾于天，巫咸赅其胁以楚，抵今曰楚人。

穴熊继季连为部族首领时，仍居于“京宗”，此时穴熊所居之“京宗”，当与季连晚期所居之“京宗”为一地，位在中原。② 但穴熊继为部族首领后，主要活动是见到妣戲，并娶妣戲为妻，生侸叔、丽季，不过《楚居》叙述这些时，有一句“逆流哉水”，由此句似乎表明，此时穴熊部族可能已离开最初的“京宗”之地，有所迁徙。

丽季在《楚居》中又称为“丽”，整理者认为即《史记·楚世家》所载的鬻熊之子熊丽。因丽季并没有脱离穴熊部族独立发展，其真实的含义应是穴熊部族内部的支系。芈姓祝融发展到商代晚期时，其内部出现了与緹伯、远仲、侸叔、丽季四大支系，其中的緹伯、远仲两支为季连后裔，侸叔、丽季两支为穴熊后裔，丽季后继承了穴熊的部族首领之位，后来的楚王族亦是丽

① 王利器：《风俗通义校注》，中华书局2010年版，第19页。

② 尹弘兵、吴义斌：《“京宗”地望辨析》，《江汉考古》2013年第1期。

季后裔。

由于丽季是穴熊部族内部的支系，因此丽季的时代仍然是穴熊的时代。而《楚居》在对丽季的叙述也有一些模糊之处，当是此时楚世系实际上并未从穴熊过渡到熊丽，丽季有可能并不是楚世系中的单独一代。

穴熊、丽季之时，芈姓祝融开始与“楚”发生交集，芈姓一族由此始有“楚人”之称。这表明，丽季支系的出现，代表着芈姓祝融的族群属性发生了变化，由华夏变成了楚蛮。

华夏既是族群概念也是地理概念，“楚”“荆楚”“楚荆”亦如此，在熊绎受封建立芈姓楚国之前，“楚”或“荆楚”是指夏商时代的南方居民。在人文地理的意义上，“楚”有二义，一是指楚国之地，二是指楚蛮之地。穴熊、丽季之时，尚未有楚国只有楚蛮，因此商末之时，“楚”在地理上只能是指楚蛮之地。

楚蛮是上古时期江汉地区的古代居民三苗的遗裔，文献中又称为荆蛮、蛮荆、荆楚、楚荆等，今据《史记·楚世家》通称其为楚蛮。禹征三苗后，三苗瓦解，其遗裔在中原王朝的统治下改宗中原文化，发展成为夏商西周时代的楚蛮族群，是南方居民中与中原王朝交往较多，与中原关系较为紧密，在政治、文化上受中原影响较深的一部分。因此夏商时期的楚蛮(荆蛮、蛮荆、荆楚、楚荆)，既为古三苗的后裔，则其地应在古三苗的分布范围之内，三苗的分布范围，基本在今长江中游地区，其北界为熊耳、外方、伏牛诸山脉，与华夏集团为邻。① 从自然地理来看，熊耳、伏牛、外方山脉以北，为伊水、洛水流域，属黄河流域，为华夏核心区；以南即丹淅水、唐白河流域(即南阳盆地)，属汉江流域，正在楚蛮前身苗蛮集团的分布区内，属荆楚地域。则商师所征之荆蛮，当在伏牛、熊耳、外方山脉以南的鄂豫陕交界地区，即汉江支流之丹淅水、唐白河流域。据石泉先生考证，内乡(按：内乡在淅水以东不远处)附近，有最古的荆山。② 后世楚通荆，楚蛮即荆蛮，荆

① 徐旭生：《中国古史的传说时代》，广西师范大学出版社 2003 年版，第 65~67、75~76 页。

② 石泉：《楚都丹阳及古荆山在丹、淅附近补证》，《古代荆楚地理新探》，武汉大学出版社 1988 年版，第 208 页。

山也可解为楚山，内乡附近的荆山，或因楚蛮族群在此活动而得名。可见夏商时期楚地之北部为汉江支流的丹淅水、唐白河流域，以伏牛、熊耳、外方诸山脉与华夏区域相隔，① 大致继承了三苗与华夏的地理区隔。

因此伏牛、熊耳、外方诸山为华夏与荆楚的地理分界，以北的豫中、豫西地区为华夏，以南的南阳盆地则为楚地。直至春秋战国时期，楚国从南阳盆地北出方城的道路犹称为“夏路”，《史记·越王勾践世家》有“夏路以左”的记载，唐司马贞《索隐》引刘氏云：“楚适诸夏，路出方城，人向北行，以西为左，故云夏路以左。”②可见出方城才算诸夏之地，而方城则是南阳盆地与中原之间的交通隘口，楚与诸夏在此分隔，此亦可证南阳盆地为楚地，南阳盆地以北的中原为诸夏之地。

但南阳盆地的人文地理属性，还需略作辨析。《史记·夏本纪》载夏之同姓，其中的“有男氏”，《逸周书·史记解》作“有南氏”，有男氏所在，郦道元《水经注·江水》引韩婴叙《诗》曰：“其地在南郡、南阳之间。”③故有学者据此认为，夏核心区包含南阳盆地在内。④ 但谓有男氏在南阳、南郡之间，文献证据过于薄弱。而且从考古学文化上分析，南阳盆地已是二里头文化的边缘地带，二里头文化的核心二里头类型，其分布的最南端在南阳方城八里桥遗址，⑤ 但方城在南阳盆地东北边缘与豫中平原交界处，故二里头类型并未深入南阳盆地。夏代时的这一文化地理与政治地理格局是在新石器时代屈家岭文化和石家河文化与中原龙山文化分布格局的基础上形成的，并且进一步影响到了东周时期，东周时楚与中原诸国仍然在方城分隔。另《史记·货殖列传》有“颍川、南阳，夏人之居也”的说法，张守节《正义》曰：“颍川、

---

① 刘玉堂、尹弘兵：《楚蛮与早期楚文化》，《湖北大学学报》2010 年第 1 期；尹弘兵：《商代的楚蛮与西周初年的楚国》，《华夏考古》2013 年第 1 期。

② 《史记》卷四十一《越王勾践世家》，中华书局 1982 年版，第 1748、1750 页。

③ 《水经注》卷三十四《江水二》，杨守敬、熊会贞：《水经注疏》，江苏古籍出版社 1989 年版，第 2862 页。

④ 郑杰祥：《夏史初探》，中州古籍出版社 1988 年版，第 74、78 页。

⑤ 中国社会科学院考古研究所编著：《中国考古学·夏商卷》，中国社会科学出版社 2003 年版，第 90 页。

南阳皆夏地也。”但《史记·货殖列传》已明确指出这是秦代移民的结果：“秦末世，迁不轨之民于南阳。南阳西通武关、郧关，东南受汉、江、淮。宛亦一都会也。俗杂好事，业多贾。其任侠，交通颍川，故至今谓之‘夏人’。”① 颍川，秦置郡，辖地为嵩山以南、伏牛以北，基本在今河南省中部，颍川当然是夏地，为夏早期核心区，秦迁不轨之民于南阳后，汉代时南阳之民交通颍川，以此之故汉代南阳之民才有“夏人”之称，非南阳本为夏地。

可见华夏与楚蛮在上古时代是两个不相兼容的族群，同时也是两个不相兼容的地域：华夏居于中原、楚蛮居于荆楚，具体而言指长江中游地区。因此芈姓族群从华夏变成楚人，也就意味着芈姓祝融族群离开华夏所居的中原地区进入南方楚地。

由是可知楚先祖离开中原，离开传统的华夏地域、离开中原文化核心区，进入楚地并改变其族群属性成为楚蛮中的一员，其时间当在穴熊、丽季时代。而穴熊的时代应在商代晚期，其上限约在廪辛、康丁、武乙、文丁，考古年代为殷墟三期或二、三期之交，其下限约在帝乙时期或周文王早期。② 又穴熊即鬻熊，③ 而鬻熊晚期时已见周文王，与周人建立了密切的联系，因此其迁徙的时间当在穴熊的早期，可能在其继为部族首领之后不久即离开中原故地开始迁徙进入楚地，其确切的迁徙时间或在廪辛、康丁前后，考古年代为殷墟三期偏早。

二、熊丽在汉江流域的活动

《楚居》对丽季的记叙包含了不少神异色彩，但将那层神话的外衣剥去，所反映的正是芈姓部族于穴熊时代从华夏地域进入楚地，并因此而改变其族群属性，从华夏旧族变身成为南方楚蛮的历史。而文献所载熊丽的活动，亦

① 《史记》卷一百二十九《货殖列传》，中华书局 1982 年版，第 3269 页。

② 尹弘兵：《楚先祖年代考析》，《江汉论坛》2014 年第 11 期。

③ 李家浩：《楚简所记楚人祖先“鬻熊”“穴熊”为一人说》，《文史》2010 年第 3 辑。

不在中原，而是与南方楚地有关。《墨子·非攻下》曾记载“昔者楚熊丽始讨此睢山之间”。关于熊丽所讨之“睢山”，孙诒让注引毕沅曰：“睢山，即江汉沮漳之沮。”①1973 年马王堆汉墓出土《战国纵横家书·苏秦谓燕王章》有“楚将不出睢、章”②，可见《墨子》所言熊丽所讨之“睢”即沮漳之“沮”，睢山即沮山。睢山所在，有学者以为睢山即柤山，今南漳东北至襄樊一带的山区，为古睢山之所在③，但也有学者认为熊丽所讨“睢山之间”，当指沮水与荆山之间④。

不过商末周初时，汉水以南尚是蛮荒之地。新石器时代末期至西周早期，江汉核心区出现文化中断现象，西周早期时，江汉核心区还十分荒凉，西周中期时，江汉地区出现真武山类文化遗存并逐步向南发展，⑤ 这一地区才得到重新开发。因此商周之际中原人的地理认知是否已达汉水以南尚难断言。就此而论，今汉水以南的荆山、沮漳地名，有可能是西周中晚期以后才发展起来的，熊丽也不会跑到当时尚荒无人烟的汉南地区去讨伐，因此熊丽所讨之睢山，不得在汉水以南，或在汉水以北居民较多、开发水平较高之处。此睢山究在何处，现在已难稽考，但文献中仍然留下了些许线索，通过这些相关信息我们虽然不能确定其具体地望，但可从中来观察其区域范围。《淮南子·地形训》谓“睢出荆山”⑥，《水经·沮水》亦有“沮水出汉中房陵县景山”，北魏郦道元注：“沮水出汶阳郡沮阳县西北景山，即荆山首也，高峰霞举，峻竦层云。《山海经》云：金玉所出，亦沮水之所导。”⑦可见睢山当与荆山、景山是有关联的，而据石泉先生所考，丹江下游的内乡附近，正有最

---

① (清)孙诒让：《墨子间诂》，中华书局 2001 年版，第 153 页。

② 马王堆帛书整理小组编：《战国纵横家书》，文物出版社 1976 年版，第 17 页。

③ 张正明、喻宗汉：《熊绎所居丹阳考》，张正明主编，张胜琳副主编：《楚学论丛》，《江汉论坛》专刊，1990 年；王光镐：《楚文化源流新证》，武汉大学出版社 1988 年版，第 280~376 页。

④ 罗运环：《楚国八百年》，武汉大学出版社 1992 年版，第 85 页。

⑤ 张昌平：《试论真武山一类遗存》，《江汉考古》1997 年第 1 期。

⑥ 刘文典：《淮南鸿烈集解》，安徽大学出版社 1998 年版，第 150 页。

⑦ 杨守敬、熊会贞：《水经注疏》，江苏古籍出版社 1989 年版，第 2694、2695 页。

古的荆山，① 此荆山当因荆蛮在此活动而得名，而内乡正在南阳盆地范围内、汉江以北，则熊丽所讨之睢山或亦在此附近。退而言之，睢山地望即使有争议，但肯定是在汉江流域的楚地，非在中原华夏之地。可见“熊丽始讨此睢山之间”，亦透露出芈姓一族离开中原故地进入南阳盆地的信息。

熊丽所讨之睢山在南阳盆地之内乡附近，这在考古学上亦有相应的证明。考古学界为探讨楚文化的起源，提出了早期楚文化的概念，用指夏商及西周时期与典型楚文化有直接渊源关系的一组陶器遗存。夏商时期的早期楚文化是由以楚蛮为主体的江汉土著民族所创造的，西周时期的早期楚文化是由周代的南土诸侯和江汉间诸小国及楚蛮、百濮等江汉土著民族共同创造的，楚国仅是其中很小的一支，春秋早期以后，迅速强大起来的芈姓楚国主导了这一支考古学文化的发展，将早期楚文化发展成为东周时期的典型楚文化。② 具体到商代晚期至西周早期，此类文化因素的代表性遗存，已知较为明确的有湖北蕲春毛家咀西周遗存③、湖北黄陂鲁台山 H1④、湖北枣阳毛狗洞 H1 及Ⅰ、Ⅱ式陶鬲⑤、武汉阳逻香炉山北区第 11 层⑥、河南内乡黄龙庙岗晚商遗存⑦、河南淅川下王岗遗址西周早期遗存中的Ⅳ式鬲⑧、河南淅川

---

① 石泉：《楚都丹阳及古荆山在丹、淅附近补证》，《古代荆楚地理新探》，武汉大学出版社 1988 年版。

② 张硕：《早期楚文化的民族环境》，《江汉论坛》2010 年第 12 期；尹弘兵：《早期楚文化初析》，《江汉考古》2011 年第 3 期。

③ 中国科学院考古研究所湖北发掘队：《湖北蕲春毛家咀西周木构建筑》，《考古》1962 年第 1 期。

④ 黄陂县博物馆、孝感地区博物馆、湖北省博物馆：《湖北黄陂鲁台山两周遗址与墓葬》，《江汉考古》1982 年第 2 期。

⑤ 襄樊市博物馆：《湖北枣阳毛狗洞遗址的调查》，《江汉考古》1988 年第 3 期。

⑥ 香炉山考古队：《湖北武汉市阳逻香炉山遗址考古发掘纪要》，《南方文物》1993 年第 1 期。

⑦ 杨宝成：《论西周时期汉东地区的柱足鬲》，《楚文化研究论集》第四集，河南人民出版社 1994 年版；杨宝成：《内乡县黄龙庙岗商代遗址及战国秦汉墓葬》，《中国考古学年鉴(1989)》，文物出版社 1990 年版。

⑧ 河南省文物研究所、长江流域规划办公室考古队河南分队：《淅川下王岗》，文物出版社 1989 年版，第 326 页，图版一二三，6。

下王岗2008年发掘的西周早期遗存中的Ab型鬲①，均与关中姬周文化的鬲有异，具备楚文化的特征，并与襄宜平原上的春秋时期典型楚文化遗存有直接的渊源发展关系。在江汉地区的商代文化中，汉东地区和丹江地区在地理上较为邻近中原，在文化上受中原文化影响较深，是中原文化的地方变体，主体文化面貌与中原商文化一致，同时又有一类受中原商文化影响、但又有别于中原商文化的新因素，在文化上既有本地新石器文化因素，又与楚文化有密切的联系，则商代的楚蛮可能就在此类考古学文化中使用此类考古遗存的古代居民之一。② 其中内乡黄龙庙岗遗址有必要在此单独提出，此遗址商代晚期遗存中发现有一种二次包制的矮柱足鬲，为该遗址的特征性器物，这类鬲折沿、腹微鼓、深袋足，分裆，裆较浅，截锥足较矮，与枣阳毛狗洞、新洲阳逻香炉山等遗址出土的西周早期的柱足鬲很相似，而内乡附近正有最早的荆山，黄龙庙岗遗址西周晚期遗存中的此类遗物，当是楚蛮族群在此活动所遗留下来的，正可与文献所载熊丽征睢山印证。

综合以上分析，丽季有可能是芈姓部族进入楚地后因与楚蛮有较多联系而最先“楚化”的一支。从熊丽曾伐睢山来看，迁徙中的芈姓可能曾达内乡附近，此地有最古的荆山，并有楚蛮活动留下的遗物，表明内乡附近曾是晚商时期楚蛮的重要活动据点。另穴熊继为部族首领后不久即已离开季连时代的京宗，离开中原进入楚地，由此还可以推定，丽季支系出现时，芈姓祝融正处在从今河南省中部的故土向关中附近地区迁徙的路途之中。《楚居》中不言丽季的居地，或是丽季之时，芈姓部族居无定所，正处在迁徙途中之故。而其活动地区，主要是在汉水以北、汉江支流的丹淅水、唐白河流域，亦即南阳盆地。

三、商末周初时穴熊、熊狂居地

丽季之后为熊狂，熊狂处在丽季与熊绎之间，《楚居》对熊狂的记载只有

① 中国社会科学院考古研究所山西队、河南省文物局南水北调办公室：《河南淅川县下王岗遗址西周遗存发掘简报》，《考古》2010年第7期。

② 张硕、尹弘兵：《楚蛮的考古学观察》，《中国文化研究》2011年第3期。

一句“至熊狂亦居京宗”，从熊狂居地仍为“京宗”来看，熊狂还不是历史人物，仍是传说人物，在《楚居》的体系之中，熊狂仍处于传说时代。但熊狂的时代可能很短，因此熊狂虽仍是传说人物，但有可能是可以确指的具体个人，可能兼具传说人物与历史人物的双重性质，这是其身处于传说时代与历史时代之交的特征，这种双重的身份属性标志着楚史传说时代终结和历史时代的开始。

熊狂之子熊绎于周成王时受封为诸侯，熊绎是楚史上第一个可以确认的具体个人，自熊绎始，楚世系不再是部族与部族首领之通名而是首领个人的私名，这标志着楚史正式进入历史时代。鬻熊(穴熊)、熊丽(丽季)、熊狂的年代大致在商周之际，这是楚国奠定其政治基础的关键时期。这一时期，芈姓部族与正在崛起的周人建立起密切的政治联系，文献中鬻熊曾以“文王之师”的身份出现在历史上，鬻熊的活动让芈姓祝融族群在商周之间的大变局中得以加入周人的政治联盟，鬻熊虽然在与周人建立政治联系之后不久即去世，但其奠定的基础使芈姓祝融得以参与商周之际的重大政治变革，至周人灭商成功后，熊绎得以“文、武勤劳之后嗣”而跻身于西周诸侯之林。熊绎还曾参与周成王时著名的岐阳之会(亦称岐阳之盟)，在会中负责守燎。这些皆可证商末周初时，芈姓首领在关中有较频繁的活动。

商周之际时芈姓祝融族群与西周关系密切，因此商末周初时芈姓一族的居地必得靠近关中，如此芈姓首领才能较便利地往来关中并与周室建立密切联系，是为早期楚都探索中著名的丹阳淅川说。但今河南淅川县和丹、淅二水交汇地区在丹江下游，于是由丹阳淅川说发展而来的丹阳商县说将眼光进一步投向丹江上游地区，见第一章“熊狂所居之‘京宗’”所论。

而熊丽曾讨之睢山，据上文所考当在今内乡附近，则芈姓部族可能是于商末时到达内乡附近之后，溯丹江而上抵达丹江上游、秦岭南麓一带紧邻关中的地区，从而与周人建立了政治联系，奠定了后世楚国的政治基础。

四、周初熊绎受封时之居地

从熊绎开始，楚史完全脱离了传说时代而进入历史时代。西周初年，周成王封熊绎为诸侯，国号为楚，此为芈姓楚国之始。《史记·楚世家》："熊绎当周成王之时，举文、武勤劳之后嗣，而封熊绎于楚蛮，封以子男之田，姓芈氏，居丹阳。"①熊绎封地所在，后世学者有长期的讨论，诸说并出，迄无定论。但清华简《楚居》记载熊绎初封时邻近鄀国，这为探讨熊绎封地所在提供了全新线索：

> 至熊绎与屈紃，使鄀嗌卜徙于夷屯，为楩室，室既成，无以内之，乃窃鄀人之犝以祭。惧其主，夜而内尸，抵今曰栾，栾必夜。

这一出土文献为探讨熊绎封地所在提供了明确的地理坐标，即鄀国。另熊绎初封时，是由鄀嗌占卜居地的，此鄀嗌必为鄀人。《楚居》的这一记载正可与传世文献中所熊绎时代楚国的贫弱情形相印证："昔我先王熊绎，辟在荆山。筚路蓝缕，以处草莽，跋涉山林，以事天子。唯是桃弧、棘矢，以共御王事。"②从《楚居》来看，初期的楚国贫弱之极，熊绎竟然连祭祀祖先的祭品都没有，以至要"窃鄀人之犝以祭"，而且因害怕被鄀人发现而不得不在夜里祭祀。这些记载表明，熊绎所居之夷屯，必与鄀国邻近，楚、鄀两国必紧邻。鄀国地望，文献中有较为确实的记载，学者也早已有众多的研究，其地在秦楚界上的古商密，今淅川县西北的寺湾古城。③ 鄀后迁于南郡鄀县，故地在

① 《史记》卷四十《楚世家》，中华书局1982年版，第1691页。

② 《左传》昭公十二年，《春秋经传集解》，上海古籍出版社1988年版，第1356、1357页。

③ 徐少华：《鄀国铜器及其历史地理研究》，《江汉考古》1987年第3期。徐少华：《〈水经注·丹水篇〉错简考订——兼论古析县、丹水县的地望》，《中国历史地理论丛》1988年第4期；又载《荆楚历史地理与考古探研》，商务印书馆2010年版。

今湖北钟祥市汉水以西胡集镇东十公里处的罗山遗址。① 由此可见熊绎所居之夷屯必在丹淅下游地区，与商密之鄀相去不远。② 关于此一问题后文将详加论说。又《楚居》中的夷屯，一般认为即传世文献所载的丹阳。

这里还需要指出一点是，曾有学者认为丹淅地区在西周时为鄀国所在，鄀都商密与丹淅之汇的楚都丹阳完全重合，故楚都丹阳不可能在丹淅之汇。③ 但西周早期时还没有疆域的概念，各诸侯国就是一个都邑或都城及其附近很小的一块地方，相互之间的距离有时会很近，随州地区的鄂、曾两国就是这方面的典型例证。因此丹淅地区同时存在紧邻的鄀国和楚国是完全可能的。

熊绎始封时的楚国在丹淅地区，也得到了考古发现与研究成果的支持。为配合南水北调工程而进行的文物考古工作中，丹江库区发现了有关楚文化起源的重要线索，代表性遗址主要有陕西商南县过风楼遗址④、湖北均县辽瓦店子遗址⑤、河南淅川下王岗遗址⑥等，早期楚文化研究至此取得了重大突破，曾困扰考古学界多年的楚文化直接源头，至此终于解决：西周时期楚文化起源于陕鄂交界山地，西周中晚期时向东南扩展，春秋早期发展到襄宜平原和沮漳河流域，逐渐发展成为东周时期的楚文化系统。⑦ 考古学界的发

① 徐少华：《古鄀国、鄀县及楚都鄀地望辨析》，《石泉先生九十诞辰纪念文集》，湖北人民出版社 2007 年版；武汉大学历史地理研究所、钟祥市博物馆：《钟祥罗山遗址调查简报》，《江汉考古》2007 年第 3 期。

② 沈建华：《〈楚居〉鄀人与商代鄀族新探》，《清华简研究》第一辑，中西书局 2012 年版。

③ 牛世山：《西周时期的楚与荆》，《古代文明》第 5 卷，文物出版社 2006 年版。

④ 张天恩：《丹江上游西周遗存与早期楚文化关系试析》，氏著《周秦文化研究论集》，科学出版社 2009 年版。

⑤ 武汉大学考古与博物馆学系：《郧县辽瓦店子遗址》，湖北省文物局编：《湖北省南水北调工程重要考古发现Ⅰ》，文物出版社 2007 年版。

⑥ 中国社会科学院考古研究所山西队、河南省文物局南水北调办公室：《河南淅川县下王岗遗址西周遗存发掘简报》，《考古》2010 年第 7 期。

⑦ 高崇文、何晓琳：《试论“过风楼类型”考古学文化》，《江汉考古》2011 年第 1 期。

现与研究表明楚文化起源于今鄂豫陕交界地区，与《楚居》所载熊绎封地与鄀国紧邻这一史实，若合符节。

可见熊绎初封时，其居地必在丹江下游的丹淅之汇地区，至于具体地点，尚有待进一步的工作和新资料的发现。

综上分析可知，楚先祖作为华夏集团核心成员原居于中原地区，夏代时祝融族团各支均居住在以新郑为核心的今河南省中部、嵩山山脉至伏山山脉之间的地区。至商代晚期时，季连犹居于中原地区，并未出这一传统活动地区。祝融族团及季连部族的传统居地虽位在中原，但与汉江流域紧邻，这一地理特点决定了楚先祖与汉江流域的关系。

商末，穴熊继为芈姓首领后离开季连时代的京宗，部族内部出现丽季支系，始有“楚人”之称。这里要指出，从《楚居》来看，芈姓祝融与“楚”本无关系，我们以前曾认为，芈姓与楚国不能直接画上等号，芈姓一族不是一开始就有“楚”之名号的，熊绎受封之前，芈姓与“楚”或“荆”无关，至熊绎受封于楚蛮之地，建立芈姓楚国之后，芈姓才与“楚”或“荆”发生交集，芈姓一族才被称为楚人，而楚国之得名，也不是因为芈姓一族早有“楚人”之称或“楚”“荆”之名号，乃是因地而名国，是因芈姓部族受封于楚蛮之地，其国才得以“楚”为名。① 今据《楚居》，此观点需略作修正，芈姓祝融在熊绎受封之前就与楚蛮为伍而成为楚蛮一员，至迟在穴熊时期就因丽季支系的出现而有“楚人”之称。熊绎国号之得名，亦当是芈姓一族业已楚化，成为楚蛮一员，其族被视为“楚人”，亦自视为“楚人”，故其国得名为“楚”。但《楚居》也证明了芈姓祝融与“楚”或“荆”本无关联，不是从一开始就有“楚”之名号，其与“楚”发生交集是很晚的事。

芈姓祝融与楚发生交集，其族群属性由华夏转变为“楚”，在地理上意味着芈姓祝融已离开中原进入楚蛮活动地区，与南阳盆地的楚蛮生活在一起，

---

① 参拙著《楚国都城与核心区探索》，湖北人民出版社 2009 年版，第 38、39 页。另参何介钧：《关于楚蛮和楚族族源的断想》，《楚文化研究论集》第三集，湖北人民出版社 1994 年版，第 12 页；张正明：《秦与楚》，华中师范大学出版社 2007 年版，第 34 页。

从而转变其族群属性。另一方面，芈姓祝融进入楚地并土著化，看来与其中原姻族发生了冲突，此种行为等于由夏入夷，因此难以为华夏族群所接受，"妣戱宾于天"可能是这一冲突的反映。而丽季支系本身亦有可能是芈姓祝融内部土著化的结果，是芈姓祝融内部与楚蛮关系较为密切的一支，随着丽季支系成为芈姓祝融的主体并取得部族领导地位，芈姓祝融最终完成楚化完全变成楚蛮。

丽季支系出现时，芈姓祝融正处在从今河南省中部的故土向关中附近地区迁徙的路途之中。《楚居》中不言丽季的居地，或是丽季之时，芈姓部族居无定所，正处在迁徙途中之故。进一步还可以推定，芈姓祝融迁徙路线当是从今河南省中部(嵩山山脉与伏牛山脉东段之间的地区)地区出发，越过分隔南阳盆地和豫中平原的伏牛山和方城山，进入南阳盆地，芈姓部族在南阳盆地活动时可能抵达今内乡附近，再溯丹水而上到达秦岭南麓、邻近关中的丹水中上游地区。考虑到自然地理与人文地理环境，其迁徙所经地区的最大范围，西边的最大界限当在丹水，南边的最大界限应是汉水。至于汉水以南的江汉腹地，在新石器时代曾极为繁荣，有发达的古代文化，但自禹征三苗之后，江汉地区的古代文化解体，整个夏商时期，江汉地区极为荒凉，直到西周中期才有一支考古学文化南下进入原石家河文化故地,① 因此迁徙中的芈姓祝融不可能渡汉水南下进入当时尚是一片蛮荒之地的汉南地区。由此判断芈姓祝融迁徙时所经地区，基本在南阳盆地。

芈姓祝融进入楚地后，主要是在南阳盆地的丹淅水、唐白河流域活动，熊丽曾讨的睢山，当在今丹江下游地区的内乡一带。然后溯丹江而上抵达丹江上游、秦岭南麓一带紧邻关中的地区，从而与周人建立了政治联系。

熊绎受封时的夷屯，当即文献中所记之丹阳，其地与鄀国紧邻，应在今河南省淅川县、西峡县一带，丹江下游的丹淅之汇地区。

---

① 张昌平:《试论真武山一类遗存》,《江汉考古》1997 年第 1 期。

第二节　从《楚居》看楚都丹阳

传世文献中，楚国早期都邑名为丹阳。《左传》桓公二年孔颖达《正义》引《世本》云："楚鬻熊居丹阳，武王徙郢。"①鬻熊"居丹阳"时尚在商末、其时芈姓一族尚未受封立国，下至春秋早期楚武王徙郢之前，楚都均为丹阳。《史记·楚世家》亦记"熊绎当周成王之时，举文、武勤劳之后嗣，而封熊绎于楚蛮，封以子男之田，姓芈氏，居丹阳"②。此后历代学者，对"丹阳"为商末至春秋早期时楚国早期都邑之名，从未有过疑问。

但清华简《楚居》的发表对楚都丹阳这一传统说法提出了挑战。《楚居》详记历代楚君的居地，从传说中的楚先祖季连、穴熊，一直到战国中期的楚肃王，对文献记载中极为简略的楚先祖和早期楚国提供了极为宝贵的新资料，但令人遗憾的是，《楚居》虽详记熊绎至武王楚国居地，却并没有丹阳。③ 这不禁令人疑惑，到底有无丹阳？虽然学者将《楚居》所载与《史记·楚世家》对照后认为，《楚居》所载熊绎至熊渠所居之"夷屯"即《史记·楚世家》之丹阳。④ 但何以《楚居》中并无"丹阳"之名，而是"夷屯"？不仅如此，《楚居》所载地名，亦大多不见于传世史籍，这使得《楚居》研究遇到极大困难，楚都探索亦难以因之而取得突破，因此丹阳与早期楚国、早期楚都的关系问题，是《楚居》研究和楚都探索中必须要面对和解决的问题。

一、楚都"丹阳"之由来

《楚居》的发表让我们不得不回过头来重新检视文献中的楚都"丹阳"。

---

① 《左传》桓公二年孔颖达《正义》引，《春秋左传正义》，李学勤主编：《十三经注疏》标点本，北京大学出版社 1999 年版，第 150 页。

② 《史记》卷四十《楚世家》，中华书局 1982 年版，第 1690、1691 页。

③ 李学勤主编：《清华大学藏战国竹简(壹)》，中西书局 2010 年版，第 180~182 页。

④ 李学勤：《论清华简〈楚居〉中的古史传说》，《中国史研究》2011 年第 1 期。

经检索《左传》《国语》《吕氏春秋》等先秦史籍，我们惊讶地发现这些先秦文献中均无“丹阳”之名，丹阳之名出自《史记》。《史记》中与楚相关之丹阳，凡以下数见：

《楚世家》：封熊绎于楚蛮，封以子男之田，姓芈氏，居丹阳。

《秦本纪》：(秦惠文王更元)十三年，庶长章击楚于丹阳，虏其将屈匄，斩首八万。

《楚世家》：(楚怀王)十七年春，与秦战丹阳，秦大败我军，斩甲士八万，虏我大将军屈匄、裨将军逢侯丑等七十余人，遂取汉中之郡。

《韩世家》：(韩宣惠王)二十一年，与秦共攻楚，败楚将屈丐，斩首八万于丹阳。

《张仪列传》：秦齐共攻楚，斩首八万，杀屈匄，遂取丹阳、汉中之地。

《樗里子甘茂列传》：楚怀王怨前秦败楚于丹阳而韩不救，乃以兵围韩雍氏。

《屈原贾生列传》：秦发兵击之，大破楚师于丹、淅，斩首八万，虏楚将屈匄，遂取楚之汉中地。

其中仅《楚世家》之“姓芈氏，居丹阳”是指早期楚都，而其余均指公元前312年(楚怀王十七年、秦惠文王更元十三年、韩宣惠王二十一年)的秦楚丹阳之战，《秦本纪》《楚世家》《韩世家》《张仪列传》《樗里子甘茂列传》均称丹阳，而《屈原贾生列传》称丹、淅，可见此处的丹阳即丹、淅。楚军在丹阳之战中大败，被杀八万，秦军俘虏楚大将军屈匄、裨将军逢侯丑以下将领七十余人。

至于《世本》之丹阳，要先从《世本》的来历说起。《世本》的古本有三种，即刘向的二卷本(最早校定本)、东汉初宋均的七卷本、东汉末宋衷作注的四卷本。但《世本》一书系抄录先秦文献而来，虽有较早的渊源，但屡经后世增补，唐刘知幾《史通》："楚汉之际有好事者，录自古帝王公侯卿大夫之世，终乎秦末，号曰《世本》。"①汉魏之际时，《世本》一书仍有人续作，张舜徽深入研究《史通》一书后指出，"《世本》传世既久，自有后人续纂之笔。《颜氏家训书证篇》已言其书燕王喜、汉高祖，皆由后人所渗，非本文。然则世本传到六朝，已大非两汉时之旧本，下逮隋唐，又必迭有增附"②。可见《世本》一书，其性质与《史记》一样，在文献学上谓之间接文献，非先秦之原本，并不是先秦时的直接文献。

可见"丹阳"并不是先秦文献对楚都的通称，而是后世称早期楚都之名，这是用后世的地理观念来描述早期历史，实际上在《史记》中，用后世的观念来描述早期历史的情形所在多有。进一步分析，"丹阳"是他称而非自称，非楚人对楚都之自名，从"丹阳"之名始于《史记》来看，"丹阳"可能是来自秦人，是秦人对早期楚都的"他称"。

《史记》及汉时史书不见《楚居》地名，无楚人对楚都之自名而只有其他诸国对楚都之他称(主要是秦人)，可能是战国至秦末战乱中，楚国史籍尽毁之故。春秋时期吴师入郢，楚昭王逃亡，大夫蒙穀"负鸡次之典以浮于江，逃于云梦之中。昭王反郢，五官失法，百姓昏乱；蒙穀献典，而五官得法，百姓大治。此蒙穀之功，多与存国相若"③。由此可见国都失陷时，各种典籍的损失极大。而战国晚期，楚国国都两次被破，一次是公元前278年，秦将白起拔郢，楚顷襄王东迁，然后是公元前223年，秦将王翦攻破楚都寿春，虏楚王负刍。在这两次战火中，楚国的文书记录系统当受到了极大破坏。至秦末焚书时，六国史书尽毁，焚书令明言"史官非秦记皆烧之"④，是民间所藏六国史籍当尽毁于此次焚书。至于各国官藏之国史，当于秦灭六国

① (唐)刘知幾撰，赵吕甫校注：《史通新校注》，重庆出版社1990年版，第683页。

② 张舜徽：《史通平议》，氏著《史学三书评议》，中华书局1983年版，第107页。

③ 《战国策》卷十四《楚策一》"威王问于莫敖子华"章，上海古籍出版社1985年版，第519页。

④ 《史记》卷六《秦始皇本纪》，中华书局1982年版，第255页。

时为秦所得，可是秦亡后“项羽引兵西屠咸阳，杀秦降王子婴，烧秦宫室，火三月不灭”①。仅萧何“先入收秦丞相御史律令图书藏之”②，至此收藏于秦宫的诸侯国史不复存矣，楚之史籍也当于此时尽数毁于战火。司马迁明言：“秦既得意，烧天下《诗》《书》，诸侯史记尤甚，为其有所刺讥也。《诗》《书》所以复见者，多藏人家，而史记独藏周室，以故灭。惜哉，惜哉！独有《秦记》，又不载日月，其文略不具。”③

今检《史记》各诸侯世家，其记事规律性是很明显的，详于西周初开国及春秋，各诸侯世家在西周时期皆只有世系而无史事，有事可记者一般在西周晚期夷厉以后。而即使是春秋时期，《左传》《国语》几无记者如燕、杞诸国，《史记》亦无事可记，如《燕召公世家》所载燕国史事，几乎全为外围记载，明显是从他国与燕相关之事摘而记者，勉强凑成，且《燕召公世家》所记燕世系亦颇模糊：“自召公已下九世至惠侯。”不记其名，唐司马贞《索隐》谓：“并国史先失也。又自惠侯已下皆无名，亦不言属，惟昭王父子有名，盖在战国是旁见他说耳。”④即使《史记》中记事较详之鲁、齐、晋、楚、宋诸国，其在西周时皆只有世系，且多只有世代而无年数，如《史记》所记早期晋世系：“靖侯已来，年纪可推。自唐叔至靖侯五世，无其年数。”⑤可见《史记》所载周代各大诸侯国史事，其初封时所记之事当来源于西周开国时文武成康及周召诸公史事，春秋时史事则当源于《左传》《国语》有记者，一旦超出以上范围，则无所措其词，仅记世系而全无史事，甚至世系也较为模糊，或无年数，或无其名。

从史源学上来考辨，《史记》的框架体系源于秦国的国史《秦记》。由于各国史籍全毁于兵火及焚书，《秦记》却得以幸存，因此《史记》的记录系统，当主要来自《秦记》，然后杂采诸书以补之。太史公依此所著之《史记》，其

① 《史记》卷七《项羽本纪》，中华书局 1982 年版，第 315 页。
② 《史记》卷五十三《萧相国世家》，中华书局 1982 年版，第 2014 页。
③ 《史记》卷十五《六国年表》，中华书局 1982 年版，第 686 页。
④ 《史记》卷三十四《燕召公世家》，中华书局 1982 年版，第 1550 页。
⑤ 《史记》卷三十九《晋世家》，中华书局 1982 年版，第 1636 页。

有关楚国及关东各国之记载，其主体当来源于秦人，来自秦国史官所著之《秦记》，因此在本质上，《史记》对楚国史迹的记载，是一种源自秦人的“他称”，非楚人之“自称”。以出土文献证之，不仅是《楚居》，目前所见出土楚简所载之楚国地名，大多亦不见于《史记》或其他传世典籍，这表明，楚国的记录系统在后世文献中基本上是整体消失了，这当是六国史籍在战国和秦末战火中全数损毁之故。

但较为麻烦的是，秦为后起之诸侯，周孝王时始为附庸，平王东迁时始列诸侯之林，因此秦的史官系统及记录体系远不及有深厚渊源的关东诸国发达，这导致秦国的《秦记》过于简略。尤其是秦在西周时太过弱小、地位不高，因此秦人对西周时史事可能并无完整而全面的记录，太史公已明言《秦记》过于简陋，“其文略不具”。《秦记》对于楚人早期居地，很可能因不明所以故只以地域范围泛称之，此当为《史记》中“丹阳”之名的由来，亦即“丹阳”之名是秦国史官对早期楚都的称呼，是源自秦人的他称而非楚人之自称，因此虽然《史记》明记熊绎“居丹阳”，但楚国并无“丹阳”。

丹阳之名既然来自秦人，则当与丹水有关，来自秦人对丹水流域的认知。按古代以山南水北为阳的命名惯例，丹阳当指丹水以北地区，从《史记·屈原贾生列传》又称丹阳为丹、淅来看，可进一步指丹水以北之丹、淅二水交汇地区。这里要说明的是，丹水虽在秦岭以南，但丹水流域与关中地区的联系颇为紧密，尤其丹水上游与关中平原是紧密联系在一起的，早在新石器时代，丹江上游地区即和关中平原属同一文化地理区域，以关中为主体的大地湾文化、客省庄文化，其分布范围均包括丹江上游。① 今丹江上游商州一带，出土有较多的西周铜器，作器者多为周王臣属，因此学者以为西周时武关以内广大地区当属王畿范围。② 而后世亦以武关为关中之南界，《史记·项羽本纪》：“人或说项王曰：‘关中阻山河四塞，地肥饶，可都以

① 中国社会科学院考古研究所编著：《中国考古学·新石器时代卷》，中国社会科学出版社2010年版，第114～115、577～578页。

② 牛世山：《西周时期的楚与荆》，《古代文明》第5卷，文物出版社2006年版。

霸。’”裴骃《集解》引徐广曰：“东函谷，南武关，西散关，北萧关。”《史记·秦始皇本纪》亦记：“于是始皇大怒，使刑徒三千人皆伐湘山树，赭其山。上自南郡由武关归。”裴骃《集解》引应劭曰：“武关，秦南关，通南阳。”①可见武关以内的丹江上游地区本属关中。

丹江也是关中与南方联系的重要通道，早在商代，周人即已通过丹水通道联系南方地区的部族。周人在关中地区崛起后，“帅殷之叛国以事纣”②。这些所谓“殷之叛国”，当包括中商晚期以后脱离了商朝统治的众多南方与西方部族，他们加入周人一方，在伐商过程中发挥了重要作用，如随武王伐商至于牧野的牧誓八国，皆为周之西之南的部族。西周初年的《太保玉戈》亦载周人沿汉水而下进入江汉地区。③ 而商末周初时周人经营南土，只能是通过丹水通道南下进入汉水中游地区。《左传》僖公二十五年记春秋时秦楚双方在丹水地区发生争夺：“秋，秦、晋伐鄀，楚斗克、屈御寇以申、息之师戍商密。”杜预注：“鄀本在商密，秦、楚界上小国，其后迁于南郡鄀县。”又曰：“商密，鄀别邑，今南乡丹水县。”④汉晋时期的丹水县，据徐少华教授考证其故地在今淅川县西北的寺湾古城。⑤ 此地即古鄀国所在。可见秦、晋联军伐商密，是沿丹水通道进行。后世刘邦入关中，亦是经武关走丹水通道。

战国时，秦楚双方沿丹水通道展开了著名的丹阳之战，又称为丹淅之战，此战楚军损失八万，若以秦军投入兵力不低于此数估算，丹阳之

① 《史记》卷七《项羽本纪》、卷六《秦始皇本纪》，中华书局 1982 年版，第 315、248、249 页。

② 《左传》襄公四年，《春秋经传集解》，上海古籍出版社 1988 年版，第 812 页。

③ 李学勤：《太保玉戈与江汉的开发》，《楚文化研究论集》第二集，湖北人民出版社 1991 年版。

④ 《左传》僖公二十五年，《春秋经传集解》，上海古籍出版社 1988 年版，第 357 页。

⑤ 徐少华：《鄀国铜器及其历史地理研究》，《江汉考古》1987 年第 3 期。徐少华：《〈水经注·丹水篇〉错简考订——兼论古析县、丹水县的地望》，《中国历史地理论丛》1988 年第 4 期；又载《荆楚历史地理与考古探研》，商务印书馆 2010 年版。

战双方投入兵力至少二十万，又《史记·屈原贾生列传》称战地为丹、淅，因此《史记》言及丹阳之战的丹阳或丹淅，可能并不是一个地点，而是一片不算太小的地区。由此反推《史记·楚世家》所言熊绎所居之“丹阳”，可能亦不是一地点或小地名，而是区域。高崇文即认为“《楚世家》所说的丹阳应该是泛指，即指丹水之阳的广泛区域，夷屯则是具体地点”①。也就是说，《史记》所称的楚都丹阳，乃是秦人以区域指代地点，因秦人已不知具体地点何在，亦不知楚人对其的称名，故按秦人自己的理解以区域称之。

二、丹阳区域分析

丹阳之地究在何处，是先秦史地研究中长期争论的问题。东汉至唐代文献中先后有当涂、枝江、秭归和丹淅四种主要说法。

当涂说最早出于《汉书·地理志》丹扬郡“丹阳”县下班固原注。② 此说自郦道元在《水经注》中力驳之后即为学界所不取，近世虽有个别学者主张，但因与楚国历史相差太大而为多数学者所反对，现学界一般以为此说当是班固之误笔。③ 秭归说自郦道元之后长期是学界的主流观点，近世亦有不少学者支持，但秭归说最早的文献依据《山海经》所载的“丹山”及郭璞注文，被杨守敬怀疑为“后人羼入”④，因此秭归说在文献上是不可靠的；在地理上，秭归地处三峡之中，与西周初年周楚关系和楚国初封时“辟在荆山”的历史背景及地理形势不符，而且秭归一带旧为夔国所在，缺乏楚人在此活动的历史背景；在考古上，三峡地区西周时期的考古学文化与楚文化差距过大，无法支

① 高崇文：《清华简〈楚居〉所载楚早期居地辨析》，《江汉考古》2011年第4期。

② 参见《汉书》卷二十八上《地理志上》，中华书局1962年版，第1592页。

③ 参见徐少华：《楚丹阳当涂说辨正》，《历史·环境与边疆——2010年中国历史地理国际学术研讨会论文集》，广西师范大学出版社2012年版。

④ 杨守敬、熊会贞：《水经注疏》，江苏古籍出版社1989年版，第2833页。

持丹阳秭归说,[①] 随着田野考古发掘和研究的深入，特别是三峡考古的成果，丹阳秭归说最终为学术界所否定。因此楚都探索中的丹阳地望研究，经多年探索，已从早先“四系八说”收缩为枝江、丹淅二说并立。[②]

如果“丹阳”之名是秦人对早期楚都的称呼，则“丹阳”就可以确认当指丹水以北，丹、淅二水交汇之地，应无可疑。而《楚居》所载熊绎至熊渠“尽居夷屯”，虽不见于传世文献，其具体地点不可考，但大致的区域则可确定，即《史记·楚世家》所载之丹阳——丹水之阳，亦即丹、淅地区。至于枝江说，学者已从文献、族源、地理、考古等方面对丹淅说和枝江说进行过全面的对比研究，指出丹淅说虽然在解释体系上还存在一些问题，但整体优于枝江说。[③]

从楚先祖研究及其迁徙的角度来看，亦可旁证丹阳应在丹淅地区。出土文献已证实楚先祖为华夏核心部族，出自中原，一直到商代晚期，楚直系祖先季连仍居于中原核心区。[④] 而丹淅地区位于南阳盆地西侧，与楚先祖所居的新郑及其附近地区紧邻，鬻熊及其部族由中原迁至此地，在地理空间上较为便利，丹阳如在此地，与楚先祖居地之间就能合理衔接，则丹淅地区的合理性就要远优于远在长江边上的枝江地区。结合楚史分析，商末楚先祖离开中原开始迁徙时，当是从中原核心区进入邻近的南阳盆地，再溯丹江而上至丹江上游地区，《楚居》言穴熊时“逆流哉水”，或指芈姓祝融进入南阳盆地后逆丹水而上。丹江上游已属关中文化区，芈姓祝融进入此地后与周人建立直接联系才顺理成章，从此为周人的灭商大业奔走效劳，周灭商后熊绎才能以“勤劳后嗣”的身份受封为诸侯，建立芈姓楚国。

---

① 杨权喜、陈振裕：《秭归鲢鱼山与楚都丹阳》，《江汉考古》1987 年第 3 期；尹弘兵：《西陵峡周代考古学文化与早期楚文化》，《考古》2013 年第 4 期。

② 徐少华：《楚都丹阳地望探索的回顾与思考》，徐少华主编，晏昌贵副主编：《荆楚历史地理与长江中游开发——2008 年中国历史地理国际学术研讨会论文集》，湖北人民出版社 2009 年版；又载徐少华、尹弘兵：《楚都丹阳探索》，科学出版社 2017 年版。

③ 参尹弘兵：《楚都丹阳“丹淅说”与“枝江说”的对比研究》，《江汉考古》2009 年第 4 期。

④ 尹弘兵：《多维视野下的楚先祖季连居地》，《中国史研究》2017 年第 2 期。

熊绎之时，楚国活动在丹淅地区，还得到考古学方面相关成果的支持。在考古学上，楚文化的典型特征形成于春秋中期前后，目前尚未见到早于春秋中期的楚式青铜器，但与楚式青铜器并存的一批具有楚文化特征的陶器，则可上溯至西周时期甚至更早。这组陶器遗存以鬲为核心，以鬲、盂、豆、罐或鬲、盆、豆、罐为基本组合。这些与典型楚文化有直接渊源关系的陶器遗存，目前一般称之为早期楚文化。近年来，随着南水北调工程的进行，文物考古部门在以丹江口水库为中心的鄂豫陕交界地区普遍发现了与楚文化起源有关的考古遗存，已知较重要遗址主要有陕西商南县过风楼遗址①、湖北均县辽瓦店子遗址②、河南淅川下王岗遗址③等，以楚式联裆柱足鬲等为代表的楚式陶器在这些遗址中找到了直接源头。学者经系统研究后发现，此类遗存于商末周初崛起于狭小的陕鄂交界山地，西周中晚期向东南扩展，占据整个丹江库区西侧，通过不断吸收和整合周文化，显示了强劲的发展势头，至春秋早期发展到襄宜平原和沮漳河流域，逐渐形成了东周时期独树一帜的楚文化系统，并将其命名为“过风楼类型”。④ 因此“过风楼类型”很可能就是西周时期的楚文化。

而早期楚文化与早期楚国之间有难分难解的关系，早期楚文化是楚国及江汉土著族群在周文化影响下创造的，是关中地区的姬周文化与江汉土著蛮族在商代创造的土著文化因素相结合的产物，早期楚国是创造早期楚文化中的一支，至春秋早期以后，随着楚国的强盛，楚国掌握了这一支考古学文化的主导权，楚人大力吸收中原文化，整合汉阳诸姬、江汉小国、江汉土著的楚蛮、百濮等族的文化，并进一步吸收江南百越及淮河流域淮夷诸族的文

① 张天恩：《丹江上游西周遗存与早期楚文化关系试析》，氏著《周秦文化研究论集》，科学出版社 2009 年版。

② 武汉大学考古与博物馆学系：《郧县辽瓦店子遗址》，湖北省文物局编：《湖北省南水北调工程重要考古发现Ⅰ》，文物出版社 2007 年版。

③ 中国社会科学院考古研究所山西队、河南省文物局南水北调办公室：《河南淅川县下王岗遗址西周遗存发掘简报》，《考古》2010 年第 7 期。

④ 高崇文、何晓琳：《试论“过风楼类型”考古学文化》，《江汉考古》2011 年第 1 期。

化，将早期楚文化发展成为高度发达的典型楚文化。① 而早期楚国必在早期楚文化之中，因此早期楚文化研究与早期楚都探索必然是相辅相成的，楚文化考古相关成果表明，楚文化起源于今鄂豫陕交界地区，后发展到襄宜平原和沮漳河流域，这正可与丹淅说相印证，与《楚居》所载熊绎封地与鄀国紧邻，楚先祖起源于中原，商末时开始迁徙等已可确证的史实，构成了一个互相支持的完整体系。

《楚居》虽无丹阳之名，只有熊绎至熊渠居“夷屯”的记载。但《楚居》提供的其他线索表明，《楚居》中的“夷屯”，其地所在正与传世文献中的“丹阳”在同一地区，二者若合符节。据《楚居》记载，熊绎时，楚国为祭祀窃牛于鄀国。由此鄀国成为探讨早期楚国的重要地理坐标，学者多从鄀国地望来推定早期楚都(丹阳或夷屯)地望。

三、鄀国地望

鄀国地望，向有商密说和南郡说两种，两说皆本于《左传》僖公二十五年杜预注：“鄀本在商密，秦、楚界上小国，其后迁于南郡鄀县。”杜预之说十分明确，即鄀国本在商密，后迁于南郡鄀县。但由于出土鄀国铜器铭文中有上鄀和下鄀之分，于是学者便试图将上、下鄀与鄀国地望结合起来进行考察，导致问题复杂化。

一种观点依杜预之说，以商密之鄀为本国，以其居汉水上游，故为上鄀，南郡之鄀因居汉水下游，故称下鄀，此说与杜预之说的吻合度最高。如陈昌远不赞成上、下鄀同时并存，认为“商密之鄀应为鄀国本土始封地，居汉水上游，故后又称上鄀。以后向南迁徙到湖北宜城，居汉水下游，故称下鄀”②。刘彬徽虽认为上、下鄀同时并存，但基于地理南北与河流上下的规

① 参尹弘兵：《早期楚文化初析》，《江汉考古》2011 年第 3 期；张硕：《早期楚文化的民族环境》，《江汉论坛》2010 年第 12 期。

② 陈昌远：《〈上鄀府簠〉与鄀国地望考》，《中原文物》1991 年第 4 期。

律，仍然认为“河南之鄀应为上鄀，湖北之鄀应为下鄀”①。

第二种观点则正好将杜预之说倒过来，以南郡之鄀为上鄀，即鄀之本国，商密之鄀为分支，故称下鄀。郭沫若最早提出鄀原本一国，后分为上鄀、下鄀两支，上鄀为本国在南郡宜城，商密之鄀为分支，即下鄀。② 黄锦前综合近出鄀器，认为西周之鄀在宜城，“至迟在春秋初年，鄀已分上下”，上鄀仍在宜城，春秋中期前段亡于楚；下鄀位于商密，春秋晚期为楚所灭，③ 基本同于郭说。胡刚则认为上、下鄀是不同时期的鄀国居邑，非两国，西周早、中期在汉水中游西岸，西周晚期北迁商密附近的下鄀，春秋早期再迁于上鄀，与下鄀相去不远，春秋中期沦为楚县。④ 李学勤、笪浩波亦主张南郡说。⑤

南郡说虽然也有一定的理据，但迄今为止，有明确出土地点的鄀国铜器，皆出于汉水以北地区，其中 3 件出自南阳盆地，1 件出自丹江上游，均在丹淅附近地区，没有一件出于汉水中游以西，这与《左传》及杜注、孔疏的意见接近，恐怕很难以偶然或巧合来解释，因此将西周鄀国和上鄀定于宜城或汉水中游以西地带，不仅没有可信的文献记载，亦缺乏出土资料的支撑。⑥

而且，谓西周时期的鄀国在南郡，亦与江汉地区古代文化发展和夏商时期江汉地区人文地理的实际情形不符。南郡说所主张的宜城东南、汉水中游一带，位处江汉核心区，屈家岭—石家河时代有极为繁荣的人类社会，但石

---

① 刘彬徽：《上鄀府簠及楚灭鄀问题简论》，《中原文物》1988 年第 3 期。

② 郭沫若：《两周金文辞大系图录考释》，上海书店出版社 1999 年版，第 174～175 页。

③ 黄锦前：《从近刊鄀器申论鄀国地望及楚灭鄀的年代》，《中国历史地理论丛》2017 年第 3 期。

④ 胡刚：《有“鄀”铜器与鄀国历史新论》，《文物》2013 年第 4 期。

⑤ 李学勤：《论清华简〈楚居〉中的古史传说》，《中国史研究》2011 年第 1 期；笪浩波：《从近年出土文献看早期楚国的中心区域》，《江汉考古》2011 年第 2 期。

⑥ 徐少华：《从几批鄀器的出土地看古鄀国的位置——兼论楚夷屯、京宗的区域范围》，《楚文化与长江中游早期开发国际学术研讨会论文集》，武汉大学出版社 2021 年版。

家河文化结束以后，江汉地区的史前文明遭到毁灭性打击，已发展到很高水平，进入初期文明阶段的古代文化整体消失了。从多年的考古调查和发掘的实际情形来看，江汉地区的普遍情形是西周遗存直接叠压在新石器遗存上，因此夏商时期的江汉地区颇为荒凉，二里头文化遗存目前仅有钟祥乱葬岗①、襄阳法龙王树岗②、枣阳墓子岗③等三处，这些遗址的文化层都比较单薄，遗物很少，说明它们都是人口稀少的居民点，而且相当孤独，类似的遗存在江汉平原上并没有普遍的分布。二里头文化早期，整个江汉平原人烟稀少，一片荒芜，二里头文化晚期才在江汉平原南部出现荆南寺类型文化。④ 至于商代遗存，汉水中游地区完全是空白。周代遗存，目前所知仅有襄阳真武山⑤、钟祥六合⑥，两处遗址年代均为西周中晚期，襄宜平原的周代遗存只到西周末年至两周之际，夏商两代至西周早期都颇为荒凉⑦。直到西周中期以后，由于真武山类型遗存的形成及其南下，⑧ 江汉核心区才得到重新开发。由此而论，西周初年时都国不可能在当时尚荒无人烟的汉水中游地区，当如杜预注所言在丹淅之地。⑨

又中国国家博物馆藏士山盘铭文将都、荆、方并列。士山盘为西周中期

① 荆州市博物馆等:《钟祥乱葬岗夏文化遗存清理简报》,《江汉考古》2001 年第 3 期。

② 襄石复线襄樊考古队:《湖北襄阳法龙王树岗遗址二里头文化灰坑清理简报》,《江汉考古》2004 年第 2 期。

③ 叶植主编:《襄樊市文物史迹普查实录》，今日中国出版社 1995 年版，第 131~132 页。

④ 何驽:《荆南寺遗址夏商时期遗存分析》,《考古学研究》第 2 辑，北京大学出版社 1994 年版。

⑤ 湖北省文物考古研究所、襄樊市博物馆:《湖北襄樊真武山周代遗址》,《考古学集刊》第九集，科学出版社 1995 年版。

⑥ 荆州地区博物馆、钟祥县博物馆:《钟祥六合遗址》,《江汉考古》1987 年第 2 期。

⑦ 参尹弘兵:《楚国都城与核心区探索》，湖北人民出版社 2009 年版，第 209~215 页。

⑧ 张昌平:《试论真武山一类遗存》,《江汉考古》1997 年第 1 期。

⑨ 参尹弘兵:《地理学与考古学视野下的昭王南征》,《历史研究》2015 年第 1 期。

恭王时器，主要内容是士山奉周天子(共王)命向鄀、荆、方、大且、履、六子等诸侯征召职贡，表明西周中期时鄀与荆、方等较为邻近。而且士山既然是征召职贡，且所征诸国必然在周之疆域，应即在南土范围内。西周的南土疆域，徐少华、李峰、朱凤翰、赵燕姣、李朝远、周书灿等学者已作了较为充分的考察，皆以汉水为南土之界，可见即使从文献角度来考察，周之南土疆域亦未及于汉水之南。①

四、丹阳故址蠡测

由上可知丹阳即是丹水之阳的丹淅二水交汇地区，是秦人以区域代指早期楚国居地，鄀国亦在此地，与早期楚国紧邻，此地还是早期楚文化的起源与早期发展地区，则早期楚国亦必在此地。此地楚人之自名，即是《楚居》所载之夷屯，自周初熊绎受封时自京宗徙居夷屯，“至熊只、熊䵣、熊樊及熊锡、熊渠尽居夷屯。熊渠徙居发渐”。熊渠的年代，据《史记·楚世家》所记是“当周夷王之时”，可见从周初熊绎始受周封至西周晚期熊渠在位之初，楚国均在丹江以北的丹淅交汇地区，因秦人已不知此地楚人自名，于是以自己对丹淅交汇地区的认识名之曰“丹阳”。

但丹阳亦是一具体地点。周初时楚国仅为一卑弱小国。在政治地位上，楚国的爵称为子男，在西周诸侯中属于最低等级，岐阳之会时仅能在会中守燎，不能作为正式成员参与会盟。在地域上，熊绎初封时“号为子男五十里”，至春秋早期时，楚地尚“土不过同”。楚人自述熊绎时“辟在荆山。筚

① 徐少华：《周代南土历史地理与文化》，武汉大学出版社1994年版，第1页；李朝远：《青铜器上所见西周文化在南方影响的递衰》，《中原文物》1997年第2期；李峰：《边缘地区：西周国家的最大地理范围》，《西周的灭亡：中国早期国家的地理和政治危机》附录一，徐峰译，汤惠生校，上海古籍出版社2007年版，第362页；周书灿：《中国早期四土经营与民族整合》，合肥工业大学出版社2011年版，第190页；朱凤翰：《论西周时期的“南国”》，《历史研究》2013年第4期；赵燕姣：《西周时期的“南国”“南土”范围刍议》，《南方文物》2013年第4期。

路蓝缕，以处草莽，跋涉山林，以事天子，唯是桃弧、棘矢，以共御王事”①。《楚居》则说熊绎连祭品都备不齐以至要“窃鄀人之犝”，因此西周早期时楚国可能只有一个不大的居邑。而此地究在何处，虽然无迹可寻，但在大致区域已经确定的情形下，结合多年来的考古资料累积，亦可以作一些初步的推测。

鄀在铜器铭文中有上鄀和下鄀之分，徐少华教授早年曾依据当时的资料推测商密之鄀在今河南淅川县西南的寺湾一带，即铜器铭文中的下鄀，上鄀则位于淅川以北，今河南西峡县西 15 公里的丁河故城②，后又依据新出土的资料对鄀国地望作了更进一步的考察，对此观点略作修正，认为商密之鄀在今寺湾一带，但到底是上鄀还是下鄀难以定论③。以寺湾一带的商密之鄀为下鄀，以丁河故城为上鄀的观点诚然还有进一步讨论的余地，但西周时期的鄀国当应还无上、下鄀之分，如果不拘泥于上鄀下鄀，则西周鄀国位于寺湾一带当无疑问，这就为我们探讨丹阳故址提供了一个明确的基点。因《楚居》明确记载西周楚国与鄀国紧邻，而鄀国在今河南省淅川县西北，即可由此而推定初期楚国应在丹淅地区。④ 如进一步将西周鄀国定在今淅川县寺湾镇一带，则从《楚居》可以推知西周楚国必在寺湾附近。考虑到早期楚国甚为弱小，而考古实践中周代诸侯国都大多无城，因此不必以城求之，寺湾附近的大型周代遗址就有可能是早期楚国所在，淅川附近的规模较大的周代遗址，或淅川、西峡两县丹江以北、淅水下游两岸的较大型周代遗址，都有可能即是文献记载中的楚都丹阳，《楚居》所记的楚国居地夷屯。

---

① 《左传》昭公十二年，《春秋经传集解》，上海古籍出版社 1988 年版，第 1357 页。

② 徐少华：《鄀国铜器及其历史地理研究》，《江汉考古》1987 年第 3 期。

③ 徐少华：《从几批鄀器的出土地看古鄀国的位置——兼论楚夷屯、京宗的区域范围》，《楚文化与长江中游早期开发国际学术研讨会论文集》，武汉大学出版社 2021 年版。

④ 沈建华：《〈楚居〉鄀人与商代鄀族新探》，《清华简研究》第一辑，中西书局 2012 年版，第 313~318 页。

第三节 鄂西地区的楚文化考古与楚都探索

楚为先秦古国，源于中原，入于南蛮，周成王时始受封建，建国于楚蛮之地，春秋为五霸，战国为七雄，极盛之时，奄有南方之地，从“土不过同”发展成“地方五千里，带甲百万”，拥有“半天下”的地位，将南方地区各种不同来源的族群与文化融合成为统一的楚人与楚文化，对中国南方的统一和文化交融、为秦汉大一统的成立和统一的中华文化作出了重要贡献。

楚国在八百年的历史中，创造了辉煌的物质文明，曾长期深埋于地下而不为人知，到20世纪才为盗墓者所惊醒。中华人民共和国成立后，随着考古事业的发展，一系列的重大考古发现震惊了世界，楚文化研究由此成为一门显学，大批学者投入其中，获得多方面的重大成果，在国内的地域文化研究中独树一帜，大量国外学者也加入进来，楚文化研究也因此具有世界性的影响。

历史上由于秦的焚书，六国史籍遭到毁灭，楚国的历史文献也未能保存下来，司马迁在《史记·六国年表》中说：“秦既得意，烧天下《诗》《书》，诸侯史记尤甚，为其有所刺讥也。《诗》《书》所以复见者，多藏人家，而史记独藏周室，以故灭。惜哉，惜哉！独有《秦记》，又不载日月，其文略不具。”①由于文献匮乏，楚国不同时期的都城，只有东迁后的陈、寿春较为明确——陈在今河南淮阳，寿春在今安徽寿县。但陈、寿春和东迁前一段时间的郢都，加起来也只占楚国全部历史的一小段。楚国大部分时期的都邑，尤其是丹阳和春秋郢都所在，聚讼千年，纷纭不决，至今尚无定址，也没有一个令人信服的结论，成为楚文化研究进一步深入的重大阻碍。因此楚都探索是楚国历史地理与文化研究中最为重要的课题之一，亦是多年来楚文化考古重点观照的对象。

解决楚都问题需要多学科结合的长期研究，而在各种探索手段中，考古

① 《史记》卷十五《六国年表》，中华书局1982年版，第686页。

工作是最终解决楚都问题的关键手段。而楚都探索本身也是楚文化考古的关键节点，对推进楚文化考古研究具有重要、且不可替代的作用。正是在这样的背景下，20 世纪 70 年代，文物考古部门对纪南城遗址进行了大规模的集中探索，这是考古学界首次就某个重要领域的关键节点集中兵力进行大规模的攻坚作战，取得了一系列成果，在楚文化考古上具有重要意义，更为重要的是奠定了楚都探索的基础。

作为楚国的腹心之地，楚文化的精华主要埋藏于鄂西地区，因此楚文化的发现与研究，以及从考古学上探索楚都就成为湖北地区最为重要的考古工作之一。纪南城考古大会战对于楚文化考古和楚都探索起到了重大的推进作用，尤其是在楚都探索方面，其所取得的成果是楚都探索和楚文化考古上的重大突破，在楚文化考古与研究、楚都探索与楚史研究上均具有里程碑式的意义。

近三十年来，随着考古发掘与研究的进展，考古学界已建立起相当可靠的楚墓年代学标尺，从而为楚文化研究提供了一个可资依赖的基础。对早期楚文化的探索也取得了重大进展，现在学界对楚文化考古的认识已远非 20 世纪可比，简牍资料的大量出现及其整理与研究，也澄清了不少楚史上的迷雾，大大补充了传世文献中极为简略的楚史记载，同时也极大深化了我们对楚史与楚文化的认识。尤其是清华简《楚居》的发表，① 给我们提供了许多前所未有的信息，为楚都探索提供了全新资料，学者已就《楚居》并结合考古新发现对楚都进行了大量的探讨。同时《楚居》的发表也让我们认识到楚都的问题远比我们以前所想象的要复杂，如楚王并不是固定居于某处，楚王所居并不一定就是都邑所在，这些问题在以前是完全无法想象的。

在这些学术成果的基础上，楚都探索这一千年难题也取得了重大进展，过去的一团迷雾渐次得到澄清，在综合田野调查、考古发掘与研究及文献分析、出土文献整理与研究的基础上，楚都探索这一楚文化研究的重大难题，有望获得重大推进，从而有力推动楚文化研究的全面深入。

---

① 李学勤主编：《清华大学藏战国竹简(壹)》，中西书局 2010 年版。

一、楚都探索的考古学进展

鄂西地区是楚国的核心地区，楚国所留下的文化遗存主要集中于此，这一地区也是楚都所在，因此鄂西地区楚文化考古的进展，对于楚都问题的最终解决和楚文化研究的深化具有极其重要的推动作用，为楚都探索提供了最大的保障。尤其是在纪南城的问题上，近年来的考古工作在20世纪的纪南城考古发掘的基础上又有重大推进，纪南城的年代与性质问题，经过几代考古工作者的艰巨努力，可望得到初步解决。

(一)纪南城勘探与发掘

纪南城因在纪山之南而得名，纪南地名最早见于《三国志·吴书·朱然传附子绩传》，吴赤乌十三年(250年)，“魏征南将军王昶率众攻江陵城，不克而退。……绩便引兵及昶于纪南，纪南去城三十里，绩先战胜而融不进，绩后失利”①。又东晋末年，桓玄败死后，其侄桓振攻陷江陵，挟持晋安帝，南阳太守鲁宗之起兵攻破襄阳，进屯纪南，刘毅、刘道规、何无忌等在长江一线与桓氏势力交战，屯于江陵之马头，桓振击破鲁宗之，刘毅、刘道规等则乘机攻破桓振在江津的大营，即日克江陵城，桓振溃走。② 可知至迟三国时已有纪南地名，其地位于汉江陵城以北约三十里，此记载与今地理基本相合。纪南地区有一座著名的古城遗址——纪南城。至于纪南城之名，目前最早见于西晋杜预，《左传》桓公二年杜预注：“楚国，今南郡江陵县北纪南城也。”③可见魏晋时纪南城之名已流行于世。以后在《荆州记》《水经注》《括地志》等著作中均有记载，并沿用至今。

---

① 《三国志》卷五十六《吴书·朱然传附子绩传》，中华书局1959年版，第1308页。

② 参《晋书》卷十《安帝纪》、卷七十四《桓彝传附虔子振传》、卷九十九《桓玄传》及《宋书》卷五十一《宗室传·临川烈武王道规传》。

③ 《左传》桓公二年杜预注，《春秋经传集解》，上海古籍出版社1988年版，第73页。

纪南城为湖北境内面积最大、规格最高、保存也最为完好的古城址，其面积甚至大于现存的荆州砖城。新中国成立后，百废待兴，文物考古事业刚开始起步时，纪南城即受到湖北文化部门和文物考古工作者的极大关注，对纪南城的地面调查与勘探自新中国成立初期起即开始进行，1956 年纪南城被定为全省重点文物保护单位，1961 年列为全国第一批重点文物保护单位，随后湖北省文物管理委员会和湖北省博物馆在纪南城设立考古工作站，1965 年开始对城址进行普探、试掘，测绘，同时在城外发掘楚墓，1973 年发掘了南城垣水门。至 1975 年冬，由于农田基本建设威胁着城址的保护，于是成立了湖北省纪南城文物保护与考古发掘工作领导小组，时任省委书记韩宁夫为组长，国家文物局和地方负责人以及专家学者共同组成，并邀请北京大学、吉林大学、南京大学、四川大学、厦门大学、中山大学、山东大学等校历史系考古专业师生和中国历史博物馆、国家文物局文博研究所以及上海、天津、湖南、河南、四川、山西、青海等七个省、市文博部门的考古工作者和文物考古训练班的学员参加，开展一次大规模的考古工作，是为著名的纪南城考古大会战。此次工作发掘总面积七千余平方米，发掘墓葬六百余座，还发现大批古水井、古窑址及文化堆积较厚的遗址多处。①

纪南城的性质，按史籍所载为楚郢都故址。早在杜预之前，汉代时就有楚郢都在江陵的说法，西汉时司马迁著《史记·货殖列传》即云：“江陵故郢都，西通巫、巴，东有云梦之饶。”②东汉时班固《汉书·地理志》亦言：“江陵，故楚郢都，楚文王自丹阳徙此。”③从西晋杜预起，学者更明言郢都在江陵以北之纪南城，除上引《左传》桓公二年杜注外，杜预《春秋释例》卷六《土地名》说得更为明确：“楚国都于郢，南郡江陵县北纪南城，东有小城名逞。”④逞，应为郢之误。晋司马彪《续汉书·郡国志》南郡“江陵”条：“有津乡。”梁刘昭注引《荆州记》曰：“县北十余里有纪南城，楚王所都。东南有郢

① 湖北省博物馆：《楚都纪南城的勘查与发掘(上)》，《考古学报》1982 年第 3 期。

② 《史记》卷一百二十九《货殖列传》，中华书局 1982 年版，第 3267 页。

③ 《汉书》卷二十八上《地理志上》，中华书局 1962 年版，第 1566 页。

④ 《春秋释例》卷六，上海商务印书馆 1936 年版，第 219 页。

城，子囊所城。"①六朝时记荆州地理、人文的《荆州记》颇多，共五种，分别为晋范汪，刘宋庾仲雍、郭仲产、盛弘之，南齐刘澄之所作，以盛弘之所作最为有名，刘昭所引《荆州记》未知是哪一种，但年代肯定是在南齐以前，可知晋宋间学者，不仅肯定纪南城为楚郢都，更明确记载了江陵县、纪南城及郢城的相对方位，与今天的实际情形基本相合，这也是汉晋江陵县位在今荆州城的证据。北魏郦道元《水经注》："江陵西北有纪南城，楚文王自丹阳徙此，平王城之。班固言：楚之郢都也。"②唐人著作如李泰《括地志》、张守节《史记正义》等皆谓楚郢都在纪南城或江陵，历代学者皆承此说。

至于楚郢都所在，这是楚国历史地理与楚文化研究中的核心问题，学术界已有大量探讨，兼及历史学、考古学、古文字学、地理学等众多领域，每一说法都已形成能内部自洽的严密体系，对纪南城的性质也有许多争论，但大部分学者均认可纪南城为楚郢都。20 世纪的纪南城考古发掘初步认定纪南城应为战国时期的楚郢都，其年代上限为春秋晚期至战国早期，至于是否楚文王始都之郢，以当时的资料还难于作出明确的回答。③

由于纪南城遗址的年代上限仅及春秋晚期至战国早期，不足以涵盖楚郢都的全部时间，而且纪南城外的楚高级贵族墓地，亦多为战国中晚期，因此学术界普遍认为，纪南城应为战国时期的楚郢都，即公元前 278 年秦将白起所拔之郢。但更早的郢都究在何处，自纪南城发掘初步确定其年代之后，引起学术界的长期争议。因此，在 20 世纪的纪南城考古大会战后，学界依据当时的考古发掘与研究成果，还有纪南城周围多年来累积的楚墓发掘资料及相应的研究成果，对纪南城的性质作了大量的探讨，但这些讨论因没有更进一步的直接考古资料，多年来纷纭不决，一直未能有较为确定的结论。近年来，为配合纪南城考古遗址公园建设，湖北省文物考古研究所组织力量先后对纪南城烽火台遗址及其西侧城垣进行了解剖发掘，对纪南城城内台基进行

① 《后汉书》卷一百一十二《郡国志四》，中华书局 1965 年版，第 3479、3480 页。
② 杨守敬、熊会贞：《水经注疏》，江苏古籍出版社 1989 年版，第 2404 页。
③ 湖北省博物馆：《楚都纪南城的勘查与发掘》，《考古学报》1982 年第 3、4 期。

了重新调查、勘探与局部试掘，获得了一批新资料，对纪南城的年代、布局等相关问题的研究取得了新突破。此次考古工作对城内宫殿区的布局有了较为详细的了解，弄清了纪南城的许多问题，发现纪南城宫殿区只有二期夯土堆积，第一期夯土为洪水所毁，洪水过后并没有改变原有的设计规划，而是在此基础上加高夯筑了第二期夯土台基，从而完成了纪南城的建设，形成了完整的格局。① 而2011年的试掘则为纪南城的年代上限提供了直接证据，此次发掘表明，纪南城城垣的最下面是非常平坦的红砂生土层，显然是在修建城垣时对原地面进行了平整，在生土层上铺有一层瓦砾层，主要是大块的板瓦与筒瓦，其中夹杂有少量的陶器，虽然这些陶器的数量较少，但为确认纪南城的始建年代提供了到目前为止的确凿依据，初步判断这些陶器的年代为战国早期，据此判断城垣的始筑年代不早于战国早期，而城垣内的护坡及台基1的护坡夯土层上叠压有一薄层文化层，出有较多的陶器及板瓦、筒瓦等，可能是当时的活动面，这些陶器均具有战国中晚期的特点，为推断城垣的使用年代提供了依据，简报认为城垣的使用年代为战国早期以后。②

这些工作对纪南城的研究和楚都探索来说是一个重大的推进，配合冯家冢墓地的勘探与试掘成果，可以认为纪南城的年代问题已经初步解决，即纪南城的使用年代为战国中晚期，其性质是战国中晚期的楚郢都。

(二)冯家冢的发掘

冯家冢为八岭山区最大的楚墓，2010年为配合纪南城考古遗址公园建设进行了全面勘探和局部发掘。勘探结果表明，冯家冢的墓地布局同熊家冢(详下)几乎完全一致，证明冯家冢也是一座楚王墓。更为重要的是，在殉葬

① 湖北省文物考古研究所：《荆州纪南城遗址松柏区30号台基2011年—2012年发掘简报》，《江汉考古》2014年第5期；湖北省文物考古研究所：《2011年—2015年楚都纪南城考古工作报告》，湖北省文物考古研究所编：《纪南城考古发现》，《江汉考古》增刊。

② 湖北省文物考古研究所：《荆州纪南城烽火台遗址及其西侧城垣试掘简报》，《江汉考古》2014年第2期。

墓中出土了一套陶礼器，这使得对冯家冢有了精确断代的可能。据发掘简报，其年代为战国早期晚段至战国中期早段。① 当然，简报的这一结论有些保守，因此有学者认为完全可以更为精确，径定为战国中期前段，与之相对应的楚王应为肃王。②

这里需要说明的是，冯家冢的发掘与研究成果，完全可以与纪南城的最新勘探与试掘的结论相印证。根据纪南城的最新田野工作成果，纪南城内只有二期堆积，早期堆积毁于洪水，晚期堆积在早期堆积基础上建成，与之相印证的是烽火台遗址与西侧城垣的发掘揭示了当时的活动面，出土的陶器均为战国中晚期，此结论正可与冯家冢的年代相印证。这表明冯家冢所埋葬的楚王，很有可能正是把楚都迁至纪南城的那一位楚王，此楚王有极大可能即是肃王。此前有学者在综合纪南城外楚墓群的年代统计与楚国历史发展进程后提出，楚国在悼王死后发生贵族作乱，射杀吴起的重大事件，肃王即位后，“乃使令尹尽诛射吴起而并中王尸者。坐射起而夷宗死者七十余家”③。由于发生了这样大的变乱，因此当事变平息后，肃王有可能放弃原来的都城，另迁新都。④ 按之楚史，楚肃王在位于公元前380年至前371年，如以纪南城下限为公元前278年计，由此看来，纪南城的存在年代只有大约一百年，其上限为公元前380年前后。这一结论还可与清华简《楚居》相印证，《楚居》作于楚肃王时期，在《楚居》中有悼哲王(即悼王)即位后曾发生“中谢起祸”⑤，此次事件学者一般认为与吴起之死有关⑥，此后楚都即发

---

① 荆州博物馆：《湖北荆州八岭山冯家冢楚墓2011—2012年发掘简报》，《文物》2015年第2期。

② 张绪球：《熊家冢出土浅浮雕玉器的特征与年代——兼论熊家冢主墓的年代》，《荆楚文物》第2辑，科学出版社2015年版。

③ 《史记》卷六十五《孙子吴起列传》，中华书局1982年版。

④ 尹弘兵：《纪南城与楚郢都》，《考古》2010年第9期；王红星：《楚郢都探索的新线索》，《江汉考古》2011年第3期。

⑤ 李学勤主编：《清华大学藏战国竹简(壹)》，中西书局2010年版，第182、192页。

⑥ 陈伟：《读清华简〈楚居〉札记》，简帛网(http://www.bsm.org.cn/show_article.php? id=1371)，2010年1月8日。

生变动。

由此可知，冯家冢的发掘成果及其精确年代的确定，对于纪南城的研究同样具有重要意义，其结论与纪南城本身的考古工作具有高吻合度，且可与楚史和出土文献相印证。

(三)熊家冢楚墓地的发掘

熊家冢为湖北省现存最大的楚墓，2006年起进行发掘和勘探，弄清了墓地的布局，整个墓地由主冢、副冢、殉葬墓、车马坑、祭祀坑组成，出土规模宏大的车马坑和大量精美文物。① 发掘情况表明，熊家冢并不是一座孤立的楚墓，而是一座由主冢、副冢、陪葬墓、车马坑及祭祀坑和墓上建筑组成的、完整的楚王陵，其墓主应是某一位楚王。

熊家冢是一座楚王墓，这在考古界已无疑义，至于是哪一位楚王，则需作更进一步的讨论，由于熊家冢主冢并未发掘，殉葬墓中只出土了玉器，因此有学者据玉器推断其年代为战国中期前段之初，可对应的楚王为简王或悼王。②

熊家冢考古工作的意义，首先在于全面确立了我们对战国时期楚王陵园的认识。自此以后，我们可以不必通过直接发掘，而是仅通过调查、勘探和局部试掘，就可基本确定楚王墓和楚王陵园，比如在熊家冢之后发掘的冯家冢，而以前则是完全凭经验来推断哪些楚墓是楚王墓，这样的认知当然很不科学、也很不可靠。熊家冢的发掘确认了楚王墓及楚王陵园，不仅是楚文化考古的重大进展，在楚都探索上亦具有重大意义。

由于楚王墓必然与楚都相关联，与楚王墓相关联的楚遗址就有极大可能是楚都所在，因此熊家冢发掘对楚都探索也极为重要，考古学者由此开始思

① 荆州博物馆：《湖北荆州熊家冢墓地考古发掘简讯》，《江汉考古》2008年第2期；荆州博物馆：《湖北荆州熊家冢墓地2006—2007年发掘简报》，《文物》2009年第4期；荆州博物馆：《湖北荆州熊家冢墓地2008年发掘简报》，《文物》2011年第2期。

② 张绪球：《熊家冢出土浅浮雕玉器的特征与年代——兼论熊家冢主墓的年代》，《荆楚文物》第2辑，科学出版社2015年版。

考熊家冢楚墓与纪南城和季家湖古城的关系。从地理位置上看，熊家冢在今天的行政区划上属荆州，但其距当阳赵家湖楚墓仅4.5公里，距季家湖楚城较纪南城更近，因此从地理位置、楚墓群的分布乃至熊家冢和纪南城、季家湖楚城及赵家湖楚墓群的位置、年代等综合来看，与熊家冢相联系的楚遗址并不是纪南城遗址，而应是季家湖楚城遗址，虽然这个问题还有待更进一步的深入讨论，但就目前资料来看，熊家冢与季家湖楚城的关系显然较纪南城更为密切。因此熊家冢应属于以季家湖古城为核心的东周聚落群而不是属于以纪南城为中心的东周聚落群,① 这一结论应该是可以成立的，这也是楚都探索的重要推进。

（四）青山楚墓地的勘探

青山楚墓地的勘探是鄂西地区的楚都探索和楚文化考古的另一重要成果。青山古墓群位于湖北省枝江县问安镇，分布在问安镇的大竹园、革新、英雄、龚家坪、新建等5个自然村，地处沮漳河西岸，南距长江约三十公里，北与当阳县半月镇交界，东面为较开阔的草埠湖农场，是一处岗陵与湖泊相间的地带，为湖北省第二批重点文物保护单位。1982年宜昌地区博物馆与枝江县文化馆进行调查，发现青山古墓群分四个墓区，共发现31座大型封土冢和5处古墓群，谢家冢即位于青山墓群的第二墓区，在青山古墓群附近分布着多处古遗址，既有新石器时代的关庙山遗址、熊家台子遗址，也有东周时期的谢家冢遗址和鲤鱼冢子遗址，季家湖楚城即位于青山墓群以东不远处。②

近年来，湖北省文物考古研究所对青山楚墓地进行了大规模的勘探，其中以对谢家冢的勘探成果最为重要。③ 勘探表明，谢家冢主冢的规模大小与

---

① 参廖航：《试论东周时期江汉平原西部楚国势力的变迁》，武汉大学硕士学位论文，2017年。

② 湖北省宜昌地区博物馆：《枝江县青山古墓群调查简报》，《江汉考古》1987年第2期。

③ 湖北省文物考古研究所：《2013年湖北省文物考古研究所考古工作的主要收获》，《江汉考古》2014年第1期。

冯家冢接近，其墓地布局则与熊家冢、冯家冢等已确定的楚王墓陵园同出一辙，因此从规模大小、陵园布局、墓葬形制等判断，谢家冢墓主的身份当与熊家冢、冯家冢墓主相当。青山古墓群在早期文献中亦有记载，隋朝类书《北堂书钞·冢墓》引用南朝《荆州地理记》："枝江县岗上有一坟如伞盖形，前卤簿小冢二百余相承，云楚王也。"①

青山墓地及谢家冢的勘探成果，是楚都探索和楚文化考古上出人意料的重大收获，学术界由此须对季家湖楚城的性质，对纪南城与季家湖楚城的关系等问题，在新的基础上进行彻底的重新审视。

(五)早期楚文化探索与早期楚都

楚铜器文化出现于春秋中期，无法再向上追溯，但与之共存的楚式陶器，则可以继续向上追溯。这组陶器以楚式鬲为核心，以鬲、盂(盆)、豆、罐为基本组合，具有鲜明的楚文化特色，于是追溯这组楚式陶器的来源，从楚式陶器来追踪楚族源与早期楚国，就成了楚文化考古及楚族源、早期楚都研究高度关注的课题。以前由于资料不够，虽然学者作了极大努力，但早期楚文化发展脉络并不清晰，早期楚文化研究面临较大的困难。

但进入21世纪后，早期楚文化考古出现了新的机遇，随着南水北调工程的进行，考古学界在探索早期楚文化方面取得了重大突破。文物考古部门为配合南水北调工程在丹江库区进行了大规模的考古调查和发掘，先后在陕西商南县过风楼遗址②、湖北均县辽瓦店子遗址③、河南淅川下王岗遗址④等地发现了有关楚文化起源的重要线索，尤其重要的是在辽瓦店子遗址找到

① (唐)虞世南撰，(清)孔广陶校注：《北堂书钞》卷九十三《礼仪部十五·冢墓》，光绪十四年南海孔氏三十有三万卷堂刊本，中国书店出版社1989年版，第395页。

② 张天恩：《丹江上游西周遗存与早期楚文化关系试析》，氏著《周秦文化研究论集》，科学出版社2009年版。

③ 武汉大学考古与博物馆学系：《郧县辽瓦店子遗址》，湖北省文物局编：《湖北省南水北调工程重要考古发现Ⅰ》，文物出版社2007年版。

④ 中国社会科学院考古研究所山西队、河南省文物局南水北调办公室：《河南淅川县下王岗遗址西周遗存发掘简报》，《考古》2010年第7期。

了楚式陶鬲发展的直接源头，这些发现对早期楚文化研究具有特别重要的意义。这表明商末周初至春秋早期时，早期楚文化遗存广泛分布在今鄂豫陕交界地区，此类遗存目前考古学界一般称为过风楼类型，春秋时期楚式联裆柱足鬲等典型楚式陶器，在过风楼类型文化中找到了源头。这一被称为过风楼类型的考古学文化很可能就是西周时期的楚文化，在商代末年到西周早期崛起于狭小的陕鄂交界山地，西周中晚期时向东南扩展，占据了整个丹江库区西侧的三省交会地带，通过不断地吸收和整合周文化，显示了强劲的发展势头，至春秋早期，进一步发展到襄宜平原和沮漳河流域，逐渐形成了东周时期独树一帜的楚文化系统。① 更为重要的是此类遗存可与襄宜平原的楚文化遗存直接衔接，从而构成从早期楚文化到典型楚文化的完整发展链条。

早期楚文化的重大进展对早期楚都探索亦具有重要意义，为楚都丹阳丹淅说提供了强有力的考古学支持。

二、谢家冢、季家湖楚城与楚都探索

鄂西地区楚文化考古的重大进展，业已为楚都探索的下一步突破准备了条件，这种突破或已逼近临界点。在纪南城的年代已初步确定的前提下，如果可以证实谢家冢是一座楚王墓的话，这对楚都探索将具有重大意义，鄂西地区楚文化考古在楚都探索上的进展至此已达临门一脚的程度。如果能在纪南城已取得突破的基础上对季家湖楚城及与之相关联的当阳、枝江地区的楚墓群和楚遗址作更进一步的工作，楚都探索或将取得下一步的重大突破。而且从现在考古学界的经验来看，这种工作可以在不进行大规模发掘的基础上，仅仅通过对季家湖城址和以季家湖为核心的东周聚落群作全面的勘测、钻探和调查，从而全面弄清沮漳河中游地区以季家湖楚城为核心的东周聚落群的详细情形，就足以在相关学术课题上取得较大进展。

谢家冢墓主如是某位楚王，那么其生前所居的遗址则可以确定是某个时

① 高崇文、何晓琳：《试论“过风楼类型”考古学文化》，《江汉考古》2011 年第 1 期。

期的楚都。而与谢家冢相联系的楚遗址只能是季家湖楚城或附近的其他楚遗址，而与纪南城全然无关。也就是说，如果它确是一座楚王墓的话，那季家湖楚城(或附近的其他楚遗址)则必然是纪南城之前的楚都，或者更明确地说，肃王之前的楚都就有可能在季家湖楚城或谢家冢附近的其他某个楚遗址。这一点如能确立，当是楚都探索上的重大突破。多年来苦求不得、令无数考古学家和历史学家困扰不已的楚都问题至此将获得下一步的重大进展。

至于季家湖楚城，长期以来素为楚史学者和楚文化考古研究者所关注，季家湖楚城的面积约为 2.2 平方公里，1979 年曾作试掘，发现城墙、城濠、宫殿台基等建筑遗迹，城址为东周时期，年代早于江陵纪南城。城内的堆积，下层为新石器时代遗存，上层为东周遗存，年代最早到春秋中期。城内的 1 号建筑台基出有宫殿建筑上的青铜构件和著名的“秦王卑命钟”(此钟现一般称为“竞之定救秦戎钟”)，是这一地区东周聚落群的中心聚落①，1980 年的考古调查中发现有 9 处东周遗址②。季家湖城址西北 8 公里范围内是青山古墓群，大型楚墓林立；以北十余公里是当阳赵家湖楚墓地，70 年代发掘，其数量仅次于江陵楚墓，春秋墓较多；在沮漳河东岸，是江陵的马山墓区或称双冢—川店墓区，大型楚墓也很多，熊家冢就在这一带。总的来说，沮漳河中游地区存在一个以季家湖楚城为中心的东周聚落群，周围有密集分布的楚墓地，这些楚墓地规模很大，规格很高，已可以明确其年代普遍早于江陵楚墓。对季家湖楚城的性质，或认为此城应为春秋中晚期的郢都,③ 或是整个春秋时期的楚郢都,④ 或认为是楚丹阳故址,⑤ 或认为可能为战国早期的楚郢都,⑥ 虽然学者对季家湖楚城的看法颇有分歧，但其应该是某个时

① 湖北省博物馆:《当阳季家湖楚城遗址》,《文物》1980 年第 10 期。

② 湖北省博物馆:《沮漳河中游考古调查》,《江汉考古》1982 年第 2 期。

③ 郭德维:《楚郢都辨疑》,《江汉考古》1997 年第 4 期；又载氏著《楚都纪南城复原研究》，文物出版社 1999 年版。

④ 高应勤:《春秋楚郢与季家湖古城》,《华中建筑》1992 年第 1 期。

⑤ 黄盛璋、纽仲勋:《楚的起源和疆域发展》,《地理知识》1979 年第 1 期。

⑥ 尹弘兵:《楚国都城与核心区探索》，湖北人民出版社 2009 年版，第 270 页。

期的楚都，在这一点上是有共识的。但遗憾的是，季家湖楚城多年来考古工作极为薄弱，仅1979年作过试掘，此次试掘确定其年代早于纪南城，至于进一步的信息，则全然不能了解，于是学者对季家湖楚城的认识也只能停留在推测阶段，无法作进一步的深入研究。

现在由于纪南城的面貌和性质、年代等问题渐趋清晰，已可以初步确定其应为战国中晚期的楚都，那么更早期的楚都应在何处？季家湖楚城的年代已可确定其早于纪南城，那么季家湖是否为纪南城之前的楚都？此种可能性在学术上并不能排除。现在由于文物考古部门在谢家冢和青山墓群考古勘探工作，就现有材料来推论，季家湖楚城有极大可能就是纪南城之前的楚都，在此情形下应高度重视季家湖楚城在楚都探索上的重要性，如果能从鄂西地区的楚都探索这一课题出发，将季家湖楚城与谢家冢及以季家湖为中心的东周聚落群视为一整体，统一规划考古工作，集中力量在季家湖楚城及其周围作一些较全面的工作，以现在的考古技术手段，即使不作重大发掘，仅仅只是对季家湖遗址和周围的楚墓群作全面、详细的勘探、测绘和调查，就有可能在楚都探索这一楚文化考古的重大课题与楚文化研究的重大难题上取得下一阶段的突破。

如果季家湖楚城是一座楚都的话，其年代问题不可避免的是我们必须要考虑的，其作为楚都的下限应该是与纪南城的上限相衔接，即战国早中期之交，而其上限则因考古工作尚未进行，基本上无从了解，但这并不妨碍我们从已知信息中作一些推测。季家湖楚城作为楚都是从谢家冢及青山墓群的其他高等级楚墓来推定的，这本身已包含了某些时代信息：这些大型楚墓都是冢墓，此类大型冢墓一般而言，其年代不超过战国，因此季家湖楚城很有可能是战国早期的楚都。

三、宜城、南漳地区的考古工作与楚都探索

季家湖楚城如果是战国早期的楚都，那么更早期的楚都，即春秋时期的

楚都何在？尚需作进一步的探索。虽然这种探索还不能确定春秋楚都之具体地望，但可以为我们探索春秋楚都并从考古学上确认春秋楚都故址提供一些方向性的参考意见。

童书业先生早年从《左传》所记春秋时期楚国地理形势分析，认为春秋时期的楚国都城及核心区应偏北，大致在汉水中游一带，其具体为"淅川之南、宜城之北、荆山之东、汉水之西，今湖北省西北部"①。其后石泉先生又对楚都宜城说进行了全面的论证。② 从文物考古资料上看，在蛮河中下游的宜城、南漳一带，存在一个规模巨大的、由墓地和遗址组成的东周聚落群，初步统计有八十余处遗址和大量的墓地。此聚落群内部层级分明，聚落之间有明显的等级差异，是一个由中心聚落、次级聚落、普通聚落和小聚落构成的、有着严格秩序的政治体。从已发现的文物(蔡侯朱之缶、蔡大膳夫簠)来看，此政治体与春秋时期的蔡国曾发生过政治联系，是蔡侯朱和蔡哀侯客居之地，③ 这表明当时的蛮河流域有着繁荣的人类社会，聚居着众多的人口，组成了一个秩序严格的政治组织，拥有强大的政治、军事力量，远在河南的蔡国曾是这一势力的征伐对象，并且是蔡国贵族的避难之地，因而有可能是同类遗存所反映的人类社会的核心地域。

但宜城、南漳一带的考古工作极为有限，多年来鄂西地区的楚文化考古主要集中在荆州、襄阳等地，地区分布极不均衡。另外，受"都城"说的影响，多年来学者对宜城地区的楚都探索，其目光多集中在宜城楚皇城遗址上，而作为城址，楚皇城城址的年代颇晚，2001 年时为配合宜城市政府制定楚皇城遗址的保护方案，湖北省文物考古研究所曾对宜城楚王城遗址作了一些调查、勘探和试掘，这些初步工作表明楚皇城的内城与外城是统一规划修

---

① 童书业：《春秋楚郢都辨疑》，氏著《童书业历史地理论集》，中华书局 2004 年版，第 220 页。

② 石泉：《古代荆楚地理新探》，武汉大学出版社 1988 年版。

③ 徐少华：《从宜城南漳出土的几批蔡器谈春秋楚郢都地望》，《楚文化研究论集》第六集，湖北教育出版社 2005 年版，第 159 页。

建的，主体城墙始建于战国时期。① 2017 年 3—7 月，按照《楚皇城遗址考古工作计划(2016—2020)》的工作安排，湖北省文物考古研究所、宜城市博物馆联合对楚皇城城址北城墙及护城河进行了解剖，基本确定楚皇城城墙年代上限为战国早期，下限一直延续到汉代。② 这些考古发掘成果与春秋郢都的年代不符，表明楚皇城作为春秋楚郢都的可能性不大。但早期政治中心没有城可能是一种普遍现象，许宏称之为“大都无城”③，楚皇城虽然城垣的年代颇晚，但遗址的年代可早至春秋中期，因此并不能从“城址”来否认楚皇城遗址作为楚都的可能性。另外宜城平原上的大遗址也非仅此一处，在宜城平原上，东周时期的大遗址至少有三处：楚皇城、郭家岗和小胡岗，其中郭家岗遗址曾作过考古发掘，发掘结果表明郭家岗遗址具有从西周末期到战国时期的连续堆积,④ 从春秋郢都没有城来考虑，这三处大遗址均有作为春秋时期楚国都邑的可能。

另外从考古学文化地理的角度来看，早期楚文化的核心区域在鄂豫陕交界地区，战国时期楚文化的核心区域在沮漳河中下游地区，至于春秋时期楚文化的核心区域，目前尚不能断言。但基于现有资料来推论，蛮河流域的既然存在一个规模巨大的东周聚落群，而且郭家岗遗址的发掘成果和楚皇城遗址的试掘、已出土的“蔡侯朱之缶”和“蔡大膳夫簠”等文物，还有多年累积的文物普查资料均表明，此一东周聚落群的年代可早至春秋时期，春秋时期也是这一聚落群的繁盛时期，且可与文献资料相印证，因此蛮河流域的东周聚落群作为春秋时期楚文化的核心区域，是有相当可能性的。由于宜城、南漳一带的考古工作较为薄弱，因此如能从楚都探索的角度、以考古学界的最

① 湖北省文物考古研究所：《宜城市楚皇城遗址文物保护管理总体规划》，2001 年，转引自王红星：《楚都探索的考古学观察》，《文物》2006 年第 8 期。

② 湖北省文物考古研究所、宜城市博物馆：《湖北宜城楚皇城城址北城墙 2017 年度发掘简报》，《江汉考古》2019 年第 5 期。

③ 许宏：《大都无城——论中国古代都城的早期形态》，《文物》2013 年第 10 期。

④ 武汉大学历史系考古教研室等：《湖北宜城郭家岗遗址发掘》，《考古学报》1997 年第 4 期。

新方法与技术手段对宜城、南漳地区的东周聚落群作全面的调查、勘探，并有针对性地对重点遗址与墓葬作一些专门的考古工作：对楚皇城、郭家岗这样的重点遗址进行全面勘探与小规模重点发掘，对在楚都探索上可能有重要价值的墓葬，进行有针对性的发掘。如果宜城、南漳地区的楚文化考古工作能取得较大进展，则楚都探索就能取得相应的突破。楚都探索这一千年难题，至少在楚郢都这一部分就可以最终解决。湖北省文物考古研究所一直在蛮河流域进行考古调查与勘探，期望这些工作能让我们在楚人始都郢的探索上有所突破。

20世纪70年代的纪南城考古成为楚都探索的基础。纪南城发掘的成果表明，纪南城的年代上限，最多也只到春秋晚期至战国早期，这与文献记载楚国以郢为都的年代明显不符，解决这一矛盾，以纪南城为基点，向上探索纪南城之前的楚郢都，就成为楚都研究的重要路径。

纪南城的最新发掘成果表明，其始建年代比20世纪所认为的还要晚，不早于战国早期，即其使用年代应为战国中晚期，因此纪南城应为战国中晚期的楚都，虽然这有些意外，但正与多年来纪南城周围的考古调查与发掘成果相吻合。而纪南城之前的楚都，现有线索明确指向沮漳河上游的季家湖楚城，季家湖楚城本身及季家湖一带的楚墓葬，现有的资料表明其年代要早于纪南城及其周围的楚墓葬，但其年代仍落在战国，因此有可能是战国早期的楚都。季家湖楚城及以季家湖为中心的东周聚落群，在年代及地理上均可与纪南城及以纪南城为中心的东周聚落群合理衔接，表明季家湖楚城有可能是纪南城之前的楚都。再往上追溯就进入春秋时期，学者通过大量研究，已将春秋楚郢都明确指向了宜城、南漳两县交界处的蛮河中下游平原上的东周遗址与墓地。更为重要的是，蛮河流域的东周聚落群，在年代和地理上正好与目前有重大突破的早期楚文化研究相衔接，现在已可明确西周时期的早期楚文化——过风楼类型考古学文化，起源于以丹江水库为中心的鄂豫陕交界地区，春秋时扩展到发展到襄宜平原和沮漳河流域，正与蛮河流域的东周聚落群和楚都宜城说连接上，而且在考古学文化发展上，过风楼类型考古学文化与襄宜平原上的楚文化陶器遗存存在直接的发展演变关系。如果蛮河流域的东周聚落群确为春秋时期楚文化的核心区，在地理上就正好与早期楚文化核心区和战国时期楚文化核心区连接起来，从而构成了早期楚文化、春秋时期楚文化和战国时期楚文化的完整发展链条。

结　语

早期楚都、早期楚文化与楚族源研究是互为支撑的，三者之间有连带关系。三者互证，构成了一个环环相扣、三位一体的完整体系。

在这个三位一体的三连环中，楚族源研究已有了明确无疑的结论，传世文献和出土文献的双重证据已确证楚先祖在族属上源自华夏，为华夏集团中著名的祝融后裔。祝融一系在夏代以前即为华夏集团中的重要成员，夏代时祝融部族枝分为八，形成以昆吾为首的祝融族团，祝融及其后裔祝融八姓与夏王朝有密切关系，在夏王朝中有重要地位，并在夏代中晚期的政治架构中有特殊地位，以昆吾为首的祝融族团在夏代后期是夏王朝的支柱力量。夏商鼎革后祝融族系遭到商人的打击，作为楚直系先祖的季连因此失去中原核心部族的地位，但商代晚期时，季连犹与身为商王族核心成员的“盘庚之子”联姻。而所有这一切又表明，芈姓祝融在地理上源出中原，直到商代晚期时仍居住、生活在中原核心区。这样，楚族起源研究就为楚族、楚国与楚文化这个三位一体的三连环体系打下了一个牢固而明确的基点。

明确了楚先祖在族属上起源于华夏、地理上起源于中原后，下一步即是芈姓祝融族群离开中原后的迁徙历程。芈姓祝融族群的迁徙，其基点是中原，是从中原出发的，而迁徙要考虑地理相关性，其最初进入的地区要与中原相邻，其持续迁徙所途经的地区及最后稳定下来的区域要能连续衔接，能在地图上画出合理的路线，而且需要考虑迁徙所经的地区在人文地理与自然地理上具有合理性。总之，芈姓祝融族群的迁徙必须是在地理上能合理解释的，坐着飞机跨越式迁徙在逻辑上是不合理的，也是不能成立的。

而芈姓祝融族群离开中原后的迁徙历程就与早期楚国和早期楚文化有直接关联，决定了早期楚国的居地，并须与早期楚文化探索相印证。芈姓祝融族群于商末离开中原后进入南阳盆地，与楚蛮为伍，其族属也随之发生了改变，由华夏变为楚蛮，无论是其内在的族群属性还是西周王朝对其的外部认知，芈姓一族都是楚人、楚蛮之人，而不再是华夏。商周之际，芈姓祝融在南阳盆地转变族群属性之后，又辗转沿南阳盆地西侧的丹江、溯流而上进入秦岭南侧的丹江上游地区，此地在文化地理上属于关中文化区，与关中平原有密切的联系。芈姓一族迁徙至此后，与关中平原上正在崛起的周人建立了政治联系，得以为周人奔走服事，并以此功勋和中原旧族后裔的身份，在周初的大分封中受封立国于楚蛮之地。这里要说明的是，丹江流域大致以武关为界，武关以内的丹江上游属关中地区，西周时为王畿之地；武关以下的丹江中下游地区属南阳盆地，在人文地理上属商周时期的楚蛮之地。因此熊绎受封时的楚蛮之地，当在武关以外的丹江下游。

在族群地理上，中原地区为华夏所居，南与古三苗为邻，华夏与三苗大致以熊耳、外方、伏牛诸山脉为界。三苗灭亡后，其余部接受了中原文化，在中原王朝的统治下演变为楚蛮族群，成为中原文化和中原王朝的边缘组成部分，三苗地区也演变为楚蛮地区。

早期楚文化在本质上，是以楚蛮为首的江汉土著族群，在中原王朝的统治下，融合夏商王朝所带来的中原文化和江汉地区原有文化传统所创造出来的。禹征三苗后，三苗衰亡，江汉地区的文化发展中断，但三苗的余部在中原王朝的统治下接受了中原文化，形成了商周时期的南方楚蛮族群。随着中原王朝和中原文化进入南方，南北文化开始融合为一体，形成了一种兼具南北文化特点的新型文化，与后石家河文化相比，夏商时期南北文化融合进入了更高级的阶段。后石家河文化时期，北方文化因素进入南方，在南方文化中出现了大量的北方因素，导致江汉地区的考古学文化失去本地特征，因此后石家河文化时期的南北文化融合还是较初级的阶段，只是南北两种文化因素简单糅合在一起。而进入夏商时期，南北文化融合进入高级阶段，不再是南北两种文化因素的简单组合，而是两种文化因素融为一体，出现了一种新型的、亦南亦北的地方文化。这一融合集中体现在陶器遗存的核心——炊器上，炊器是最主要的陶器，在陶器组合中占有最为核心的地位。新石器时代，江汉地区的原始文化是以鼎为主要炊器的，并以鼎为核心构建起整套的陶器文化系统。鬲则是北方的产物。夏商时期，源自北方的鬲和南方传统的鼎在以盘龙城为中心的鄂东、鄂东北地区开始融合，形成了一种似鬲非鬲、似鼎非鼎的“鼎式鬲”或“鬲式鼎”，为楚式鬲最早的源头，楚式鬲在本质上就是南方传统的鼎与北方传入的鬲在江汉地区融合后产生的，是南北文化融合为一体的产物。

夏商时期江汉地区土著居民融南北文化于一体所创造的鬲文化，进入西周后又与南下江汉的周文化结合，形成了以楚式鬲为核心，以鬲、盂、豆、罐或鬲、盆、豆、罐为基本组合的西周时期江汉地区周代考古学文化。经过文物考古部门在丹江库区的大规模考古调查与发掘，现已在郧县辽瓦店子、淅川下王岗、商南过风楼等遗址普遍发现了此类遗存，尤其是发现了周式的瘪裆鬲与江汉地区的鼎式鬲开始结合的起点，即关中周文化与江汉土著文化开始融合的起点，春秋时期楚式联裆柱足鬲等典型楚式器终于找到了直接的源头。这类考古学文化现被考古学者称为过风楼类型文化，商代末年到西周早期在陕鄂交界山区形成，西周中晚期时向东南扩展，至春秋早期发展到襄宜平原和沮漳河流域，与春秋时期襄宜地区的典型楚文化有直接的渊源发展关系，从现在的考古发掘与研究来看，这就是西周时期的早期楚文化。

早期楚文化研究取得的重大突破，还可与楚族源研究相印证。鄂豫陕交界地区的早期楚文化遗存，不仅是早期楚国生存、发展的文化环境，而且在地理上正处于南阳盆地西侧，与楚先祖迁徙所经的地区正好在地理上邻近，而且与楚先祖迁徙的最终居地——丹江上游地区相邻。这样，早期楚文化研究的结果就与楚族起源研究成果完全吻合，在楚族、楚国与楚文化这个三位一体的三连环体系中，楚族起源及其迁徙和楚文化起源这两点就完全确立下来，且可互相印证、互相支撑，从而为早期楚国研究和早期楚都探索建立了牢固的基础。在这样的支持下，或者说在这样的基础条件下，足以将早期楚都探索向前推进一步，亦即楚族起源及其早期迁徙历程与楚文化的起源及其演变发展历程，就将早期楚国定位在丹江下游的丹淅之汇地区。这样，楚族、楚国、楚文化三个方面，在地理、年代、文化、族群等方面都可相互配合、相互支持，构成了完善的闭合逻辑链。

进入西周，周人大力经营南方，在长江中游北部地区封建诸侯，形成了西周的南土，楚国也于此时被周人封于楚地，建立芈姓楚国。楚国是西周的南土诸侯之一，与南土诸侯、江汉土著族群一起开发江汉地区，共同创造了西周时期江汉地区的早期楚文化遗存，并将江汉地区从夏商时期的边缘地带发展成为西周王朝的基本疆域。西周晚期以后，楚熊渠的活动地区已是“江汉间”或“江上楚蛮之地”，此后楚国的活动地区均在汉水中游地区，并在襄宜平原南部的蛮河流域、今宜城、南漳交界地区，沮漳河中游以季家湖楚城为中心的今当阳、枝江地区，沮漳河下游以纪南城为中心的今荆州、荆门交界地区，形成了由北到南、由早到晚的三大楚文化聚落群。

综上，我们可基本确认，楚先祖早期活动于今河南省中部的中原文化核心区，商末时离开中原经南阳盆地迁徙到丹江上游并与周人建立联系，熊绎受封建国时移至丹江下游的丹淅之汇地区，春秋时楚核心区转移至襄宜平原，战国时楚都及楚核心区移到沮漳河中游、以季家湖楚城为中心的地区，到战国中晚期时，楚都及楚核心区转移至沮漳河下游、以纪南城为中心的地区。

而进入春秋时期，楚国迅速强大的结果，是楚国主导了周代江汉地区地域文化的发展，将西周时期的早期楚文化发展成为东周时期高度发达的典型楚文化，并将江汉地区的各类族群整合成为统一的楚民族。强大的楚国、高度发达的楚文化与统一的楚民族，最终一统整个长江中下游地区和淮河流域，在政治、族群与文化上实现了南方的统一，为秦汉大一统王朝、统一的中华文化和汉民族的形成，奠定了重要的基础。

主要参考文献

B

白九江：《从三峡地区的考古发现看楚文化的西进》，《江汉考古》2006年第1期。

白寿彝总主编：《中国通史》，上海人民出版社，1989年。

白云：《关于“石家河文化”的几个问题》，《江汉考古》1993年第4期。

百越民族史研究会：《百越民族史论丛》，广西人民出版社，1985年。

班固：《汉书》，中华书局，1962年。

北京大学考古系：《纪念北京大学考古专业三十周年论文集(1952—1982)》，文物出版社，1990年。

北京大学考古系等：《石家河遗址群调查报告》，《南方民族考古》第五辑，四川科学技术出版社，1993年。

北京大学考古学系、南阳地区文物研究所：《河南邓州八里岗1998年度发掘简报》，《文物》2000年第1期。

北京大学考古学系、南阳地区文物研究所：《河南邓州八里岗遗址的调查与试掘》，《华夏考古》1994年第2期。

北京大学考古学系、南阳地区文物研究所：《河南邓州市八里岗遗址1992年的发掘与收获》，《考古》1997年第12期。

北京大学考古学系、南阳市文物考古研究所：《河南淅川双河镇遗址发掘简报》，《考古与文物》增刊2002年先秦考古专号。

北京大学考古专业商周组等：《晋豫鄂三省考古调查简报》，《文物》1982 年第 7 期。

C

蔡成鼎：《对“令簋”“禽簋”中伐楚问题的探讨》，《江汉考古》1986 年第 1 期。

曹建国：《昭王南征诸事辩考》，《阜阳师范院学报》2003 年第 5 期。

曹淑琴：《噩器初探》，《江汉考古》1993 年第 2 期。

常璩著，刘琳校注：《华阳国志校注》，巴蜀书社，1984 年。

晁福林：《从士山盘看周代“服”制》，《中国历史文物》2004 年第 6 期。

陈昌远：《〈上都府簠〉与鄀国地望考》，《中原文物》1991 年第 4 期。

陈朝霞：《楚国西部疆域演变与民族融合》，武汉大学博士学位论文，2011 年。

陈朝云：《盘龙城与早商政权在长江流域的势力扩张》，《史学月刊》2003 年第 11 期。

陈朝云：《商代城市的择立要素及其社会功能的多元一体》，《江汉论坛》2004 年第 11 期。

陈絜：《商周姓氏制度研究》，商务印书馆，2007 年。

陈力：《今本竹书纪年研究》，《四川大学学报丛刊》第 28 辑，1985 年。

陈立柱：《楚淮古地三题》，《江汉考古》2010 年第 1 期。

陈立柱：《说“天在山中”》，《文史》第 59 辑，中华书局，2002 年。

陈梦家：《西周铜器断代》(二)，《考古学报》第 10 册，1955 年。

陈梦家：《西周铜器断代》(五)，《考古学报》1956 年第 3 期。

陈梦家：《西周铜器断代》，中华书局，2004 年。

陈梦家：《殷墟卜辞综述》，科学出版社，1956 年。

陈民镇：《清华简〈楚居〉集释》，复旦大学出土文献与古文字研究中心网站，2011 年 9 月 23 日。

陈槃:《春秋大事表列国爵姓及存灭表譔异》(三订本),台湾“中央研究院”历史语言研究所,1988年。

陈佩芬:《上海博物馆新收集的西周青铜器》,《文物》1981年第9期。

陈奇猷:《吕氏春秋新校释》,上海古籍出版社,2002年。

陈千万:《谷城新店出土的西周铜器》,《江汉考古》1986年第3期。

陈千万、卓道成:《保康重阳楚鼎及有关遗址的发现与启示》,《江汉考古》2000年第2期。

陈寿:《三国志》,中华书局,1959年。

陈桐生:《〈诗经·商颂〉研究的百年巨变》,《文史知识》1999年第3期。

陈伟:《〈鄂君启节〉之“鄂”地探讨》,《江汉考古》1986年第2期。

陈伟:《楚东国地理研究》,武汉大学出版社,1992年。

陈伟:《包山楚简初探》,武汉大学出版社,1996年。

陈伟:《读清华简〈楚居〉札记》,简帛网,2010年1月8日。

陈伟等:《楚地出土战国简册[十四种]》,经济科学出版社,2009年。

陈贤一:《江陵张家山遗址的试掘与探索》,《江汉考古》1980年第2期。

陈贤一:《黄陂鲁台山西周文化剖析》,《江汉考古》1982年第2期。

陈晓云、陈立柱:《说“国必依山川”》,《史学月刊》2005年第8期。

陈英杰:《士山盘铭文再考》,《中国历史文物》2004年第6期。

陈振裕:《楚文化与漆器研究》,科学出版社,2003年。

程平山:《蕲春毛家咀和新屋塆西周遗存性质略析》,《江汉考古》2000年第4期。

程平山:《夏商周历史与考古》,人民出版社,2005年。

程树德:《论语集释》,新编诸子集成,中华书局,1990年。

出土文献与中国古代文明研究协同创新中心中国人民大学分中心编:《出土文献的世界:第六届出土文献青年学者论坛论文集》,中西书局,2018年。

楚皇城考古发掘队:《湖北宜城楚皇城勘查简报》,《考古》1980年第2期。

楚文化研究会：《楚文化考古大事记》，文物出版社，1984 年。

楚文化研究会：《楚文化研究论集》第一集，荆楚书社，1987 年。

楚文化研究会：《楚文化研究论集》第二集，湖北人民出版社，1991 年。

楚文化研究会：《楚文化研究论集》第三集，湖北人民出版社，1994 年。

楚文化研究会：《楚文化研究论集》第四集，河南人民出版社，1994 年。

楚文化研究会：《楚文化研究论集》第五集，黄山书社，2003 年。

楚文化研究会：《楚文化研究论集》第六集，湖北教育出版社，2005 年。

楚文化研究会：《楚文化研究论集》第七集，岳麓书社，2007 年。

楚文化研究会：《楚文化研究论集》第八集，大象出版社，2009 年。

楚文化研究会：《楚文化研究论集》第九集，上海古籍出版社，2011 年。

楚文化研究会：《楚文化研究论集》第十集，湖北美术出版社，2011 年。

楚文化研究会：《楚文化研究论集》第十一集，上海古籍出版社，2015 年。

楚文化研究会：《楚文化研究论集》第十二集，上海古籍出版社，2017 年。

楚文化研究会：《楚文化研究论集》第十三集，上海古籍出版社，2018 年。

崔本信、王伟：《南水北调中线工程南阳夏响(饷)铺鄂国贵族墓地发掘成果》，《中国文物报》，2013 年 1 月 4 日，第 8 版。

崔述：《崔东壁遗书》，上海古籍出版社，1983 年。

D

笪浩波：《从近年出土文献看早期楚国的中心区域》，《江汉考古》2011 年第 2 期。

笪浩波：《从近年出土新材料看早期楚国中心区域》，《文物》2012 年第 2 期。

丁兰：《湖北楚墓分区研究》，民族出版社，2006 年。

丁山：《甲骨文所见氏族及其制度》，科学出版社，1956年。

丁山：《商周史料考证》，中华书局，1988年。

董珊：《谈士山盘铭文的“服”字义》，《故宫博物院院刊》2004年第1期。

董珊：《新蔡楚简所见的“颛顼”和“雎漳”》，简帛研究网，2003年12月7日。

(明)董说著，缪文远订补：《七国考订补》，上海古籍出版社，1987年。

杜勇：《令簋、禽簋中的伐楚问题》，《中国历史文物》2002年第2期。

杜勇主编：《叩问三代文明——中国出土文献与上古史国际学术研讨会论文集》，中国社会科学出版社，2014年。

(唐)杜佑：《通典》，中华书局，1984年。

(晋)杜预：《春秋释例》，上海商务印书馆，1936年。

(晋)杜预：《春秋经传集解》，上海古籍出版社，1988年。

段渝：《巴人来源的传说与史实》，《历史研究》2006年第6期。

段渝：《楚为殷代男服说》，《江汉论坛》1982年第9期。

段渝：《楚熊渠所伐庸、杨粤、鄂的地理位置》，《历史地理》第8辑，1990年。

段渝：《荆楚国名问题》，《江汉论坛》1984年第8期。

段渝：《论周、楚早期的关系》，《社会科学研究》1986年第5期。

段渝：《西周时代楚国疆域的几个问题》，《中国史研究》1997年第4期。

(清)段玉裁：《说文解字注》，上海古籍出版社，1988年。

F

樊力：《丹江流域新石器时代遗存试析》，《江汉考古》1997年第4期。

(南朝)范晔：《后汉书》，中华书局，1965年。

方辉：《岳石文化衰落原因蠡测》，《文史哲》2003年第3期。

方诗铭、王修龄：《古本竹书纪年辑证》(修订本)，上海古籍出版社，2005年。

方诗铭编著：《中国历史纪年表》，上海辞书出版社，1980年。

冯永轩：《说楚都》，《江汉考古》1980年第2期。

复旦大学出土文献与古文字研究中心研究生读书会：《清华简〈楚居〉研读札记》，复旦大学出土文献与古文字研究中心网站，2011年1月5日。

傅斯年：《民族与古代中国史》，河北教育出版社，2002年。

傅玥：《长江中游地区西周时期考古学文化研究》，武汉大学博士学位论文，2010年。

G

高崇文、何晓琳：《试论“过风楼类型”考古学文化》，《江汉考古》2011年第1期。

高崇文：《清华简〈楚居〉所载楚早期居地辨析》，《江汉考古》2011年第4期。

高大伦：《论盘龙城的性质与作用》，《江汉考古》1985年第1期。

高介华、刘玉堂：《楚国的城市与建筑》，湖北教育出版社，1995年。

高应勤、程耀庭：《论丹阳》，《江汉考古》1980年第2期。

高应勤：《春秋楚郢与季家湖古城》，《华中建筑》1992年第1期。

高应勤：《试论沮漳河流域是探索早期楚文化的中心》，《文物》1982年第4期。

龚维英：《周昭王南征史实索隐》，《人文杂志》1984年第6期。

顾德融、朱顺龙：《春秋史》，上海人民出版社，2001年。

(清)顾栋高：《春秋大事表》，中华书局，1993年。

顾颉刚：《史林杂识初编》，中华书局，1963年。

顾实：《汉书艺文志讲疏》，上海古籍出版社，2009年。

顾铁符：《周原甲骨文“楚子来告”引证》，《考古与文物》1981年第1期。

顾铁符：《楚国民族述略》，湖北人民出版社，1984年。

(清)顾祖禹：《读史方舆纪要》，中华书局，2005年。

郭德维：《楚系墓葬研究》，湖北教育出版社，1995年。

郭德维：《楚都纪南城复原研究》，文物出版社，1999年。

郭德维：《楚郢都辨疑》，《江汉考古》1997年第4期。

郭克煜等：《鲁国史》，人民出版社，1994年。

郭沫若：《金文丛考》，人民出版社，1954年。

郭沫若：《两周金文辞大系图录考释》，科学出版社，1957年。

郭沫若：《青铜时代》，科学出版社，1957年。

郭沫若主编、胡厚宣总编：《甲骨文合集》，中华书局，1978年。

郭人民：《文王化行南国与周人经营江汉》，《河南师范大学学报》1980年第2期。

国家文物局三峡工程文物保护领导小组湖北工作站：《三峡考古之发现》，湖北科学技术出版社，1998年。

国家文物局三峡工程文物保护领导小组湖北工作站：《三峡考古之发现(二)》，湖北科学技术出版社，2000年。

国家文物局：《中国文物地图集·陕西分册》，西安地图出版社，1998年。

国家文物局：《中国文物地图集·河南分册》，中国地图出版社，1991年。

国家文物局：《中国文物地图集·湖北分册》，西安地图出版社，2002年。

国务院三峡工程建设委员会办公室、国家文物局：《秭归柳林溪》，科学出版社，2003年。

国务院三峡工程建设委员会办公室、国家文物局：《秭归庙坪》，科学出版社，2003年。

国务院三峡工程建设委员会办公室、国家文物局：《秭归官庄坪》，科学出版社，2005年。

国务院三峡工程建设委员会办公室、国家文物局：《湖北库区考古报告集》第二卷，科学出版社，2005 年。

H

(清)郝懿行：《山海经笺疏》，巴蜀书社，1985 年。

何光岳：《“越章”考》，《江汉论坛》1984 年第 10 期。

何浩：《从曾器看随史》，《江汉考古》1988 年第 3 期。

何浩：《楚灭国研究》，武汉出版社，1989 年。

何浩：《楚族南迁及其江汉沮漳基地的早期经营》，《江汉论坛》1989 年第 6 期。

何浩：《祝融、火正与火师》，《求索》1992 年第 3 期。

何介钧：《长江中游新石器时代文化》，湖北教育出版社，2004 年。

何琳仪：《楚王熊丽考》，《中国史研究》2000 年第 4 期。

何琳仪：《楚都丹阳地望新证》，《文史》2004 年第 2 辑。

何琳仪：《新蔡竹简选释》，《安徽大学学报》(哲学社会科学版)2004 年第 3 期。

何驽：《荆南寺遗址夏商时期遗存分析》，《考古学研究》第 2 辑，北京大学出版社，1994 年。

何驽主编：《李下蹊华——庆祝李伯谦先生八十华诞论文集》，科学出版社，2017 年。

何清谷校注：《三辅黄图校注》，三秦出版社，1995 年。

河南省文物考古研究所：《新蔡葛陵楚墓》，大象出版社，2003 年。

河南省文物考古研究所等：《淅川和尚岭与徐家岭楚墓》，大象出版社，2004 年。

河南省文物研究所、长江流域规划办公室考古队河南分队：《淅川下王岗》，文物出版社，1989 年。

河南省文物研究所：《淅川下寺春秋楚墓》，文物出版社，1991 年。

(宋)洪兴祖补注：《楚辞补注》，中华书局，1983 年。

侯志义、陈全方、陈敏：《西周甲文注》，学林出版社，2003年。

胡阿祥：《宋书州郡志汇释》，安徽教育出版社，2006年。

胡刚：《早期楚文化的初步研究》，西北大学硕士学位论文，2010年。

胡刚：《有"鄀"铜器与鄀国历史新论》，《文物》2013年第4期。

胡厚宣：《甲骨学商史论丛初集》，河北教育出版社，2002年。

胡厚宣、胡振宇：《殷商史》，上海人民出版社，2003年。

胡礼兴：《楚郢新说》，《江汉论坛》1991年第12期。

胡雅丽、王红星：《秭归官庄坪周代遗址初析》，《江汉考古》1984年第4期。

湖北黄冈市博物馆等：《湖北蕲春达成新屋湾西周铜器窖藏》，《文物》1997年第12期。

湖北荆州地区博物馆、北京大学考古系：《湖北江陵梅槐桥遗址发掘简报》，《考古》1990年第9期。

湖北省博物馆：《湖北枝江百里洲发现春秋铜器》，《文物》1972年第3期。

湖北省博物馆：《当阳季家湖楚城遗址》，《文物》1980年第10期。

湖北省博物馆：《沮、漳河中游考古调查简报》，《江汉考古》1982年第2期。

湖北省博物馆：《楚都纪南城的勘查与发掘》(上)，《考古学报》1982年第3期。

湖北省博物馆：《楚都纪南城的勘查与发掘》(下)，《考古学报》1982年第4期。

湖北省博物馆：《襄阳山湾东周墓葬发掘报告》，《江汉考古》1983年第2期。

湖北省博物馆：《湖北沙市官堤商代遗址发掘简报》，《江汉考古》1985年第4期。

湖北省博物馆等：《赫家洼遗址调查简报》，《江汉考古》1985年第2期。

湖北省博物馆、武汉大学历史系考古专业：《当阳冯山、杨木岗遗址试掘简报》，《江汉考古》1983年第1期。

湖北省博物馆江陵工作站：《纪南城松柏遗址探掘简报》，《江汉考古》1987年第3期。

湖北省博物馆江陵工作站：《江陵县纪南城摩天岭遗址试掘简报》，《江汉考古》1988年第2期。

湖北省楚史研究会、武汉师范学院学报编辑部：《楚史研究专辑》，1982年。

湖北省荆沙铁路考古队：《包山楚简》，文物出版社，1991年。

湖北省荆州地区博物馆：《江陵天星观一号楚墓》，《考古学报》1982年第1期。

湖北省荆州地区博物馆：《江陵雨台山楚墓》，文物出版社，1984年。

湖北省荆州市博物馆、湖北省荆州区博物馆：《荆州城南垣东端发掘报告》，《考古学报》2001年第4期。

湖北省考古学会：《湖北省考古学会论文选集(一)》，武汉大学学报编辑部，1987年。

湖北省考古学会：《湖北省考古学会论文选集(二)》，《江汉考古》增刊，1991年。

湖北省考古学会：《湖北省考古学会论文选集(三)》，《江汉考古》增刊，1998年。

湖北省潜江博物馆、湖北省荆州博物馆：《潜江龙湾》，文物出版社，2005年。

湖北省文物管理委员会：《湖北宜城“楚皇城”遗址调查》，《考古》1965年第8期。

湖北省文物局：《湖北省南水北调工程重要考古发现Ⅰ》，文物出版社，2007年。

湖北省文物考古所等：《南水北调工程丹江口水库郧县淹没区考古调

查》，《江汉考古》1996 年第 2 期。

湖北省文物考古研究所、黄冈地区博物馆、罗田县文物管理所：《湖北罗田庙山岗遗址发掘报告》，《考古》1994 年第 1 期。

湖北省文物考古研究所、随州市博物馆：《湖北随州叶家山 M65 发掘简报》，《江汉考古》2011 年第 3 期。

湖北省文物考古研究所、随州市博物馆：《湖北随州叶家山西周墓地发掘简报》，《文物》2011 年第 11 期。

湖北省文物考古研究所、随州市博物馆：《湖北随州市叶家山西周墓地》，《考古》2012 年第 7 期。

湖北省文物考古研究所、随州市博物馆：《随州文峰塔 M1（曾侯與墓）、M2 发掘简报》，《江汉考古》2014 年第 4 期。

湖北省文物考古研究所、天门市博物馆：《湖北天门笑城城址发掘报告》，《考古学报》2007 年第 4 期。

湖北省文物考古研究所、襄樊市博物馆、宜城县博物馆：《湖北宜城罗岗车马坑》，《文物》1993 年第 12 期。

湖北省文物考古研究所、襄樊市博物馆：《湖北襄樊真武山周代遗址》，《考古学集刊》第九集，1995 年。

湖北省文物考古研究所、襄樊市博物馆：《湖北襄樊真武山周代遗址》，《考古学集刊》第九集，文物出版社，1995 年。

湖北省文物考古研究所、阳新县博物馆：《阳新大路铺遗址东区发掘简报》，《江汉考古》1992 年第 3 期。

湖北省文物考古研究所、宜城县博物馆：《宜城桐树园遗址发掘简报》，《江汉考古》1996 年第 1 期。

湖北省文物考古研究所、宜城县博物馆：《湖北宜城县肖家岭遗址的发掘》，《文物》1999 年第 1 期。

湖北省文物考古研究所：《1988 年楚都纪南城松柏区的勘探与发掘》，《江汉考古》1991 年第 4 期。

湖北省文物考古研究所：《江陵九店东周墓》，科学出版社，1995年。

湖北省文物考古研究所：《纪南城新桥遗址》，《考古学报》1995年第4期。

湖北省文物考古研究所：《江陵望山沙冢楚墓》，文物出版社，1996年。

湖北省文物考古研究所：《汉川乌龟山西周遗址试掘简报》，《江汉考古》1997年第2期。

湖北省文物考古研究所：《奋发荆楚 探索文明》，湖北科学技术出版社，2000年。

湖北省文物考古研究所：《湖北宜昌县上磨垴周代遗址的发掘》，《考古》2000年第8期。

湖北省文物考古研究所：《盘龙城——1963—1994年考古发掘报告》，文物出版社，2001年。

湖北省文物考古研究所：《湖北襄阳邓城韩岗遗址发掘报告》，《江汉考古》2002年第2期。

湖北省文物考古研究所：《武昌放鹰台》，科学出版社，2003年。

湖北省文物考古研究所：《湖北随州文峰塔墓地考古发掘的主要收获》，《江汉考古》2013年第1期。

湖北省文物考古研究所：《2013年湖北省文物考古研究所考古工作的主要收获》，《江汉考古》2014年第1期。

湖北省文物考古研究所：《荆州纪南城烽火台遗址及其西侧城垣试掘简报》，《江汉考古》2014年第2期。

湖北省文物考古研究所：《荆州纪南城遗址松柏区30号台基2011年—2012年发掘简报》，《江汉考古》2014年第5期。

湖北省文物考古研究所：《纪南城考古发现》，《江汉考古》增刊，江汉考古编辑部。

湖北省文物考古研究所等：《阳新大路铺》，文物出版社，2013年。

湖北省文物考古研究所江陵工作站：《江陵纪南城陕家湾楚墓发掘简

报》，《江汉考古》1989 年第 4 期。

湖北省文物考古研究所三峡工作队：《湖北省秭归县庙坪遗址 1995 年试掘简报》，《考古》1999 年第 1 期。

湖北省孝感市博物馆：《鄂东北地区文物考古》，湖北科学技术出版社，1995 年。

湖北省孝感市博物馆：《鄂东北考古报告集》，湖北科学技术出版社，1996 年。

湖北省宜昌地区博物馆、北京大学考古系：《当阳赵家湖楚墓》，文物出版社，1992 年。

湖北省宜昌地区博物馆：《枝江县青山古墓群调查简报》，《江汉考古》1987 年第 2 期。

湖北省宜昌地区博物馆：《当阳曹家岗 5 号楚墓》，《考古学报》1988 年第 4 期。

湖南省文物考古研究所、岳阳市文物工作队：《岳阳市郊铜鼓山商代遗址与东周墓发掘报告》，《湖南考古辑刊》第五辑，《求索》杂志社，1989 年。

湖南省文物考古研究所等：《湖南澧县商周时期古遗址调查与探掘》，湖南省文物考古研究所：《湖南考古辑刊》第四集，岳麓书社，1987 年。

华东师大中国文字研究与应用中心：《金文引得》，广西教育出版社，2002 年。

华觉明、卢本珊：《长江中下游铜矿带的早期开发和中国青铜文明》，《自然科学史研究》1996 年第 1 期。

黄陂县文化馆、孝感地区博物馆、湖北省博物馆：《湖北黄陂鲁台山两周遗址与墓葬》，《江汉考古》1982 年第 2 期。

黄道华：《瘼君三题》，《江汉考古》1991 年第 4 期。

黄道华：《枝江赫家洼遗址出土西周卜骨》，《江汉考古》1992 年第 3 期。

黄德宽：《新蔡葛陵村楚简中的“穴熊”及相关问题》，《古籍研究》2005 年卷下(总第 48 期)。

黄凤春、陈树祥、凡国栋:《湖北随州叶家山新出西周曾国铜器及相关问题》,《文物》2011 年第 11 期。

黄凤春、陈树祥:《湖北随州叶家山西周墓地考古发掘获阶段性重大成果》,《中国文物报》, 2011 年 10 月 12 日。

黄凤春、胡刚:《再说西周金文中的“南公”——二论叶家山西周墓地的族属》,《江汉考古》2014 年第 5 期。

黄怀信等:《大戴礼记汇校集注》, 三秦出版社, 2005 年。

黄怀信等:《逸周书汇校集注(修订本)》, 上海古籍出版社, 2007 年。

黄锦前:《从近刊鄀器申论鄀国地望及楚灭鄀的年代》,《中国历史地理论丛》2017 年第 3 期。

黄留珠:《秦汉历史文化论稿》, 三秦出版社, 2002 年。

黄尚明:《楚文化的西渐历程》,《华中师范大学学报》2004 年第 11 期。

黄盛璋、纽仲勋:《楚的起源和疆域发展》,《地理知识》1979 年第 1 期。

黄盛璋:《历史地理论集》, 人民出版社, 1982 年。

黄盛璋:《朴君述鼎国别、年代及其相关问题》,《江汉考古》1987 年第 1 期。

黄锡全:《楚器铭文中“楚子某”之称谓问题辨证》,《江汉考古》1986 年第 4 期。

黄锡全:《楚地“句亶”“越章”新探》,《人文杂志》1991 年第 2 期。

黄锡全:《黄陂鲁台山遗址为“长子”国都蠡测》,《江汉考古》1992 年第 4 期。

黄锡全:《湖北出土商周文字辑证》, 武汉大学出版社, 1992 年。

黄锡全:《古文字论丛》, 台湾艺文印书馆, 1999 年。

黄锡全:《士山盘铭文别议》,《中国历史文物》2003 年第 2 期。

黄锡全:《楚都“鄩郢”新探》,《江汉考古》2009 年第 2 期。

黄锡全:《古文字与古货币文集》, 文物出版社, 2009 年。

黄莹:《出土文献与楚族起源研究》,《中原文物》2015 年第 4 期。

J

(清)纪昀等著，四库全书研究所整理：《钦定四库全书总目(整理本)》，中华书局，1997年。

贾贵荣、宋志英辑：《春秋战国史研究文献丛刊》，国家图书馆出版社，2009年。

贾连敏：《新蔡楚简中的楚先祖名》，《华学》第7辑，中山大学出版社，2004年。

江鸿：《盘龙城与商朝的南土》，《文物》1976年第2期。

荆州博物馆、北京大学考古系：《湖北江陵荆南寺遗址第一、二次发掘简报》，《考古》1989年第8期。

荆州博物馆：《湖北荆州熊家冢墓地考古发掘简讯》，《江汉考古》2008年第2期。

荆州博物馆：《荆州荆南寺》，文物出版社，2009年。

荆州博物馆：《湖北荆州熊家冢墓地2006—2007年发掘简报》，《文物》2009年第4期。

荆州博物馆：《湖北荆州熊家冢墓地2008年发掘简报》，《文物》2011年第2期。

荆州博物馆：《湖北荆州八岭山冯家冢楚墓2011年—2012年发掘简报》，《文物》2015年第2期。

荆州地区博物馆：《湖北荆门、钟祥、京山、天门四县古遗址调查》，《文物资料丛刊》第十辑，文物出版社，1987年。

荆州地区博物馆：《湖北松滋博宇山遗址试掘简报》，《文物资料丛刊》第十辑，文物出版社，1987年。

荆州地区博物馆、钟祥县博物馆：《钟祥六合遗址》，《江汉考古》1987年第2期。

荆州市博物馆、钟祥市博物馆：《钟祥乱葬岗夏文化遗存清理简报》，

《江汉考古》2001 年第 3 期。

L

(宋)乐史撰，王文楚点校：《太平寰宇记》，中华书局。2007 年。

黎翔凤撰，梁运华整理：《管子校注》，中华书局，2004 年。

李伯谦、郑杰祥：《后李商代墓葬族属试析》，《中原文物》1981 年第 4 期。

李伯谦：《夏文化与先商文化探讨》，《中原文物》1991 年第 1 期。

李步嘉：《越绝书校释》，中华书局，2013 年。

李朝远：《青铜器上所见西周文化在南方影响的递衰》，《中原文物》1997 年第 2 期。

李栋：《谈楚国家的形成》，《中原文物》1993 年第 4 期。

李峰：《西周的灭亡：中国早期国家的地理和政治危机》，徐峰译，汤惠生校，上海古籍出版社，2007 年。

李海勇：《古绞国地望蠡测》，《江汉考古》1997 年第 4 期。

(唐)李吉甫：《元和郡县图志》，中华书局，1983 年。

李家浩：《包山竹简所记楚先祖名及其相关的问题》，《文史》第 42 辑，中华书局，1986 年。

李家浩：《楚简所记楚人祖先“鬻熊”“穴熊”为一人说》，《文史》2010 年第 3 辑。

李健：《湖北江陵万城出土西周铜器》，《考古》1963 年第 4 期。

李开元：《汉帝国的建立与刘邦集团》，三联书店，2000 年。

李克能：《鄂东地区西周文化分析》，《东南文化》1994 年第 3 期。

李零：《楚公逆鎛》，《江汉考古》1983 年第 2 期。

李零：《楚国族源、世系的文字学证明》，《文物》1991 年第 2 期。

李零：《再论淅川下寺楚墓》，《文物》1996 年第 1 期。

李零：《三代考古的历史断想》，《中国学术》2003 年第 2 期。

李零：《简帛古书与学术源流》，三联书店，2004年。

李龙章：《江汉新石器文化族属考》，《江汉考古》1988年第2期。

李龙章：《下王岗晚二期文化性质及相关问题探讨》，《考古》1988年第7期。

李民：《夏商史探索》，河南人民出版社，1985年。

李启良：《陕西安康出土西周史密簋》，《考古与文物》1989年第3期。

（唐）李泰等著，贺次君辑校：《括地志辑校》，中华书局，1980年。

李学勤：《论殷代亲族制度》，《文史哲》1957年第11期。

李学勤：《殷代地理简论》，科学出版社，1959年。

李学勤：《曾国之谜》，《光明日报》，1978年10月4日。

李学勤：《论汉淮间的春秋青铜器》，《文物》1980年第1期。

李学勤：《谈祝融八姓》，《江汉论坛》1980年第2期。

李学勤：《西周甲骨的几点研究》，《文物》1981年第9期。

李学勤：《东周与秦代文明》，文物出版社，1984年。

李学勤：《考古发现与古代姓氏制度》，《考古》1987年第3期。

李学勤：《论包山简中一楚先祖名》，《文物》1988年第8期。

李学勤：《谈盂方鼎及其他》，《文物》1997年第12期。

李学勤：《中方鼎与周易》，《文物研究》第六辑，黄山书社，1999年。

李学勤：《论葛陵楚简的年代》，《文物》2004年第7期。

李学勤：《由新见青铜器看西周早期的鄂、曾、楚》，《文物》2010年第1期。

李学勤：《清华简九篇综述》，《文物》2010年第5期。

李学勤：《论清华简〈楚居〉中的古史传说》，《中国史研究》2011年第1期。

李学勤等：《湖北随州叶家山西周墓地笔谈》，《文物》2011年第11期。

李学勤主编：《十三经注疏》标点本，北京大学出版社，1999年。

李玉洁：《楚史稿》，河南大学出版社，1988年。

(后魏)郦道元注，杨守敬、熊会贞疏：《水经注疏》，江苏古籍出版社，1989年。

连劭名：《中国历史博物馆新藏青铜器铭文考释》，《东南文化》2005年第4期。

(清)梁玉绳：《史记志疑》，中华书局，1981年。

廖航：《试论东周时期江汉平原西部楚国势力的变迁》，武汉大学硕士学位论文，2017年。

林春：《宜昌地区长江沿岸夏商时期的一支新文化类型》，《江汉考古》1984年第2期。

林惠祥：《中国民族史》，商务印书馆，1993年。

林沄：《甲骨文中的商代方国联盟》，《古文字研究》第6辑，1981年。

刘彬徽：《试论楚丹阳和郢都的地望与年代》，《江汉考古》1980年第1期。

刘彬徽：《上都府簠及楚灭都问题简论》，《中原文物》1988年第3期。

刘彬徽：《楚系青铜器研究》，湖北教育出版社，1995年。

刘彬徽：《早期文明与楚文化研究》，岳麓书社，2001年。

刘和惠：《荆蛮考》，《文物集刊》1981年第3辑。

刘和惠：《楚丹阳考辨》，《江汉论坛》1985年第1期。

刘家和：《古代中国与世界》，武汉出版社，1995年。

刘礼堂：《关于周昭王南征江汉地区有关问题的探讨》，《江汉考古》2000年第3期。

刘明翰主编：《世界通史·中世纪卷》，人民出版社，2004年。

刘启益：《黄陂鲁台山M30与西周康王时期铜器墓》，《江汉考古》1984年第1期。

刘纬毅：《汉唐方志辑佚》，北京图书馆出版社，1997年。

刘文典：《淮南鸿烈集解》，安徽大学出版社，1998年。

(东汉)刘熙撰，(清)毕沅疏证，王先谦补：《释名疏证补》，中华书局，

2008年。

刘翔：《周夷王经营南淮夷及其与鄂之关系》，《江汉考古》1983年第3期。

(西汉)刘向集录：《战国策》，上海古籍出版社，1985年。

刘信芳：《释“莪郢”》，《江汉考古》1987年第1期。

刘信芳：《楚都丹阳地望探索》，《江汉考古》1988年第1期。

刘信芳：《新蔡葛陵楚墓的年代及相关问题》，《长江大学学报》2004年第1期。

刘玉堂、李安清：《关于三苗若干问题的辨析》，《江汉石油学院学报》(社科版)2001年第2期。

刘玉堂、尹弘兵：《楚蛮与早期楚文化》，《湖北大学学报》2010年第1期。

刘玉堂：《论湖北境内古越族的若干问题》，《民族研究》1987年第2期。

刘玉堂：《夏商王朝对江汉地区的镇抚》，《江汉考古》2001年第1期。

(唐)刘知幾撰，赵吕甫校注：《史通新校注》，重庆出版社，1990年。

[日]泷川资言考证，[日]水泽利忠校补：《史记会注考证附校补》，上海古籍出版社，1986年。

卢连成：《庠地与昭王十年南征》，《考古与文物》1984年第6期。

鲁西奇：《“越”与“百越”：历史叙述中的中国南方“古族”》，台湾《东吴历史学报》2014年第32期。

鲁西奇：《区域历史地理研究：对象与方法——汉水流域的个案考察》，广西人民出版社，2000年。

[美]路易斯·亨利·摩尔根著，杨东莼、马雍、马巨译：《古代社会》，商务印书馆，1981年。

罗二虎：《论鄂西地区的夏商时期文化》，《东南文化》1994年第1期。

(宋)罗泌：《路史》，《四部备要》本，中华书局，1936年。

罗桃香：《试论楚“居丹阳”问题》，《中原文物》1992年第2期。

罗西章：《陕西周原新出土的青铜器》，《考古》1999年第4期。

罗香林：《越族源出于夏民族考》，《青年中国季刊》1940 年第 1 卷第 3 期。

罗香林：《中夏系统中之百越》，独立出版社，1943 年。

罗运斌、陈斌、丁伟：《大路铺文化土著因素的形成与传播》，《江汉考古》2014 年第 6 期。

罗运环：《楚国八百年》，武汉大学出版社，1992 年。

罗运环主编：《楚简楚文化与先秦历史文化国际学术研讨会论文集》，湖北教育出版社，2013 年。

闾国年：《长江中游湖盆扇三角洲的形成与演变及地貌的再现与模拟》，测绘出版社，1991 年。

吕思勉：《中国民族史》，东方出版社，1996 年。

M

马承源：《记上海博物馆新收集的青铜器》，《文物》1964 年第 7 期。

马孟龙：《西汉侯国地理》，上海古籍出版社，2013 年。

马少侨：《试论荆楚和古代三苗、现代苗族的历史渊源关系》，《中央民族学院学报》1984 年第 4 期。

马世之：《楚都丹阳地望探论》，《中州学刊》1991 年第 1 期。

马世之：《中原楚文化研究》，湖北教育出版社，1995 年。

(清)马骕：《驿史》，中华书局，2002 年。

马王堆帛书整理小组：《战国纵横家书》，文物出版社，1976 年。

蒙文通：《蒙文通文集》，巴蜀书社，1999 年。

孟华平：《长江中游史前文化结构》，长江文艺出版社，1997 年。

(清)穆彰阿等纂修：《嘉庆重修一统志》，中华书局，1986 年。

N

牛世山：《西周时期的楚与荆》，《古代文明(五)》，文物出版社，2007

年。

O

(宋)欧阳忞:《舆地广记》,四川大学出版社,2003年。

P

庞怀靖:《跋太保玉戈》,《考古与文物》1986年第1期。

裴明相:《楚都丹阳地望试探》,《文物》1980年第10期。

彭邦炯:《甲骨文所见舟人及相关国族研究》,《殷都学刊》1995年第3期。

彭万廷等:《巴蜀文化源流》,湖北教育出版社,2003年。

彭裕商:《西周青铜器年代综合研究》,巴蜀书社,2003年。

[美]蒲百瑞:《探索丹阳》,《江汉考古》1989年第3、4期。

Q

(清)齐召南:《水道提纲》,早稻田大学藏清乾隆四十一年传经书屋刻本。

(清)钱大昕:《潜研堂文集》,上海古籍出版社,1989年。

清华大学出土文献研究与保护中心:《清华简研究》第一辑,中西书局,2012年。

清华大学出土文献与保护中心编,李学勤主编:《清华大学藏战国竹简(壹)》,中西书局,2010年。

庆祝苏秉琦考古五十五年论文集编辑组:《庆祝苏秉琦考古五十五年论文集》,文物出版社,1989年。

裘士京:《江南铜研究》,黄山书社,2004年。

曲英杰:《先秦都城复原研究》,黑龙江人民出版社,1991年。

曲英杰:《长江古城址》,湖北教育出版社,2004年。

曲英杰：《史记都城考》，商务印书馆，2007年。

R

饶宗颐：《楚辞地理考》，上海商务印书馆，1936年。

任伟：《西周封国考疑》，社会科学文献出版社，2004年。

S

沙市市博物馆：《湖北沙市周梁玉桥遗址试掘简报》，《文物资料丛刊》第十辑，文物出版社，1987年。

沙市市博物馆：《湖北沙市李家台遗址发掘简报》，《考古》1995年第3期。

陕西省考古研究所、商洛地区文管会：《陕西丹凤县巩家湾遗址发掘简报》，《考古与文物》2001年第6期。

陕西省考古研究院、商洛市博物馆：《商洛东龙山》，科学出版社，2011年。

陕西周原考古队：《扶风县齐家村西周甲骨发掘简报》，《文物》1981年第9期。

陕西周原考古队：《陕西岐山凤雏村发现周初甲骨》，《文物》1979年第10期。

商洛地区考古调查组：《丹江上游考古调查简报》，《考古与文物》1981年第3期。

商县博物馆、西安半坡博物馆、商洛地区图书馆：《陕西商县紫荆遗址发掘简报》，《考古与文物》1981年第3期。

上海师范大学整理组校点：《国语》，上海古籍出版社，1978年。

沈融：《从"郢侯戈"管窥楚国早期政治中心的变迁》，《中原文物》2005年第2期。

沈长云：《鬻熊"为文王师"解》，《江汉论坛》1983年第6期。

沈长云：《谈〈令簋〉中的楚及相关诸问题》，《中华文史论丛》第46辑，上海古籍出版社，1990年。

沈长云：《上古史探研》，中华书局，2002年。

十堰市博物馆等：《南水北调工程丹江口水库郧西县淹没区考古调查》，《江汉考古》1996年第2期。

石泉、徐德宽：《楚丹阳地望新探》，《江汉论坛》1982年第3期。

石泉：《湖北宜城楚皇城遗址初考》，《江汉学报》1963年第2期。

石泉：《古文献中的"江"不是长江的专称》，《文史》第6辑，中华书局，1979年。

石泉：《古代曾国—随国地望初探》，《武汉大学学报》(哲学社会科学版)1979年第1期。

石泉：《楚都何时迁郢》，《江汉论坛》1984年第4期。

石泉：《古代荆楚地理新探》，武汉大学出版社，1988年。

石泉：《古代荆楚地理新探·续集》，武汉大学出版社，2004年。

石泉：《石泉文集》，武汉大学出版社，2006年。

石泉主编：《楚国历史文化辞典》，武汉大学出版社，1997年。

石宗仁：《苗族的自称与荆地蛮夷、熊绎之关系》，《中南民族学院学报》(哲社版)1996年第3期。

石宗仁：《苗族与楚国关系新论》，《中央民族大学学报》1994年第6期。

首届长江文化暨楚文化国际学术讨论会筹备委员会编：《长江文化论集(第一辑)》，湖北教育出版社，1995年。

舒之梅、刘彬徽：《论汉东曾国为土著姬姓随国》，《江汉论坛》1982年第1期。

(汉)司马迁：《史记》，中华书局，1982年。

四川省社会科学院历史研究所：《四川历史研究文集》，四川省社会科学院出版社，1987年。

宋公文：《楚史新探》，河南大学出版社，1988年。

宋华强:《新蔡葛陵楚简初探》,武汉大学出版社,2010年。

宋华强:《清华简〈楚居〉1~2号释读》,简帛网,2011年1月15日。

宋焕文:《从盘龙城考古发现试谈商楚关系》,《江汉考古》1983年第2期。

宋焕文:《安州六器辨证》,《江汉考古》1989年第2期。

(清)宋翔凤:《过庭录》,中华书局,1986年。

(汉)宋衷注,(清)秦嘉谟等辑:《世本八种》,中华书局,2008年。

苏秉琦:《从楚文化探索中提出的问题》,《江汉考古》1982年第1期。

随州市博物馆:《湖北随县安居出土青铜器》,《文物》1982年第12期。

随州市博物馆:《湖北随县发现商周青铜器》,《考古》1984年第6期。

随州市博物馆:《随州出土文物精粹》,文物出版社,2009年。

孙华:《四川盆地的青铜时代》,科学出版社,2000年。

孙华:《楚国国都地望三题》,《华中师范大学学报》2005年第4期。

孙敬明:《史密簋铭笺释》,台湾《故宫学术季刊》1992年第9卷第4期。

孙淼:《夏商史稿》,文物出版社,1987年。

孙庆伟:《从新出𢾊甗看昭王南征与晋侯燮父》,《文物》2007年第1期。

(清)孙希旦:《礼记集解》,中华书局,1989年。

(清)孙诒让:《墨子间诂》,中华书局,2001年。

孙重恩:《楚始都丹阳考辨》,《郑州大学学报》1980年第4期。

孙重恩:《楚始受封者——鬻熊》,《江汉论坛》1981年第4期。

孙卓:《南土经略的转折——商时期中原文化势力从南方的消退》,科学出版社,2020年。

T

谭其骧:《长水粹编》,河北教育出版社,2000年。

谭其骧主编:《中国历史地图集》(1~8册),中国地图出版社,1982年。

唐际根、徐广德:《洹北花园庄遗址与盘庚迁殷问题》,《中国文物报》,

1999年4月14日。

唐嘉弘：《释“祝融八姓”》，《江汉论坛》1981年第3期。

唐嘉弘：《试谈周王和楚君的关系》，《文物》1985年第7期。

唐兰：《论周昭王时代的青铜器铭刻》，《古文字研究》第二辑，中华书局，1981年。

唐兰：《西周青铜器铭文分代史徵》，中华书局，1986年。

田昌五：《夏文化探索》，《文物》1981年第5期。

田成方：《嬰士父鬲、蓼子鄬盏与己姓蓼国》，《华夏考古》2015年第3期。

田成方：《东周楚国宗族研究》，科学出版社，2016年。

童恩正：《古代的巴蜀》，重庆出版社，1998年。

童书业：《春秋左传研究》，上海人民出版社，1980年。

童书业：《童书业历史地理论集》，中华书局，2004年。

拓古：《二里头文化时期的江汉地区》，《江汉考古》2002年第1期。

W

王晖：《古文字与商周史新证》，中华书局，2003年。

王迅：《东夷文化与淮夷文化研究》，北京大学出版社，1994年。

王昌富、杨亚长：《商州发现一处大型夏商遗址》，《中国文物报》，1997年10月26日。

王恩田：《从考古材料看楚灭杞国》，《江汉考古》1988年第2期。

王恩田：《随州叶家山西周曾国墓地的族属》，《江汉考古》2014年第3期。

王凤竹：《湖北省南水北调工程考古发掘取得重要阶段性成果》，《中国文物报》，2007年10月17日。

(汉)王符著，(清)汪继培笺，彭铎校正：《潜夫论笺校正》，中华书局，1985年。

王阁森、唐致卿主编:《齐国史》,山东人民出版社,1992年。

王光镐:《黄陂鲁台山西周遗存国属初论》,《江汉考古》1983年第4期。

王光镐:《甲文楚字辨》,《江汉考古》1984年第2期。

王光镐:《商代无楚》,《江汉论坛》1984年第1期。

王光镐:《正足不同源楚楚不同字补正》,《江汉考古》1985年第2期。

王光镐:《楚文化源流新证》,武汉大学出版社,1988年。

王光镐主编:《文物考古文集》,武汉大学出版社,1997年。

王国维:《观堂集林》,河北教育出版社,2001年。

王红星:《楚都探索的考古学观察》,《文物》2006年第8期。

王红星:《楚郢都探索的新线索》,《江汉考古》2011年第3期。

王宏:《论周梁玉桥文化》,《江汉考古》1996年第3期。

王劲:《关于后石家河文化定名的思考》,《江汉考古》2007年第1期。

王力之:《早期楚文化探索》,《江汉考古》2003年第3期。

王利器:《风俗通义校注》,中华书局,2010年。

(清)王聘珍:《大戴礼记解诂》,中华书局,1983年。

王善才、朱德君:《襄阳、宜城几处东周遗址的调查》,《江汉考古》1980年第2期。

王世文:《1982年商县紫荆新石器时代遗址的发掘》,《文物》1987年第3期。

王文华等:《河南荥阳大师姑夏代城址的发掘与研究》,《文物》2004年第11期。

王先福:《襄随地区两周遗址出土陶鬲分析》,《江汉考古》2002年第4期。

王先福:《邓城——樊城演进历程考》,《襄樊学院学报》2007年第1期。

王先福:《周代邓国地望考》,《荆楚历史地理与长江中游开发》,湖北人民出版社,2009年。

(清)王先谦、刘武:《庄子集解·庄子集解内篇补正》,中华书局,

1987年。

(清)王先谦:《诗三家义集疏》,中华书局,1987年。

(清)王先谦:《汉书补注》,书目文献出版社,1995年。

(宋)王象之:《舆地纪胜》,四川大学出版社,2005年。

(清)王引之:《经义述闻》,江苏古籍出版社,2000年。

王玉哲:《中华远古史》,上海人民出版社,2003年。

王毓彤:《江陵发现西周铜器》,《文物》1963年第2期。

王长丰:《西周"䚄"土考——再释〈中作父乙方鼎〉之"䚄"土及其地望》,《江汉考古》2006年第2期。

王震中:《商代都邑》,中国社会科学出版社,2010年。

王鍾翰主编:《中国民族史》,武汉大学出版社,2012年。

王琢玺:《汉晋当阳县小考》,《历史地理》第三十三辑,上海人民出版社,2006年。

魏凯:《周代南土文化格局的考古学观察》,吉林大学博士学位论文,2018年。

文必贵:《楚郢都刍议》,《江汉考古》1982年第2期。

文必贵:《秭归鲢鱼山与楚都丹阳》,《江汉论坛》1982年第3期。

文雨:《洹北花园庄遗址与河亶甲居相》,《中国文物报》,1998年11月25日。

吴良宝:《战国楚简地名辑证》,武汉大学出版社,2010年。

吴永章:《楚与扬越、夷越、于越的关系》,《中南民族学院学报》增刊,1986年。

吴永章:《三苗综议》,《民族研究》1987年第2期。

吴郁芳:《楚社树及荆楚国名考》,《求索》1987年第3期。

吴郁芳:《从橘树的分布看楚人的迁徙及楚疆的开拓》,《江汉论坛》1987年第12期。

吴郁芳:《栽郢·云梦·章华宫》,《江汉考古》1989年第3期。

吴毓江：《墨子校注》，中华书局，2006年。

吴镇烽：《京师畯尊释文补正》，复旦大学出土文献与古文字研究中心网站，2012年7月26日。

伍新福：《荆蛮、楚人与苗族关系新探》，《求索》1988年第4期。

伍新福：《楚人、楚国与苗族》，《民族研究》2001年第1期。

武汉大学荆楚史地与考古研究室：《随州安居遗址初次调查报告》，《江汉考古》1984年第4期。

武汉大学荆楚史地与考古研究室：《南漳县几处古文化遗址调查简报》，《江汉考古》1986年第2期。

武汉大学考古系、湖北省文物局三峡办：《巴东县宝塔河遗址东周遗存》，《江汉考古》2007年第1期。

武汉大学考古与博物馆学系、湖北省文物局南水北调办公室：《湖北郧县辽瓦店子东周遗存的发掘》，《考古》2008年第4期。

武汉大学历史地理研究所、宜城市博物馆：《湖北宜城市周代文化遗址调查简报(之二)》，《江汉考古》2008年第2期。

武汉大学历史地理研究所、宜城市博物馆：《宜城市周代文化遗址调查简报(之三)》，《江汉考古》2008年第3期。

武汉大学历史地理研究所、钟祥市博物馆：《钟祥罗山遗址调查简报》，《江汉考古》2007年第3期。

武汉大学历史地理研究所：《石泉先生九十诞辰纪念文集》，湖北人民出版社，2007年。

武汉大学历史系考古教研室、湖北省宜城市博物馆：《湖北宜城郭家岗遗址发掘》，《考古学报》1997年第4期。

X

淅川县博物馆：《淅川县毛坪楚墓发掘简报》，《中原文物》1982年第1期。

[美]夏含夷：《古史异观》，上海古籍出版社，2005年。

夏商周断代专家组：《夏商周断代工程1996—2000年阶段成果报告(简本)》，世界图书出版公司，2000年。

香炉山考古队：《湖北武汉市阳逻香炉山遗址考古发掘纪要》，《南方文物》1993年第1期。

襄樊市博物馆：《湖北枣阳毛狗洞遗址的调查》，《江汉考古》1988年第3期。

襄樊市博物馆：《湖北宜城出土蔡国铜器》，《考古》1989年第11期。

襄樊市博物馆：《湖北省襄樊市邓城遗址试掘简报》，《江汉考古》2004年第2期。

襄樊市考古队：《襄樊市邓城古井清理简报》，《江汉考古》1999年第4期。

襄樊市文物考古研究所：《襄樊考古文集(第一辑)》，科学出版社，2007年。

襄石复线襄樊考古队：《湖北襄阳法龙王树岗遗址二里头文化灰坑清理简报》，《江汉考古》2004年第2期。

孝感地区博物馆：《大悟吕王城重点调查简报》，《江汉考古》1985年第3期。

熊卜发：《鄂东北地区西周文化初探》，《考古与文物》1991年第1期。

徐俊：《"鬻熊始受周封"刍议》，《江汉论坛》1982年第4期。

徐少华、尹弘兵：《楚都丹阳探索》，科学出版社，2017年。

徐少华：《鄀国铜器及其历史地理研究》，《江汉考古》1987年第3期。

徐少华：《〈水经注·丹水篇〉错简考订——兼论古析县、丹水县的地望》，《中国历史地理论丛》1988年第4期。

徐少华：《包山二号墓的年代及有关问题》，《江汉考古》1989年第4期。

徐少华：《周代南土历史地理与文化》，武汉大学出版社，1994年。

徐少华：《鄂国铜器及其历史地理综考》，《考古与文物》1994 年第 2 期。

徐少华：《邓国铜器及其历史地理与文化》，《华夏考古》1996 年第 1 期。

徐少华：《论祝融八姓的流变及其分布》，湖北省考古学会选编：《湖北省考古学会论文选集(三)》，《江汉考古》增刊，1998 年。

徐少华：《从盘龙城遗址看商文化在长江中游地区的发展》，《江汉考古》2003 年第 1 期。

徐少华：《论近年来出土的几件春秋有铭邓器》，《古文字研究》第 25 辑，中华书局，2004 年。

徐少华：《荆楚历史地理与考古探研》，商务印书馆，2010 年。

徐少华：《夔国历史地理与文化遗存析论》，《中国史研究》2012 年第 2 期。

徐少华：《论随州文峰塔一号墓的年代及其学术价值》，《江汉考古》2014 年第 4 期。

徐少华：《"文王走(奔)西申"及相关史地考论》，《历史研究》2015 年第 2 期。

徐少华主编，晏昌贵副主编：《荆楚历史地理与长江中游开发——2008 年中国历史地理国际学术研讨会论文集》，湖北人民出版社，2009 年。

徐天进：《日本出光美术馆收藏的静方鼎》，《文物》1998 年第 5 期。

徐旭生：《1959 年夏豫西调查"夏墟"的初步报告》，《考古》1959 年第 10 期。

徐旭生：《中国古史的传说时代》，广西师范大学出版社，2003 年。

徐元诰：《国语集解》，中华书局，2002 年。

徐中舒：《禹鼎的年代及其相关问题》，《考古学报》1959 年第 3 期。

徐中舒：《徐中舒历史论文选辑》，中华书局，1998 年。

徐祖祥：《三苗、荆蛮与苗族问题》，《贵州民族研究》2001 年第 1 期。

许宏：《先秦城市考古学研究》，燕山出版社，2000 年。

(汉)许慎撰，(宋)徐铉校定:《说文解字》，中华书局，1963 年。

许倬云:《西周史》，三联书店，1994 年。

Y

(清)严可均:《全上古三代秦汉三国六朝文》，中华书局，1958 年。

严文明:《东夷文化的探索》，《文物》1989 年第 9 期。

晏昌贵、郭涛:《〈鄂君启节〉铭文地理研究二题》，《华北水利水电学院学报》2012 年第 5 期。

晏昌贵:《楚国都城制度初探》，《江汉考古》2001 年第 4 期。

晏昌贵:《楚国都城制度再认识》，《社会科学》2008 年第 8 期。

晏昌贵:《秦简牍地理研究》，武汉大学出版社，2017 年。

杨宝成、刘森淼:《商周方鼎初论》，《考古》1991 年第 6 期。

杨宝成:《内乡县黄龙庙岗商代遗址及战国秦汉墓葬》，《中国考古学年鉴(1989)》，文物出版社，1990 年。

杨宝成主编，黄锡全副主编:《湖北考古发现与研究》，武汉大学出版社，1995 年。

杨伯峻:《春秋左传注》(修订本)，中华书局，1990 年。

杨东晨、杨建国:《汉阳诸姬国史述考》，《学术月刊》1997 年第 8 期。

杨公骥:《杨公骥文集》，东北师范大学出版社，1998 年。

杨华:《三峡地区远古至战国时期古城遗迹考古研究(下)——兼说与湖北、湖南及成都平原地区古城遗迹比较》，《湖北三峡学院学报》2000 年第 3 期。

杨建芳:《"窜三苗于三危"的考古学研究》，《东南文化》1998 年第 2 期。

杨宽:《西周时代的楚国》，《江汉论坛》1981 年第 5 期。

杨宽:《西周史》，上海人民出版社，1999 年。

杨宽:《战国史料编年辑证》，上海人民出版社，2001 年。

杨宽：《中国古代都城制度史》，上海人民出版社，2003年。

杨铭：《巴人源出东夷考》，《历史研究》1999年第6期。

杨权喜、陈振裕：《秭归鲢鱼山与楚都丹阳》，《江汉考古》1987年第3期。

杨权喜：《当阳季家湖考古试掘的主要收获》，《江汉考古》1980年第2期。

杨权喜：《襄阳楚墓与楚国势力的扩展》，《江汉考古》1986年第2期。

杨权喜：《探索鄂西地区商周文化的线索》，《江汉考古》1986年第4期。

杨权喜：《三峡的重大考古发现》，《江汉考古》1994年第1期。

杨善群：《楚国在西周初年的变迁》，《史林》1996年第4期。

杨权喜：《江汉夏代文化探讨》，《中国文物报》，1998年7月29日。

杨权喜：《楚文化》，文物出版社，2000年。

杨锡章、徐广德、高炜：《盘庚迁殷地点蠡测》，《中原文物》2000年第1期。

杨锡璋：《长江中游湖北地区考古调查》，《考古》1960年第10期。

杨亚长、王昌富：《陕西地区楚文化遗存初探》，《考古与文物》2002年先秦考古专号。

杨亚长：《东龙山遗址的年代与文化性质》，《中国文物报》，2000年8月9日。

杨亚长等：《商州东龙山遗存考古获重要成果》，《中国文物报》，1998年11月25日。

叶植主编：《襄樊市文物史迹普查实录》，今日中国出版社，1995年。

宜昌地区博物馆：《当阳磨盘山西周遗址试掘简报》，《江汉考古》1984年第2期。

宜昌地区博物馆：《当阳付家窑两周遗址调查简报》，《江汉考古》1989年第4期。

宜昌地区博物馆:《当阳赵巷楚墓第二次发掘简报》,《江汉考古》1991年第1期。

殷崇浩:《楚都鄂补》,《江汉考古》1984年第1期。

尹弘兵:《楚国都城与核心区探索》,湖北人民出版社,2009年。

尹盛平:《金文昭王南征考略》,《陕西历史博物馆馆刊》第二辑,三秦出版社,1995年。

尹盛平:《西周史征》,陕西师范大学出版社,2004年。

于省吾:《甲骨文字释林》,中华书局,1979年。

余嘉锡:《古书通例》,上海古籍出版社,1985年。

余嘉锡:《四库提要辨证》,云南人民出版社,2004年。

余静:《从近年来三峡考古新发现看楚文化的西渐》,《江汉考古》2005年第1期。

余秀翠:《当阳发现一组春秋铜器》,《江汉考古》1983年第1期。

俞伟超:《关于楚文化发展的新探索》,《江汉考古》1980年第1期。

俞伟超:《先楚与三苗文化的考古学推测》,《文物》1980年第10期。

俞伟超:《寻找楚文化渊源的新线索》,《江汉考古》1982年第2期。

俞伟超:《先秦两汉考古学论集》,文物出版社,1985年。

俞伟超:《古史的考古学探索》,文物出版社,2002年。

(唐)虞世南撰,(清)孔广陶校注:《北堂书钞》,中国书店出版社,1989年。

袁广阔:《郑州大师姑二里头城址发现的意义》,《中国文物报》,2005年3月29日,第7版。

袁珂:《山海经校注》,上海古籍出版社,1980年。

岳阳市文物工作队:《湖南省岳阳市郊毛家堰—阎家山周代遗址发掘简报》,《文物》1993年第1期。

郧阳县博物馆等:《竹山县霍山遗址调查简报》,《江汉考古》1994年第

4 期。

Z

张昌平：《噩国与噩国青铜器》，《华夏考古》1995 年第 1 期。

张昌平：《早期楚文化探索之检讨》，《中华文化论坛》1996 年第 4 期。

张昌平：《试论真武山一类遗存》，《江汉考古》1997 年第 1 期。

张昌平：《夏商时期中原与长江中游地区的文化联系》，《华夏考古》2006 年第 3 期。

张昌平：《论随州羊子山新出噩国青铜器》，《文物》2011 年第 11 期。

张昌平：《曾国青铜器研究》，文物出版社，2009 年。

张光直：《考古学专题六讲》，文物出版社，1986 年。

张光直：《美术、神话与祭祀》，辽宁教育出版社，2002 年。

（晋）张华撰，范宁校证：《博物志校证》，中华书局，1980 年。

张剑：《洛阳市博物馆馆藏的几件青铜器》，《文物资料丛刊》第 3 辑，文物出版社，1980 年。

张君：《商代无楚析》，《江汉论坛》1984 年第 8 期。

张吟午、李福新：《湖北宜城骆家山一号墓出土青铜器》，《江汉考古》1983 年第 1 期。

张懋镕：《周人不用日名说》，《历史研究》1993 年第 5 期。

张懋镕：《静方鼎小考》，《文物》1998 年第 5 期。

张懋镕：《再论“周人不用日名说”》，《文博》2009 年第 3 期。

张懋镕：《古文字与青铜器论集》第三辑，科学出版社，2010 年。

张懋镕：《周人不用族徽、日名说的考古学意义——从随州叶家山西周曾国墓地谈起》，《四川文物》2014 年第 4 期。

张舜徽：《史通平议》，中华书局，1983 年。

张松如：《商颂研究》，南开大学出版社，1995 年。

张天恩:《周秦文化研究论集》,科学出版社,2009 年。

张万高:《简论芈姓祝融的南迁及其相关问题》,《江汉考古》1988 年第 2 期。

张西显:《浅说楚都丹阳在淅川》,《中原文物》1983 年特刊。

张雄:《试论荆楚地区汉民族的形成》,《广西民族学院学报》1995 年第 4 期。

张绪球:《长江中游新石器时代文化概论》,湖北科学技术出版社,1992 年。

张绪球:《熊家冢出土浅浮雕玉器的特征与年代——兼论熊家冢主墓的年代》,《荆楚文物》第 2 辑,科学出版社,2015 年。

张亚初:《论鲁台山西周墓的年代和族属》,《江汉考古》1984 年第 2 期。

张正明、刘玉堂:《湖北通史·先秦卷》,华中师范大学出版社,1999 年。

张正明、喻宗汉:《熊绎所居丹阳考》,张正明主编,张胜琳副主编:《楚学论丛》,《江汉论坛》专刊,1990 年。

张正明:《楚都辨》,《江汉论坛》1982 年第 4 期。

张正明:《〈鬻熊"为文王师"解〉辨误》,《江汉论坛》1983 年第 9 期。

张正明:《荆楚族源通议》,《中南民族学院学报》1984 年第 1 期。

张正明:《楚文化史》,上海人民出版社,1987 年。

张正明:《楚史》,湖北教育出版社,1995 年。

张正明:《秦与楚》,华中师范大学出版社,2007 年。

张正明主编,张胜琳副主编:《楚学论丛》,《江汉论坛》专刊,1990 年。

张正明主编:《楚史论丛》初集,湖北人民出版社,1984 年。

张正明主编:《楚文化志》,湖北人民出版社,1988 年。

长江流域规划办公室考古队河南分队:《河南淅川黄楝树遗址发掘报告》,《华夏考古》1990 年第 3 期。

长江流域规划办公室库区规划设计处：《葛洲坝工程文物考古成果汇编》，武汉大学出版社，1990年。

长江水利委员会：《宜昌路家河——长江三峡考古发掘报告》，科学出版社，2002年。

赵炳清：《楚人先民渊源溯论》，《民族研究》2005年第1期。

赵炳清：《楚国疆域变迁之研究——以地缘政治为研究视角》，复旦大学博士学位论文，2013年。

赵春青：《新密新砦城址与夏启之居》，《中原文物》2004年第3期。

赵丛苍：《从考古新发现看早期巴文化——附论巴蜀文化讨论中的相关问题》，《华中师范大学学报》(人文社会科学版)2006年第4期。

赵鼎新：《东周战争与儒法国家的诞生》，华东师范大学出版社、上海三联书店，2006年。

赵光贤：《古代汉苗二族关系史辨误》，《历史研究》1989年第5期。

赵逵夫：《屈氏先世与句亶王熊伯庸》，《文史》第25辑，中华书局，1985年。

赵逵夫：《屈原与他的时代》，人民文学出版社，2002年。

赵平安：《新出简帛与古文字古文献研究》，商务印书馆，2009年。

赵平安：《"三楚先"何以不包括季连》，《邯郸学院学报》2011年第4期。

赵平安：《清华简〈楚居〉妣隹、妣戭考》，《中国文化研究》2012年春之卷。

赵燕姣：《西周时期的"南国""南土"范围刍议》，《南方文物》2013年第4期。

郑昌琳编著：《楚国史编年辑注》，湖北人民出版社，1999年。

郑杰祥：《夏史初探》，中州古籍出版社，1988年。

(宋)郑樵著，王树民点校：《通志二十略》，中华书局，1995年。

郑州市文物考古研究所：《郑州大师姑》，科学出版社，2004年。

枝江县博物馆:《湖北枝江关庙山一号春秋墓》,《江汉考古》1990年第1期。

枝江县博物馆:《枝江近年出土的周代铜器》,《江汉考古》1991年第1期。

中国考古学会:《中国考古学会第二次年会论文集》,文物出版社,1982年。

中国科学院地理研究所、水利部长江水利委员会:《汉江流域地理调查报告》,科学出版社,1957年。

中国科学院考古研究所:《沣西发掘报告》,文物出版社,1962年。

中国科学院考古研究所长江三峡工作组:《长江西陵峡考古调查与试掘》,《考古》1961年第5期。

中国历史大辞典历史地理卷编纂委员会:《中国历史大辞典·历史地理》,上海辞书出版社,1996年。

中国社会科学院考古所长江工作队:《湖北郧县和均县考古调查与试掘》,《考古学集刊》第4集,1984年。

中国社会科学院考古所长江工作队:《湖北均县朱家台遗址》,《考古学报》1989年第1期。

中国社会科学院考古研究所:《青龙泉与大寺》,科学出版社,1991年。

中国社会科学院考古研究所:《张家坡西周墓地》,中国大百科全书出版社,1999年。

中国社会科学院考古研究所:《殷周金文集成释文》,香港中文大学中国文化研究所,2001年。

中国社会科学院考古研究所:《中国考古学·夏商卷》,中国社会科学出版社,2003年。

中国社会科学院考古研究所:《中国考古学·两周卷》,中国社会科学出版社,2004年。

中国社会科学院考古研究所:《中国考古学·新石器时代卷》,中国社会科学出版社,2010年。

中国社会科学院考古研究所:《淅川下王岗:2008—2010年考古发掘报告》,科学出版社,2020年。

中国社会科学院考古研究所湖北发掘队:《湖北蕲春毛家咀西周木构建筑》,《考古》1962年第1期。

中国社会科学院考古研究所山西队、河南省文物局南水北调办公室:《河南淅川县下王岗遗址西周遗存发掘简报》,《考古》2010年第7期。

中国先秦史学会、洛阳市第二文物工作队:《夏文化研究论集》,中华书局,1996年。

中国殷商文化学会:《2004年安阳殷商文明国际学术研讨会论文集》,社科文献出版社,2004年

仲卿:《襄阳专区发现的两件铜器》,《文物》1962年第11期。

周厚强:《孝感地区西周文化剖析》,《江汉考古》1985年第4期。

周书灿:《中国早期四土经营与民族整合》,合肥工业大学出版社,2011年。

周言:《"周人不用日名说"考》,《九州学林》2010年冬季号,上海人民出版社,2011年。

周长山、林强主编:《历史·环境与边疆——2010年中国历史地理国际学术研讨会论文集》,广西师范大学出版社,2012年。

朱凤瀚:《士山盘铭文初释》,《中国历史文物》2002年第1期。

朱凤瀚:《柞伯鼎与周公南征》,《文物》2006年第5期。

朱凤翰:《论西周时期的"南国"》,《历史研究》2013年第4期。

朱凤瀚主编:《新出金文与西周历史》,上海古籍出版社,2011年。

朱继平:《"鄂王城"考》,《中国历史文物》2006年第5期。

朱继平:《考古所见楚对鄂东铜矿的争夺与控制》,《中国历史文物》

2010年第6期。

朱继平：《从淮夷族群到编户齐民——周代淮水流域族群冲突的地理学观察》，人民出版社，2011年。

朱俊明：《论〈中鼎〉及其铭文虎方的相关问题》，《贵州社会科学》1986年第2期。

(宋)朱熹注，赵长征点校：《诗集传》，中华书局，2011年。

宗德生：《楚熊绎所居丹阳在枝江说》，《江汉考古》1980年第2期。

邹衡：《夏商周考古学论文集》(第二版)，科学出版社，2001年。

后　记

本书为晏昌贵教授主持的“十三五”国家重点图书出版规划项目、国家出版基金项目、湖北省学术著作出版专项资金资助项目“楚地出土文献：文本、地方社会与思想文化研究丛书”之一，也是国家社科基金一般项目“《楚居》、早期楚国与早期楚文化研究”(13BZS080)的结项成果。项目结项以后，将有密切关联且较为完整的楚先祖、早期楚国与早期楚文化研究的研究成果整理成书，以“楚族、楚国与楚文化的起源及早期发展”为题出版。书中的有关内容已在期刊和相关文集、学术会议上发表：

1.《楚先祖的性质与世系》，收入四川大学《徐中舒先生诞辰120周年国际学术研讨会论文集》。本书第一章第一节。

2.《楚先祖年代考析》，《江汉论坛》2014年第11期。本书第一章第二节。

3.《多维视野下的楚先祖季连居地》，《中国史研究》2017年第2期；人大复印资料《先秦、秦汉史》2017年第5期全文转载。本书第一章第三节。

4.《“京宗”地望辨析》，《江汉考古》2013年第1期。本书第一章第四节。

5.《楚国地理空间体系与丹阳地望》，楚文化研究会编：《楚文化研究论集》第九集，上海古籍出版社2011年版。本书第二章第一节。

6.《西周早期南方政治地理简论》，收入《楚文化与长江中游早期开发国际学术研讨会论文集》，武汉大学出版社2021年版。本书第二章第二节。

7.《地理学与考古学视野下的昭王南征》，《历史研究》2015年第1期；

人大复印资料《先秦、秦汉史》2015年第4期全文转载。本书第二章第三节。

8.《楚先祖迁徙考论》，华林甫主编：《新时代、新技术、新思维——2018年中国历史地理学术研讨会论文集》，齐鲁书社2020年版。本书第三章第一节。

9.《早期楚文化的民族环境》，《江汉论坛》2010年第12期。原由课题组成员张硕撰写，经改写、增删后收于本书中为第三章第二节。

10.《早期楚文化初析》，《江汉考古》2011年第3期。本书第三章第三节。

11.《从中原到江汉——芈姓祝融的早期迁徙历程》，楚文化研究会编：《楚文化研究论集》第十二集，上海古籍出版社2017年版。本书第四章第一节。

12.《从〈楚居〉看楚都丹阳》，收入《“2020中国·淅川 丹淅流域早期文明学术高峰论坛”论文集》。本书第四章第二节。

13.《鄂西地区的楚文化考古与楚都探索》，荆州博物馆编：《荆楚文物》第3辑，科学出版社2018年版。本书第四章第三节。

上述已发表文章在收入本书时，均作了不同程度的修改、增删，并按统一格式作了相应的技术性处理。书稿完成后，晏昌贵教授审读了书稿并提出修改意见，使本书得以完善。最后，感谢武汉大学出版社及编辑李程的帮助，使得本书能顺利出版。

尹弘兵

2020年元月20日于东湖之滨